总第141辑（2023.5）

中国审判指导丛书

刑事审判参考

最高人民法院刑事审判
第一、二、三、四、五庭　编

人民法院出版社

图书在版编目（CIP）数据

刑事审判参考. 总第141辑 / 最高人民法院刑事审判第一、二、三、四、五庭编. -- 北京 : 人民法院出版社, 2024. 12. -- (中国审判指导丛书). -- ISBN 978-7-5109-4274-7

Ⅰ. D925.218.4

中国国家版本馆CIP数据核字第2024FP8684号

刑事审判参考（总第 141 辑）

最高人民法院刑事审判第一、二、三、四、五庭　编

策划编辑　兰丽专
责任编辑　路建华
出版发行　人民法院出版社
地　　址　北京市东城区东交民巷 27 号（100745）
电　　话　（010）67550682（责任编辑）　67550558（发行部查询）
65223677（读者服务部）
客服 QQ　2092078039
网　　址　http://www.courtbook.com.cn
E - mail　courtpress@sohu.com
印　　刷　保定市中画美凯印刷有限公司
经　　销　新华书店

开　　本　787 毫米×1092 毫米　1/16
字　　数　220 千字
印　　张　14.75
版　　次　2024 年 12 月第 1 版　2024 年 12 月第 1 次印刷
书　　号　ISBN 978-7-5109-4274-7
定　　价　68.00 元

《刑事审判参考》
编辑委员会

特约编辑

编辑说明

《刑事审判参考》系最高人民法院刑事审判庭主办的业务指导和研究性出版物，1999 年 4 月创办以来，秉承立足实践、突出实用、重在指导、体现权威的编辑宗旨，在编辑委员会成员、作者和读者的共同努力下，密切联系刑事司法实践，为刑事司法人员提供了有针对性和权威性的业务指导和参考，受到刑事司法工作人员和刑事法律教学、研究人员的广泛肯定和欢迎。

《刑事审判参考》作为最高人民法院用以指导全国各级人民法院刑事审判工作的唯一出版物，由最高人民法院刑事审判第一、二、三、四、五庭共同主办，现由最高人民法院副院长茅仲华担任编辑委员会主任，副院长沈亮、李勇担任副主任，副院长沈亮担任主编，各刑事审判庭庭长担任副主编。

《刑事审判参考》每年共出版六辑，设有以下栏目：

【案例】选择在认定事实、采信证据、适用法律和裁量刑罚等方面具有研究价值的典型案例，详细阐明裁判理由，为刑事司法工作人员处理类似案件提供具体的指导和参考。

【立法、司法规范】收录与刑事司法工作密切相关的法律、行政法规、部门规章、司法解释及其他规范性文件。

【刑事政策】收录最新的刑事司法政策，如最高人民法院院领导在刑事审判工作会议上的讲话、刑事审判工作会议讨论的问题等。

【审判实务释疑】最高人民法院刑事审判庭解答在刑事审判工作中具有普遍指导价值的法律适用问题。

【理论前沿】摘要收录近期刑事理论界、实务界最新研究成果，及时跟踪研究刑事审判中出现的新问题，为刑事司法人员提供最新理论参考。

【域外司法】收录评介域外的刑事立法及司法制度、实务问题和典型案例的文章。

【经验交流】收录地方司法机关制定的刑事司法规范性文件及其背景说明，地方各级人民法院在刑事审判工作中对于某些问题的处理政策和意见等。

【实务探讨】针对刑事司法工作中必须解决的疑难、复杂问题，收录相关学者与司法人员的研究文章，为刑事司法工作人员提供解决相关问题的思路。

【大案传真】收录在社会上影响较大的案件的有关裁判文书，及时传递大要案、热点案件的审判信息。

【疑案争鸣】针对实践中发生的疑难案例，对其中争议问题进行分析，给读者提供参与交流探讨的平台，推动相关问题的深入研究。

【裁判文书选登】选择典型裁判文书进行评析，展现法官智慧，指出不足，促进裁判文书制作水平的不断提高。

最高人民法院刑事审判第一、二、三、四、五庭

目　录

【案例】

【立法、司法规范】

【审判实务释疑】

【实务探讨】

【大案传真】

【我与《刑事审判参考》】

【案例】

[第 1609 号]

蒋某某被诉骗取票据承兑案

——使用欺骗手段骗取银行票据承兑，但未给银行造成实际损失的行为是否构成犯罪

一、基本案情

被告人蒋某某，男，1966 年××月××日出生，桂林 A 金属材料有限公司法定代表人。2018 年 8 月 13 日被监视居住，2019 年 2 月 12 日被解除监视居住。2019 年 3 月 29 日被刑事拘留，次日被逮捕。2020 年 11 月 16 日被取保候审。

广西壮族自治区桂林市象山区人民检察院指控被告人蒋某某利用虚假的买卖、代销合同向银行申请承兑汇票，其行为构成骗取票据承兑罪，向桂林市象山区人民法院提起公诉。

被告人蒋某某及其辩护人提出，公司向银行提供了真实、足额的抵押担保，且自筹资金在到期日将承兑汇票兑付核销，未给银行造成损失，不构成犯罪。

桂林市象山区人民法院审理查明：桂林 A 金属材料有限公司（以下简称 A 公司）系自然人出资有限责任公司，被告人蒋某某是该公司的法定代表人。2011 年 5 月，A 公司与桂林 B 融资性担保有限公司（以下简

称B公司）约定，由A公司向银行申请承兑汇票，贴现后拆借给B公司使用。2011年5月18日，A公司与C银行股份有限公司（以下简称C银行）签订《额度授信合同》，约定C银行向A公司提供3600万元的银行承兑汇票授信额度，授信期限自2011年5月18日至2013年5月17日，并由临桂县D搬运服务有限公司（以下简称D公司）、灵川县E酒店有限公司（以下简称E酒店）提供土地使用权作为抵押担保。同日，A公司与C银行临桂支行签订《银行承兑协议》，由A公司向C银行临桂支行申请承兑两张票面金额各为1000万元的银行承兑汇票（汇票到期日为2011年11月18日），同时约定保证金为1000万元，并由D公司、E酒店提供土地使用权作为抵押担保。广西F置业有限公司于2011年5月18日向A公司的C银行账户转账存入1000万元作为保证金。蒋某某明知A公司与桂林市G贸易有限公司签订的《代销协议》没有实际履行，仍将该《代销协议》及四张虚假的广西壮族自治区增值税专用发票提交给C银行西城支行①，骗取两张票面金额分别为1000万元的银行承兑汇票，B公司业务经理黄某某等人将上述两张银行承兑汇票贴现，得款1932.654万元。之后，A公司于汇票到期日将上述两张银行承兑汇票兑付核销。

2011年6月2日，A公司与C银行临桂支行签订《银行承兑协议》，由A公司向C银行临桂支行申请承兑两张票面金额分别为700万元和500万元的银行承兑汇票（汇票到期日为2011年12月2日），同时约定保证金为600万元，并由D公司、E酒店提供土地使用权作为抵押担保。A公司于同日在其C银行账户存入600万元作为保证金。被告人蒋某某再次将与桂林市H贸易有限公司签订的没有实际交易的《钢材买卖合同》及两张虚假的广西壮族自治区增值税专用发票提交给C银行西城支行，骗取两张票面金额分别为700万元、500万元的银行承兑汇票，B公司业务经理黄某某等人将上述两张银行承兑汇票贴现，得款1200万元。之后，A公司于汇票到期日将上述两张银行承兑汇票兑付核销。

① 临桂支行和西城支行同属C银行，根据相关规定，允许跨支行办理业务。

桂林市象山区人民法院认为，被告人蒋某某违反国家金融管理法规，以欺骗手段取得银行3200万元承兑汇票并贴现，情节特别严重，其行为已构成骗取票据承兑罪。蒋某某归案后虽对其行为性质有不同的辩解，但基本能够如实供述主要犯罪事实，可以从轻处罚。蒋某某虽以欺骗手段取得银行3200万元承兑汇票并贴现，但在承兑汇票到期日已按时兑付了票款，未给银行造成经济损失，酌情予以从轻处罚。综合考虑本案的犯罪事实、情节及社会危害程度，对蒋某某判处缓刑不致再危害社会。依照经自2006年6月29日起施行的刑法修正案（六）修正的刑法第一百七十五条之一第一款、第六十七条第三款、第七十二条第一款和第三款、第七十三条第二款和第三款、第五十二条、第五十三条的规定，于2020年11月3日作出一审判决：被告人蒋某某犯骗取票据承兑罪，判处有期徒刑三年，缓刑三年，并处罚金人民币三十万元。

一审宣判后，被告人蒋某某以其行为不构成犯罪为由提出上诉。

广西壮族自治区桂林市中级人民法院经二审审理认为，一审判决认定事实清楚，证据确实、充分，定罪准确，量刑适当，审判程序合法。被告人蒋某某所提上诉理由不能成立，不予采纳。依照刑事诉讼法第二百三十六条第一款第一项的规定，于2020年12月18日作出裁定：驳回上诉，维持原判。①

裁判发生法律效力后，被告人蒋某某以原审裁判认定事实和适用法律错误为由，向广西壮族自治区高级人民法院提出申诉，请求改判无罪。

广西壮族自治区高级人民法院再审认为，原审裁判认定事实清楚，证据确实、充分。虽然申诉人蒋某某在向C银行申请承兑汇票并贴现过程中提供了虚假的申请材料，以欺骗手段获取银行票据承兑，但其已提供抵押担保、缴纳保证金，且承兑汇票均已按时兑付核销，未给银行造成实际损失，其亦未利用上述款项进行非法活动，未给金融管理秩序造成实际危害，不具备刑事处罚的必要性。其行为不符合骗取票据承兑罪

---

① 刑法修正案（十一）修改了刑法第一百七十五条之一，但自2021年3月1日起施行，本案二审时仍适用刑法修正案（十一）施行之前的法律规定。

的构成要件。原判认定蒋某某构成骗取票据承兑罪，属适用法律错误。据此，依照刑事诉讼法第二百五十六条和《最高人民法院关于适用〈中华人民共和国刑事诉讼法〉的解释》第四百七十二条第一款第三项、第二百九十五条第一款第三项的规定，于 2023 年 5 月 18 日作出判决：

一、撤销广西壮族自治区桂林市象山区人民法院（2019）桂 0304 刑初 361 号刑事判决和广西壮族自治区桂林市中级人民法院（2020）桂 03 刑终 442 号刑事裁定；

二、原审被告人蒋某某无罪。

二、主要问题

虽然使用欺骗手段骗取银行票据承兑，但未给银行造成实际损失的行为是否构成骗取票据承兑罪？

三、裁判理由

本案审理期间，就被告人的行为是否构成骗取票据承兑罪，形成了两种不同的意见。

第一种意见认为，被告人蒋某某作为 A 公司的法定代表人，在明知 A 公司与其他公司分别签订的《代销协议》和《钢材买卖合同》未实际履行、未发生真实合同交易的情况下，为取得银行承兑汇票，向银行提交未实际履行的交易合同和虚假的增值税专用发票，先后两次共承兑汇票金额达 3200 万元，达到“情节严重”立案标准 100 万元的 32 倍，应认定为犯罪情节特别严重，构成骗取票据承兑罪。

第二种意见认为，虽然被告人蒋某某在向 C 银行申请承兑汇票并贴现过程中提供了虚假的申请材料，但其已提供抵押担保、缴纳保证金，且承兑汇票均已按时兑付核销，未给银行造成实际损失，其亦未利用上述款项进行非法活动，未给金融管理秩序造成实际危害，不具备刑事处罚的必要性。其行为不符合骗取票据承兑罪的构成要件。

我们同意第二种意见，具体分析如下。

银行承兑汇票，是指由出票人向银行申请并经银行审查同意承兑，保证在指定日期无条件支付确定的金额给收款人或持票人的票据。承兑汇票作为一种重要的金融工具，在支付与结算、信用担保、融资、风险管理以及促进商业流通等方面发挥着重要作用。为防范和化解金融风险，保障国家金融票证管理制度及银行资金和信用安全，规范金融市场秩序，2006年6月通过的刑法修正案（六）增设了骗取贷款、票据承兑、金融票证罪，作为刑法第一百七十五条之一，规定“以欺骗手段取得银行或者其他金融机构贷款、票据承兑、信用证、保函等，给银行或者其他金融机构造成重大损失或者有其他严重情节”的构成该罪，“给银行或者其他金融机构造成特别重大损失或者有其他特别严重情节”应当加重处罚。该罪的设立对降低金融风险、保护社会信用起到了应有的作用，但对于未造成实际损失的相关骗取行为是否构成犯罪，实践中存在争议。对此，理论上也存在有罪说与无罪说两种观点，[①] 归根结底，就是对该罪是结果犯或是行为犯、危险犯存在争议。由于“其他严重情节”属于入罪条件，司法实务中容易出现法律的扩大适用，一些融资过程中存在轻微违规但未造成重大损失的民营企业也被纳入刑事惩处范围。我们认为，为审慎处理涉民营企业融资案件，更好地平衡打击犯罪与保护经济发展的关系，对该罪的入罪条件应采取收缩或内敛方式进行理解，防止对没有实质性危害金融秩序的行为定罪处罚。

（一）认定构成骗取贷款、票据承兑、金融票证罪原则上以造成重大损失为前提

在刑法修正案（十一）施行以前，骗取贷款、票据承兑、金融票证罪入罪的主要条件是给金融机构“造成重大损失或者有其他严重情节”。从文义上看，“其他严重情节”同“造成重大损失”之间是择一关系，即便相关行为未“造成重大损失”但属于“其他严重情节”的，也可按

① 参见周光权：《担保真实足额与骗取贷款罪的界限——从两起涉民营企业保护刑事再审典型案例出发》，载《法律适用》2023年第11期。

照该罪定罪处罚。最高人民检察院、公安部2010年制定的《最高人民检察院、公安部关于公安机关管辖的刑事案件立案追诉标准的规定（二）》（公通字〔2010〕23号）第二十七条所规定的立案条件采取的就是这种理解思路。该条规定："以欺骗手段取得银行或者其他金融机构贷款、票据承兑、信用证、保函等，涉嫌下列情形之一的，应予立案追诉；（一）以欺骗手段取得贷款、票据承兑、信用证、保函等，数额在一百万元以上的；（二）以欺骗手段取得贷款、票据承兑、信用证、保函等，给银行或者其他金融机构造成直接经济损失数额在二十万元以上的；（三）虽未达到上述数额标准，但多次以欺骗手段取得贷款、票据承兑、信用证、保函等的；（四）其他给银行或者其他金融机构造成重大损失或者有其他严重情节的情形。"①

但是，骗取贷款、票据承兑、金融票证罪侵害的法益是金融秩序，对该罪的惩处是为了保障金融机构安全，进而规避可能危害金融秩序及金融安全的风险。此处需要用刑法调控的风险应当是对出现实害结果具有高度可能性的风险，而非泛指的风险。判断行为人是否对国家金融安全造成特别重大风险，应当结合具体案情作出实质判断，而不能单看其是否采取欺骗性手段和涉案金额大小。对此，最高人民法院在2011年7月20日答复广东省高级人民法院的《关于被告人陈岩骗取贷款请示一案的批复》中提出，骗取贷款数额特别巨大，但提供足额真实抵押，未给银行造成损失，不会危及金融安全的，不属于"有其他严重情节"，不构成犯罪。② 这一批复的观点很明确，说明在骗取贷款、票据承兑、金融票证罪的入罪问题上不能只关注形式要件而忽视对实质要件的审查。在办理骗取票据承兑等犯罪案件时，要注意从行为人采取的欺骗手段是否属于明显虚构事实或者隐瞒真相，是否与银行工作人员合谋、受其指使，

① 2022年修订的《最高人民检察院、公安部关于公安机关管辖的刑事案件立案追诉标准的规定（二）》（公通字〔2022〕12号）第二十二条规定："以欺骗手段取得银行或者其他金融机构贷款、票据承兑、信用证、保函等，给银行或者其他金融机构造成直接经济损失数额在五十万元以上的，应予立案追诉。"

② 虽然刑法修正案（十一）删除了"其他情节严重"的规定，但该批复的精神仍然适用。

是否非法影响银行放贷决策、危及信贷资金安全，是否造成重大损失等方面，合理判断其行为的危害性大小。对于行为人虽有违规行为，但未给金融机构造成实际损失、未危害金融安全的，即便涉案金额很大，一般也不作为犯罪处理。自2021年3月1日起施行的刑法修正案（十一）修改了刑法第一百七十五条之一，删去了作为入罪条件的“其他严重情节”，目的就是限缩骗取贷款、票据承兑、金融票证罪的入罪范围，这也印证了以往原则上对于给金融机构造成重大损失的情形才定罪的做法是妥当的。[①]

同理，为避免刑事处罚的不平衡，防止以情节因素单独入罪，在骗取贷款、票据承兑、金融票证罪加重情节的理解和把握上，原则上以构成基本犯为前提，即以造成重大损失为前提，再具有其他某些情节的，可认定为“其他特别严重情节”。当然，在一些特殊情形下，如所采取的欺骗手段特别严重或者涉嫌数额极其巨大，给国家金融安全造成特别重大风险，虽然没有造成实际损失，也可以考虑认定为“其他特别严重情节”，依法追究刑事责任。[②] 但这属于极为例外的情形。

本案中，蒋某某以A公司为平台，在明知《代销协议》和《钢材买卖合同》没有实际履行的情况下，仍以未发生真实交易的合同、虚假的增值税专用发票，向C银行申请3200万元票据承兑的行为，已经违反了银行承兑汇票必须存在真实贸易背景的规定（票据法[③]明确规定了票据的流通需基于诚实信用原则，且具有真实的交易关系及债权债务关系）。虚假的资金用途足以使银行基于错误认识开具和承兑汇票。从该角度而言，蒋某某的行为具有一定的金融风险。但银行等金融机构关注的是承兑的汇票是否能够足额收回资金，并获得相关利益；蒋某某行为目的在于保障民营企业的正常运转，而不是非法占有；蒋某某已提供足额抵押担保，

---

① 关于如何理解和执行《最高人民检察院、公安部关于公安机关管辖的刑事案件立案追诉标准的规定（二）》，可参见最高人民法院2010年印发的相关通知。

② 参见王爱立主编：《〈中华人民共和国刑法〉释解与适用》，人民法院出版社2021年版，第436-437页。

③ 票据法第十条第一款规定：“票据的签发、取得和转让，应当遵循诚实信用的原则，具有真实的交易关系和债权债务关系。”

在汇票到期日按期兑付核销，金融风险在可控范围内；蒋某某未给银行造成实际损失，亦未利用款项进行非法活动。基于刑法谦抑性原则，蒋某某的行为未达到危害金融安全的程度，不具备犯罪构成中社会危害性这一实质条件，缺乏刑事处罚的必要性。

（二）处理涉民营企业相关案件的政策把握

当前，民营企业特别是中小企业存在融资能力较弱、融资渠道窄、成本较高等问题，成为民营企业稳定发展的重大难题。不可否认的是，民营企业在融资过程中使用不规范手段的现象时有发生。为解决上述问题，需要及时甄别纠正涉产权刑事错案，厘清民事纠纷与刑事案件的界限，严格区分民营企业可能涉及的犯罪的构成要件，防止扩大解释导致案件被错误立案。就本案而言，民营企业融资过程中的不规范手段虽是违法行为，但没有造成严重后果，不以犯罪论处。换言之，即便在刑法修正案（十一）施行之前，本案被告人的行为也不宜被认定为犯罪。刑法修正案（十一）修正后的刑法条文所蕴含的理念充分印证了此点。[①]

本案再审对被告人蒋某某宣告无罪，既表明了人民法院实事求是、严格司法的立场和有错必纠的明确态度，同时也警示民营企业家在企业生产经营中应敬畏法律、诚实守信、合规发展。人民法院在审理涉民营企业案件中，要严格遵循证据裁判、罪刑法定等原则，以发展的眼光客观看待并依法妥善处理民营企业发展过程中的不规范行为，充分发挥司法服务保障经济社会发展的职能作用，实现案件办理政治效果、法律效果与社会效果的有机统一。

（撰稿：广西壮族自治区高级人民法院　徐晓丹　方斯怡

审编：最高人民法院　方文军）

---

① 参见全国人大常委会法制工作委员会副主任李宁 2020 年 6 月 28 日在第十三届全国人民代表大会第二十次会议上所作的《关于〈中华人民共和国刑法修正案（十一）（草案）〉的说明》，其中提到厘清民事纠纷与刑事案件的界限，对于民营企业因生产经营需要，在融资过程中虽然有一些违规行为，但并没有诈骗目的，最后未给银行造成重大损失的，一般不作为犯罪处理。

[第1610号]

苟某被诉职务侵占、非国家工作人员受贿案

——职务侵占罪与非罪的界定

一、基本案情

被告人苟某，男，1975年××月××日出生，原系A公司科技（成都）有限公司（以下简称A公司成都公司）助理总经理。2018年6月4日被逮捕。

四川省成都高新技术产业开发区人民检察院指控，被告人苟某身为A公司成都公司助理总经理，利用职务便利擅自将该公司自有房产免费提供给自己担任股东、监事的B公司使用，在苟某的安排下，A公司成都公司还为B公司支付了上述办公房屋维修费用21.409329万元、物业费和能耗费等费用。在A公司成都公司报案后，B公司向A公司成都公司支付2015年1月13日至2016年5月1日租金、物业费、能耗费共计140.281305万元。2014年9月至2015年8月，苟某通过为B公司谋取上述利益，共收受该公司行贿款48.060789万元。

公诉机关认为，被告人苟某将本单位财物161.690634万元非法占为已有，数额巨大，且为他人谋取利益，非法收受他人财物48.060789万元，数额较大，应当以职务侵占罪、非国家工作人员受贿罪追究其刑事责任，向成都高新技术产业开发区人民法院提起公诉。

被告人苟某辩称：（1）其主观上没有职务侵占的目的，没有刻意隐

瞒不报单位房屋出租的事项，也没有说要免费提供房屋给 B 公司使用，租金没收到的原因是流程还在建立中；（2）其在 B 公司获得的收入是合法的工资收入而非受贿款。

苟某的辩护人提出：（1）苟某不构成职务侵占罪。首先，苟某并无将单位房屋免费提供给 B 公司使用的目的，因为流程还在沟通、建立中，只是暂时不能收取租金等费用，不等于不收取，出租前未报总经理办公室属于工作流程瑕疵，不能证明苟某主观上有非法占有的目的。其次，客观上未收取的费用属于应收账款，修复房屋的物权属于 A 公司成都公司，均无法由苟某侵占。最后，未及时收取租金的责任不应当由苟某一人承担。（2）苟某不构成非国家工作人员受贿罪。首先，B 公司未从租赁房屋中获取不正当利益。其次，苟某未利用职务之便为 B 公司谋取其他正当或不正当利益。最后，指控苟某收受的 48 万余元系苟某夫妇兼职报酬。综上所述，苟某虽然违反公司竞业禁止的规定，但其决策将 A 公司成都公司房屋出租的行为并未损害 A 公司利益，本案证据不能证明苟某构成刑事犯罪。

成都高新技术产业开发区人民法院经公开审理查明：

2005 年 6 月，被告人苟某入职 A 公司科技（深圳）有限公司。2014 年 1 月，苟某任 A 公司成都公司助理总经理，负责该公司部门运营及管理工作。

周某宇、王某均系 A 公司成都公司员工，二人先后于 2014 年 8 月、9 月离职。2013 年 11 月 11 日，B 公司成立，股东为陈某（周某宇妻子）、唐某（王某妻子）、邓某（苟某妻子）。2014 年 7 月 28 日，B 公司股权转为苟某、周某宇、王某等人持有，并变更法定代表人为周某宇、监事为苟某。2015 年 4 月，苟某将其持有的 B 公司股权转让给周某宇、王某。2015 年 5 月 6 日，经股东会决议，苟某退出 B 公司股东会。

2014 年底，苟某决定将 A 公司成都公司自有房产中的某栋第七层出租给 B 公司，并安排 A 公司成都公司相关部门的刘某经办具体事宜。刘某代表 A 公司成都公司与 B 公司签订《租赁意向书》，其中约定 B 公司承租A公司成都公司某栋第七层，面积800平方米（实际面积以最终测绘报告为准），租赁期限为三年，租金为每月每平方米35元。该《租赁意向书》加盖双方公司公章。2015年1月至2月，A公司成都公司对涉案楼层进行了维修，维修施工内容为空调安装、照明安装、天花维修、地台拆除，A公司成都公司为此支付费用21.409329万元。B公司搬进某栋第七层后，未支付房屋租金以及水电气费、物业费等。B公司员工张某甲曾向刘某询问支付房租事宜，被告知等通知。

2015年11月23日，A公司高层管理人员邮箱收到反映上述情况的匿名举报邮件，当日，A公司高层管理人员将该举报邮件转发至公司审计监察部，要求尽快彻查。2015年12月18日，A公司成都公司向公安机关报案。

2016年9月11日，A公司成都公司与B公司补签《房屋租赁合同书》，内容为B公司承租某栋第七层房屋，租赁面积1206.27平方米，租赁期限自2015年1月13日起至2016年9月30日止，租金为每月每平方米35元。随后，B公司向A公司成都公司支付2015年1月13日至2016年9月30日的租金、物业费、能耗费（水电气费）共计140.281305万元。

另查明，2014年9月15日至2015年6月5日，B公司向苟某的银行账户支付12笔报酬，共计48.060789万元。

成都高新技术产业开发区人民法院认为，在案证据不足以证实被告人苟某主观上有侵占A公司成都公司财物的故意，客观上实施了侵占该公司财物的行为，不应认定苟某构成职务侵占罪；在案证据也不足以证实苟某收到B公司的48万余元款项系苟某为该公司谋取利益而收受的行贿款，不应认定苟某构成非国家工作人员受贿罪。公诉机关指控苟某犯职务侵占罪、非国家工作人员受贿罪的证据不足，指控罪名不能成立。据此，依照刑事诉讼法第二百条第一款第三项、2012年《最高人民法院关于适用〈中华人民共和国刑事诉讼法〉的解释》第二百四十一条第一款第四项[①]之规定，于 2019 年 12 月 2 日判决被告人苟某无罪。

一审判决后，成都高新技术产业开发区人民检察院不服，向四川省成都市中级人民法院提出抗诉。

抗诉机关提出如下抗诉意见：原判认定被告人苟某主观上无侵占故意，客观上未实施侵占行为错误。出庭履行职务的检察员提出苟某构成职务侵占罪，但改变对侵占数额的指控，认为苟某非法侵占本单位财产共计 67 万余元，包括租金 42 万余元，物业费、能耗费 25 万余元[②]。

成都市中级人民法院二审审理查明的事实、证据与原判一致；另查明，2015 年 12 月，因 A 公司成都公司内部调查，被告人苟某安排刘某与 B 公司补签《房屋租赁合同书》，约定 B 公司承租 A 公司成都公司某栋第七层，租期自 2015 年 2 月 25 日起至 2018 年 2 月 24 日止，合同落款时间为 2015 年 1 月。

成都市中级人民法院经审理认为，关于指控苟某职务侵占罪的部分，在案证据不足以证实苟某将 A 公司成都公司的租金、物业费及能耗费、维修费共计 161 万余元非法占为己有，苟某不构成职务侵占罪，抗诉机关、出庭检察员及 A 公司成都公司诉讼代理人所提关于苟某构成职务侵占罪的意见不能成立，不予采纳。关于指控被告人苟某收受 B 公司贿赂 48 万余元的部分，在案证据不足以证实苟某利用其 A 公司成都公司工作人员的职务便利为 B 公司谋取利益，也不足以证实苟某收取的 48 万余元款项系 B 公司的贿赂款，原判就该笔指控认定苟某不构成非国家工作人员受贿罪符合案件事实及法律规定，予以确认。据此，依据刑事诉讼法第二百三十六条第一款第一项之规定，成都市中级人民法院于 2020 年 12 月 31 日依法裁定：

---

① 2021 年《最高人民法院关于适用〈中华人民共和国刑事诉讼法〉的解释》第二百九十五条第一款第四项。

② 抗诉机关认为，该数额仅应计算 2015 年 3 月至 12 月的租金、物业费和能耗费，因为从 2016 年 1 月开始 A 公司已经知晓 B 公司在租赁房产却没有主张相关费用，2015 年底苟某已经离职，而 2015 年 1 月至 2 月 B 公司未实际入驻，相关费用均不应计入。另外，装修费用亦不应计入侵占数额。

驳回抗诉，维持原判。

二、主要问题

如何审查、把握企业员工职务侵占罪与非罪的界限?

三、裁判理由

关于被告人苟某的行为是否构成职务侵占罪，控辩之间分歧较大，存在不同的意见。一种意见认为，苟某身为A公司成都公司的主要负责人，利用职务上的便利，将本单位的财物非法占为己有，数额巨大，应当构成职务侵占罪。另一种意见认为，现有证据不足以证实苟某将相关款项非法占为己有，无法证实其主观上具有非法占有的目的，应当认定无罪。

我们支持第二种观点，认为被告人苟某的行为不应认定为职务侵占罪，相关租赁合同纠纷能够通过民事途径予以解决，可以不纳入刑事调整范围。职务侵占罪在客观方面要求行为人利用职务便利将本单位的财物非法占为己有，主观上要求行为人需要具备非法占有的目的，这是认定职务侵占罪与非罪的核心，也是区分职务侵占罪与其他犯罪（如挪用资金罪）的关键。而对非法占有目的的判定，除了审查被告人的供述外，应当综合行为人是否向单位隐瞒、是否具有实际履约能力、是否存在履约行为、未及时履约的原因等方面进行审查认定。

第一，对上述情况的审查应当建立在全面收集证据的基础之上。公诉机关指控，被告人苟某利用职务便利，擅自将A公司成都公司的自有房产免费提供给苟某担任股东、监事的B公司使用，并安排A公司成都公司为B公司支付了上述办公房屋维修费用21.409329万元、物业费和水电气等费用，认为苟某将本单位财物（租金、维修费、物业费和能耗费）共计161.690634万元非法占为己有。一审、二审法院在审理过程中补充查明了下列事实：（1）2014年底，苟某决定出租公司自有房产后，安排公司相关部门工作人员刘某经办具体事宜。刘某代表A公司成都公司与 B 公司签订《租赁意向书》，其中明确约定了租赁的面积、租金、租期等。该《租赁意向书》加盖双方公司公章。（2）B 公司员工张某甲通过电话、短信、邮件向刘某询问支付房租事宜，刘某让其等通知。（3）2016 年 9 月 11 日，A 公司成都公司与 B 公司补签《房屋租赁合同书》，内容与《租赁意向书》基本一致，随后 B 公司向 A 公司成都公司支付了相应款项。上述补查事实与公诉机关指控被告人苟某将公司自有房产免费提供 B 公司使用，占有租金及相关费用的事实存在矛盾。

第二，被告人苟某没有向本单位刻意隐瞒其出租单位自有房屋之事。非法占有目的在客观上通常表现为账面上的隐瞒和平账。但本案中，在 2014 年底租房初期，被告人苟某便安排工作人员刘某具体对接处理案涉房屋出租事宜，而 A 公司成都公司内部邮件显示，2014 年 12 月 12 日，刘某向廖某某（A 公司成都公司运营服务组组长）、王某和赵某某（均为 A 公司成都公司运营服务组员工）发送电子邮件，内容为涉案楼层租赁方案。事实上，B 公司入驻后，A 公司成都公司的员工也都知晓 B 公司承租的事情，只是不了解租金和具体支付方式。即使 A 公司成都公司在报案前未实际收取房租等费用，但该款项在公司账目上仍系“应收账款”，并不等同于该款项已被侵占。这和其他侵吞租金类案件中被告人千方百计隐瞒房屋被使用、出租并平账的行为存在较大差别。

第三，B 公司没有不支付租金的意图，被告人苟某也没有让 B 公司免费使用的意图。A 公司成都公司与 B 公司签订了《租赁意向书》，对租金标准、租赁面积等进行明确约定，同时，证人张某甲证言、电子邮件及微信截图等证据能够证实 B 公司依据与 A 公司成都公司签订的《租赁意向书》，曾向 A 公司成都公司催问支付房租事宜，但被告知等通知，可见 B 公司亦在积极地支付房租，这表明不论是苟某还是 B 公司均没有不支付租金等费用的主观目的。同时，苟某、刘某的供述和证言中均未提到过要将涉案楼层“免费”提供给苟某占股的 B 公司使用，在案也无其他证据证实苟某曾授意不收租金。

第四，B 公司在 A 公司成都公司报案前未实际支付房租等费用不能完全归责于被告人苟某。A 公司内部合同系统审批流程为：分公司提交合同审批申请—集团行政部拓展组会签审核—财务管理、税务、法务审核—分公司总经理审批—集团职能线高级副总裁审批—财务共享盖章归档。而 A 公司成都公司同期其他物业租赁流程均是刘某负责与承租人进行对接、议价，协商好之后经过廖某某和被告人苟某同意，然后对接总公司的财务和法务部门，同意后再走印章使用的审批流程，就可以盖章并签订合同。本案中，刘某仅代表 A 公司成都公司和 B 公司签订了《租赁意向书》，未将上述事宜报 A 公司，也未签订正式合同。故在 B 公司员工催问支付房租事项时，刘某称正式租赁合同尚未审批完毕无法签订，暂时不能收取租金。

但对于为何未将租赁事项上报 A 公司，被告人苟某辩解称自己已经安排了刘某处理相关租赁事宜，没有再关心是否及时提起了审批流程，且从未供述过授意刘某不上报 A 公司。刘某在接受公司内审时先称因为租赁合同模板问题，后又称不知道什么原因没被 A 公司授权，所以一直没签订合同；在公安机关做询问笔录时，其又改称因苟某授意在 A 公司成都公司内部闭环操作，所以就没有向 A 公司上报并启动流程。刘某的证言前后不一致，在公安机关的证言没有其他证据能够印证，而其前期的证言和证人黄某怡（A 公司财务管理人员）、肖某（A 公司成都公司行政部员工）所称 A 公司成都公司于案发时无完善的租赁业务审批流程的情况相吻合。综上所述，本案证据尚不足以认定未签订正式租赁合同系苟某授意刘某故意为之。

还需要说明的是，A 公司成都公司装修的内容为空调安装、照明安装、天花维修、地台拆除。上述装修项目属于依附于房屋内部的附属物，其所有权仍属于 A 公司成都公司，不宜认定为被侵占的对象。况且，A 公司成都公司与 B 公司无论是在《租赁意向书》还是在《房屋租赁合同书》中均未对装修事项进行约定，故不能认定 A 公司成都公司支付了本应由 B 公司支付的装修款项。该观点也得到抗诉机关的认可。

综合本案全部事实，在案证据不足以证实被告人苟某主观上有侵占本单位财物的故意、客观上实施了侵占本单位财物的行为，故苟某不构成职务侵占罪。

另外，关于非国家工作人员受贿罪的认定，被告人苟某在2014年9月至2015年8月分12笔收到B公司支付的款项共48.060789万元，但现有证据不足以证实上述款项系苟某为B公司谋取利益而收受的行贿款。对于该款项的性质，苟某与B公司股东周某宇都提到该款项是发给苟某妻子邓某的工资，而苟某、邓某都实质为B公司做了工作；苟某收款的时间、数额和B公司的工资表也基本对应。在案没有其他证据能够证实苟某利用职务上的便利为B公司谋取利益并收取财物，苟某不构成非国家工作人员受贿罪。该观点也得到抗诉机关的认可。

本案案发时，A公司成都公司与B公司就租赁事宜签订了《租赁意向书》，在证据无法证实苟某存在非法占有目的的情况下，A公司成都公司与B公司之间的租金等纠纷应属于民事领域的租赁合同纠纷，尚未达到需要动用刑事手段保护公司财产权的程度。实际上，事后双方已补签了《房屋租赁合同书》，其内容与《租赁意向书》大体一致，合同签订后B公司随即全额支付了合同项下全部租金、物业费、能耗费，财产损失通过民事手段已经完全修复。当然，案件事实反映出苟某可能存在违反公司规定的竞业禁止行为，但在案证据尚不足以认定苟某构成相关犯罪，可以通过行业协会、信用评级等其他方式予以评价。

综上所述，承办法院在案件审理过程中严把事实关、证据关、法律适用关和刑事政策关，依法认定苟某的行为不构成指控的犯罪，是正确的。

（撰稿：四川省高级人民法院　范　玉
四川省成都市中级人民法院　穆　铮
审编：最高人民法院刑事审判第二庭　于同志）

[第 1611 号]

廊坊市国某股权投资基金管理有限公司、闫某某等非法吸收公众存款案

——私募基金领域非法集资行为的定性及犯罪数额的认定

一、基本案情

被告单位廊坊市国某股权投资基金管理有限公司（以下简称国某公司）。

被告人闫某某，男，1976 年××月××日出生。2019 年 9 月 30 日被逮捕。

被告人黄某某，男，1985 年××月××日出生。2019 年 9 月 30 日被逮捕。

河北省廊坊市广阳区人民检察院指控：2016 年至 2019 年，被告单位国某公司违反私募基金投资规定，以私募基金投资名义与集资参与人签订合同，允诺高额收益，向社会不特定人群吸收资金，数额巨大，其行为构成非法吸收公众存款罪；2019 年 7 月 26 日，中国证券投资基金业协会注销了国某公司的私募基金管理人登记，同年 7 月 27 日至 8 月 1 日，国某公司以非法占有为目的，违反私募基金投资规定，继续以私募基金投资名义与集资参与人签订合同，允诺高额收益，使用诈骗方法非法集资，数额特别巨大，其行为构成集资诈骗罪，应当数罪并罚。被告人闫某某、黄某某作为国某公司直接负责的主管人员，积极参与实施对不特

定多数人非法吸收公众存款和集资诈骗行为，系单位犯罪中直接负责的主管人员，应当以非法吸收公众存款罪、集资诈骗罪追究其刑事责任。据此，向河北省廊坊市广阳区人民法院提起公诉。

被告单位国某公司诉讼代表人曹某某、被告人闫某某和黄某某对起诉书指控非法吸收公众存款罪的犯罪事实和罪名均无异议，但认为不构成集资诈骗罪。诉讼代表人和辩护人提出，被告单位及二被告人主观上不具有非法占有目的，客观上没有实施以虚构事实、隐瞒真相的手段欺骗他人的行为，其行为不构成集资诈骗罪。

廊坊市广阳区人民法院经审理查明：被告单位国某公司于 2014 年 11 月 18 日在廊坊市广阳区注册成立，靳某某担任该公司法定代表人，被告人闫某某担任总经理，被告人黄某某担任市场部总经理。2015 年，该公司经中国证券投资基金业协会登记为私募基金管理人；2019 年 7 月 26 日，中国证券投资基金业协会注销该公司私募基金管理人登记。2016 年至 2019 年，国某公司发行多只合伙制私募股权投资基金，其间违反私募基金投资规定，以私募基金投资名义通过公开宣传的方式与集资参与人签订合同，并承诺返还本息，向社会不特定人群 4 万余人次吸收资金，截至 2019 年 8 月 1 日，共计吸收本金 23.107 亿元，兑付本金 16.502775 亿元，支付利息共计 7749.872 万元，尚欠本金 6.604225 亿元未兑付。闫某某、黄某某作为国某公司直接负责的主管人员，积极参与实施该公司的非法吸收公众存款行为。2019 年 8 月 1 日，闫某某、黄某某主动到廊坊市公安局广阳分局投案，并如实供述犯罪事实。

廊坊市广阳区人民法院认为，被告单位国某公司以私募基金投资名义，通过公开宣传的方式与集资参与人签订合同，承诺在一定期限内还本付息，向社会不特定人群吸收资金，扰乱金融秩序，数额巨大，其行为构成非法吸收公众存款罪。被告人闫某某、黄某某作为国某公司的高级管理人员，积极参与被告单位的犯罪行为，系单位犯罪中直接负责的主管人员，二人行为均构成非法吸收公众存款罪。在共同犯罪中，闫某某、黄某某起主要作用，均系主犯。闫某某、黄某某主动到公安机关投案并如实供述犯罪事实，系自首，依法可以从轻处罚。闫某某、黄某某无前科劣迹，系初犯，自愿认罪认罚，可酌情从轻处罚。依照刑法第一百七十六条①、第二十五条第一款、第二十六条第一款和第四款、第三十条、第三十一条、第五十二条、第五十三条、第六十七条第一款、第六十一条、第六十四条和《最高人民法院关于审理非法集资刑事案件具体应用法律若干问题的解释》（以下简称《审理非法集资案件解释》）第一条第一款、第三条第一款第一项和第二款第一项等规定，于2023年4月21日作出如下判决：

一、被告单位国某公司犯非法吸收公众存款罪，判处罚金人民币三十万元；

二、被告人闫某某犯非法吸收公众存款罪，判处有期徒刑八年，并处罚金人民币十万元；

三、被告人黄某某犯非法吸收公众存款罪，判处有期徒刑八年，并处罚金人民币十万元；

四、公安机关扣押的涉案资产予以追缴，返还集资参与人；

五、被告单位国某公司、被告人闫某某、黄某某非法吸收公众存款的违法所得予以追缴，返还集资参与人。

一审宣判后，公诉机关提出抗诉，认为被告单位国某公司、被告人闫某某和黄某某在国某公司被注销私募基金管理人登记后，继续非法集资的行为符合集资诈骗罪的犯罪构成，原审判决未予认定确有错误；吸收的来自合格投资者的本金不应计入非法吸收公众存款罪犯罪数额。

被告人闫某某、黄某某提出上诉，认为一审判决量刑过重。

河北省廊坊市中级人民法院经二审审理查明的事实与一审相同。

廊坊市中级人民法院认为，国某公司吸收集资参与人投资后，确有正常投资和经营活动，同时对集资参与人也有还本付息行为，并非以非

① 自2021年3月1日起施行的刑法修正案（十一）对非法吸收公众存款罪进行了修正，增加了“数额特别巨大或者有其他特别严重情节的，处十年以上有期徒刑，并处罚金”等内容，但本案发生时刑法修正案（十一）尚未施行，故按照“从旧兼从轻”原则，适用修正前的刑法。

法占有为目的，骗取集资参与人资金，其行为符合非法吸收公众存款罪的构成要件，且属数额巨大。自 2019 年 7 月 26 日中国证券投资基金业协会注销国某公司私募基金管理人登记至 2019 年 8 月 1 日，国某公司继续以在中国证券投资基金业协会备案尚未清算的国某基金 6 号私募股权投资基金名义吸收资金的行为，应当认定为吸收公众存款行为的延续。国某公司募集资金的行为被整体评价为非法吸收公众存款，吸收的单笔合同金额超过 100 万元的合格投资人的本金与其 2019 年 7 月 26 日至 2019 年 8 月 1 日吸收的本金均应计入非法吸收公众存款的犯罪数额。原审判决认定事实清楚，证据确实、充分，适用法律正确，量刑适当，审判程序合法，依照刑事诉讼法第二百三十六条第一款第一项、第二百四十四条的规定，于 2023 年 7 月 28 日裁定如下：

驳回抗诉、上诉，维持原判。

二、主要问题

（1）经依法登记的私募基金管理人通过发售合法备案的私募基金向不特定社会公众吸收资金的行为应如何定性？

（2）行为人通过发售私募基金向不特定社会公众吸收资金的，犯罪数额如何计算？

三、裁判理由

近年来，假借私募基金之名行非法集资之实的违法犯罪现象较为常见。该类非法集资活动具有专业性强、隐蔽性高、涉及面广等特点，加之私募基金属于新型金融产品，有的司法人员对其认识和了解尚不够深入，导致相关案件在司法实践中存在较多争议和困惑。本案即是一起典型的私募基金管理人在私募基金合法外观下从事非法集资活动的案件，审理过程中对私募基金管理人及相关责任人员行为的评价与犯罪数额的认定问题，控辩审各方存在较大分歧。以下对相关争议问题进行探讨。

（一）私募基金领域非法吸收公众存款行为的认定

私募基金是以非公开方式向特定投资者募集资金并以特定目标为投资对象设立的投资基金，其运作主要分为“募”“投”“管”“退”四个阶段。“募”即资金募集，是指以非公开方式向合格投资者募集资金的过程；“投”即基金投融，是指将募集到的资金通过一定的方式投资到预先选择确定好的投资项目；“管”即运营管理，包括目标项目经营管理、资金管理、信息披露等一系列活动；“退”即投资退出，是指基金解散或清算后投资者退出所持股权份额，管理人将基金净值按约定向投资者进行分配。从运作过程看，资金募集阶段是私募基金涉非法集资犯罪最为集中的阶段。

非法集资犯罪包括非法吸收公众存款罪与集资诈骗罪。违反国家金融管理法规非法吸收公众存款或变相吸收公众存款，扰乱金融秩序的，构成非法吸收公众存款罪；以非法占有为目的，使用诈骗方法实施非法吸收公众存款行为的，则构成集资诈骗罪。依据自 2022 年 3 月 1 日起施行的《审理非法集资案件解释》第一条的规定，围绕非法性、公开性、利诱性、社会性等四个特征要件对私募基金吸收资金的全过程进行审查，是认定涉私募基金非法吸收公众存款行为的关键。

1. 非法性

具备非法性是吸收公众存款行为入罪的前提条件，实践中通常表现为行为人未经有关部门依法许可或者借用合法经营的形式吸收资金。2019 年 1 月 30 日印发的《最高人民法院、最高人民检察院、公安部关于办理非法集资刑事案件若干问题的意见》（以下简称《办理非法集资案件意见》）提出：“人民法院、人民检察院、公安机关认定非法集资的‘非法性’，应当以国家金融管理法律法规作为依据。对于国家金融管理法律法规仅作原则性规定的，可以根据法律规定的精神并参考中国人民银行、中国银行保险监督管理委员会、中国证券监督管理委员会等行政主管部门依照国家金融管理法律法规制定的部门规章或者国家有关金融管理的规定、办法、实施细则等规范性文件的规定予以认定。"

具体到涉私募基金非法集资案件中，根据国务院发布的《私募投资基金监督管理条例》（以下简称《管理条例》）和中国证券投资基金业协会制定的《私募投资基金管理人登记和基金备案办法（试行）》的相关规定，私募基金管理机构的设立和基金的发行不设行政审批，私募基金管理人依法向登记备案机构履行登记手续，并于私募基金募集完毕之日起二十个工作日内向登记备案机构办理备案。登记备案机构即中国证券投资基金业协会发布的《私募投资基金备案须知》（已失效）明确，该协会为私募投资基金办理备案不构成对基金管理人投资能力的认可，亦不构成对管理人和私募投资基金合规情况的认可，不作为对私募投资基金财产安全的保证。该协会负责人也在答记者问中明确表示，私募基金登记和备案的性质不是行政许可，该协会不会对此进行实质性审查。[①]可见，私募基金的登记和备案不属于"有关部门依法许可"，无论私募基金管理人是否按规定办理登记并对发行的基金进行备案，均不影响对集资行为非法性的认定。商业银行法第十一条规定，未经国务院银行业监督管理机构批准，任何单位和个人不得从事吸收公众存款等商业银行业务。无论私募基金是否进行登记、备案，只要未经批准实施吸收公众存款行为，均属于"未经有关部门依法许可"吸收资金；登记、备案的私募基金实施吸收公众存款行为更具有形式上的迷惑性，属于《审理非法集资案件解释》第一条第一款第一项"借用合法经营的形式"吸收资金。

本案中，私募基金管理人国某公司按规定进行了登记，发行的涉案基金亦进行了备案，但并不意味其集资行为就具有合法性，对其实施的集资行为的性质应当根据法律和金融法规关于私募基金募集对象、募集方式、收益分配等方面的规定，对公开性、利诱性、社会性等要件作进一步实质审查，以判断其是否属于非法吸收公众存款行为。

---

① 参见中国证券监督管理委员会网站，http://www.csrc.gov.cn/chongqing/c105466/c1301622/content.shtml。

2. 公开性

非法吸收公众存款行为的公开性体现为行为人向社会公开宣传。证券投资基金法第九十一条规定，非公开募集基金不得向合格投资者之外的单位和个人募集资金，不得通过报刊、电台、电视台、互联网等公众传播媒体或者讲座、报告会、分析会等方式向不特定对象宣传推介。《管理条例》亦通过列举方式对宣传推介行为作出了类似的禁止性规定。列举显然难以穷尽所有的公开宣传手段，行为人采取的方式也在不断地推陈出新。

本案中，国某公司及主要负责人采取举办推介会、散发传单及口口相传等方式向不特定公众宣传涉案私募基金，符合非法吸收公众存款行为的公开性特征。

3. 利诱性

非法吸收公众存款行为的利诱性体现为行为人承诺在一定期限内以货币、实物、股权等方式还本付息或者给付回报。私募基金领域投资风险高、市场波动大，基金项目能否收回投资、取得收益，受金融市场的环境、管理人的投资策略等多方面因素影响，故不应存在还本付息的承诺。《管理条例》亦禁止私募基金管理人向投资者承诺投资本金不受损失或者承诺最低收益。

本案中，国某公司在推介会及传单中宣称涉案基金根据投资期限年收益固定为8%至12%，基金合同亦对固定年化收益率进行了明确约定，承诺还本付息。结合涉案基金的实际运营情况，该基金在“募”“投”“管”“退”全过程中均存在违法行为，采取募新还旧、期限错配的“资金池”方式，投资款未全部投资于预定项目，部分投资款被用于偿还到期投资人的本金和收益；部分投资人在项目亏损的情况下仍取得收益，其收益来源于承诺的固定收益，而不是投资所得。因此，该基金的经营活动符合利诱性要件。

4. 社会性

非法吸收公众存款行为的社会性体现为行为人向社会公众即社会不

特定对象吸收资金。对私募基金而言，募集对象的特定性是其区别于公募基金的重要特征之一。根据《管理条例》第十八条的规定，私募基金应当向合格投资者募集或者转让，且单只私募基金的投资者累计不得超过法律规定的人数。具体而言，合格投资者是指具备相应风险识别能力和风险承担能力、投资于单只私募基金的金额不低于 100 万元且符合相关资产标准的投资者；单只私募基金的投资者人数累计不得超过证券投资基金法、公司法、合伙企业法等法律规定的特定数量，以有限责任公司或合伙企业为形式设立的私募基金投资人数上限为 50 人，以股份有限公司为形式设立的私募基金投资人数上限为 200 人。私募基金管理人通过公开宣传吸引社会公众投资、对投资者资格不予核查、放任"代持出资""拼单出资"、突破投资人数上限标准吸收资金的，应认定其行为具备社会性要件。

本案中，大量不特定社会公众参与投资，涉案两只合伙企业型基金投资人数合计逾 4 万人次，远超法定人数上限；被告单位对投资者风险识别能力、风险承担能力及资产状况不予审查，绝大多数投资者不符合合格投资者标准，投资金额低于 100 万元。因此，被告单位及被告人的行为具备非法吸收公众存款的社会性特征。

综上所述，被告单位虽然按规定进行了登记，发行的涉案基金亦进行了备案，但其借用合法经营的形式针对不特定对象进行公开宣传，以高息及承诺还本付息等方式利诱公众，向远超法律法规规定的社会不特定对象吸收资金，其行为符合非法吸收公众存款的要件。

（二）私募基金领域非法吸收公众存款罪与集资诈骗罪的适用

1. 非法吸收公众存款罪与集资诈骗罪的区分

如前文所述，非法吸收公众存款行为是集资诈骗罪的手段。以非法占有为目的，使用诈骗方法集资，是集资诈骗罪的本质特征。客观方面，虽然非法吸收公众存款罪不以行为人使用诈骗方法作为犯罪构成要件，但大多数非法吸收公众存款罪与集资诈骗罪一样，也需要通过虚构事实、隐瞒真相的方法实施，非法吸收公众存款罪的非法性、利诱性特征决定了该罪本身就包含诈骗行为。出于投资安全的考虑，普通民众一般只会向具有合法登记的主体投资，非法吸收公众存款罪的行为人实质上是通过捏造其存款业务已被依法许可或隐瞒其未经许可的方法，吸收公众存款以募集资金。此外，部分非法吸收公众存款案件中行为人编造不真实的投资项目、虚构盈利情况、进行夸大宣传的行为亦具有诈骗性质。由此可见，是否使用诈骗方法并不是非法吸收公众存款罪和集资诈骗罪的本质区别，仅从客观行为角度并不能对两罪进行准确区分。两个罪名的本质区别在于行为人的主观方面是否对集资款项具有非法占有目的。

对集资诈骗犯罪中非法占有目的的认定，要坚持主客观相一致的原则，不能单纯以诈骗方法代替非法占有目的的认定，也不能仅根据损失结果进行客观归罪。《审理非法集资案件解释》以及 2017 年 6 月 2 日印发的《最高人民检察院关于办理涉互联网金融犯罪案件有关问题座谈会纪要》从行为人的行为表现和筹得资金的去向等方面列举了多种认定情形。对于涉私募基金非法集资案件中行为人是否具有非法占有目的，可综合考察私募基金"募""投""管""退"全过程，从以下角度加以判断：第一，私募基金募集阶段，宣称的投资项目是否系虚构，是否明显不具有盈利可能性；第二，私募基金募集完毕后，行为人是否改变资金用途，是否将主要资金用于生产经营以外的活动；第三，在投资项目运营过程中，行为人有无明显不负责任的行为表现，是否采取最低限度的成本控制及风险管控措施，是否通过借新还旧填补资金缺口，有无抽逃资金行为；第四，投资期限届满或投资项目结束后，行为人是否有逃避返还投资款的行为表现。而私募基金产品一般从事创业投资，以项目公司或企业股权为投资标的，对于发行私募基金具备非法集资犯罪的四个特征，但大部分资金用于真实项目投资，没有前述情形的，可以不认定具有非法占有目的。

本案中，国某公司依法进行了私募基金管理人登记并对涉案基金进行了备案；吸收集资参与人投资后，确实按基金合同的约定开展了正常投资和经营活动，将大部分资金分别投向不良资产处置项目、“共享惠”餐饮储值卡项目、“熟人车”二手车交易项目以及北京东某消防科技有限公司等真实存在的项目及企业，而不是用于个人挥霍；同时，对集资参与人也有还本付息行为，截至案发时本金兑付率达到70%以上，相关人员并无恶意逃避返还资金迹象，资金缺口虽达到6亿余元，但与23亿余元的集资规模相比，尚不足以认定明显超出经营亏损的范围；虽存在借新还旧的情形，但借新还旧系因投资的“共享惠”餐饮储值卡项目和不良资产处置项目未能回款并取得预期收益，导致入不敷出，并非因相关人员隐匿、转移资金，且根据在案证据无法查清借新还旧比例，不足以认定归还本息主要通过借新还旧实现。因此，法院认定各被告人主观上不具有非法占有目的，其行为构成非法吸收公众存款罪。

2. 非法吸收公众存款罪与集资诈骗罪的转化

非法集资活动是一个持续的动态过程。司法实践中，既存在自始即以非法占有为目的、以诈骗手段吸收资金的单一集资诈骗犯罪，也存在从非法吸收公众存款罪转化为集资诈骗罪的情形。部分行为人在非法集资之初并不具有非法占有目的，但因后期经营状况恶化、入不敷出，为了掩盖其行为的非法性，通过支付高息的手段扩大吸收存款规模借新还旧，导致行为性质转化为集资诈骗。《最高人民检察院关于办理涉互联网金融犯罪案件有关问题座谈会纪要》指出，行为人在初始阶段仅具有非法吸收公众存款的故意，不具有非法占有目的，但在发生经营失败、资金链断裂等问题后，明知没有归还能力仍然继续吸收公众存款的，这一时间节点之后的行为应当认定为集资诈骗罪，此前的行为应当认定为非法吸收公众存款罪。根据上述观点，在非法吸收公众存款行为持续的情形下，两罪的分水岭在于行为人产生非法占有目的，具体表现为对没有归还能力的明知。而如前所述，判断行为人是否产生非法占有目的，应当以其实施的客观行为为依据。

本案中，被告单位虽在涉案私募资金运营期间被注销私募基金管理人登记，但该登记仅为形式要件，是否登记不影响对行为人行为性质的认定。各被告人在被告单位注销管理人登记前后实施的吸收资金行为及运营投资项目行为并无差异，不能认定其犯意发生了转化，进而产生了非法占有目的；被告单位已于注销登记前将募集资金的绝大部分投向相关项目，注销登记后仅六日即被查处，不能认定注销登记对其归还能力构成影响。被告单位被注销登记后继续以尚未清算的涉案基金名义吸收资金，与之前的非法吸收公众存款行为具有连续性、一致性，应当认定为前行为的延续。因此，公诉机关以注销登记为分界点，指控各被告人前行为构成非法吸收公众存款罪，后行为构成集资诈骗罪，缺乏事实根据和法律依据。

（三）涉私募基金非法集资案件犯罪数额的认定

《审理非法集资案件解释》对非法吸收公众存款罪规定了三种入罪、升档量刑标准，分别是吸收资金数额、吸收公众存款对象人数及造成直接经济损失数额。其中第六条规定，非法吸收或者变相吸收公众存款的数额，以行为人所吸收的资金全额计算。《办理非法集资案件意见》进一步指出，集资参与人收回本金或者获得回报后又重复投资的数额不予扣除，但可以作为量刑情节酌情考虑。对于非法吸收公众存款案件，应将行为人每次吸收公众存款的数额进行累加计算，得出犯罪数额，而不应以集资参与人受到的损失数额作为犯罪数额。集资参与人重复投资、循环投资的，均应累计计算。行为人在吸收公众存款后，支付或归还的本息均不在犯罪数额中予以扣除。

《审理非法集资案件解释》第八条第三款规定："集资诈骗的数额以行为人实际骗取的数额计算，在案发前已归还的数额应予扣除。行为人为实施集资诈骗活动而支付的广告费、中介费、手续费、回扣，或者用于行贿、赠与等费用，不予扣除。行为人为实施集资诈骗活动而支付的利息，除本金未归还可予折抵本金以外，应当计入诈骗数额。"可见，对于集资诈骗案件应以行为人骗取的资金数额作为犯罪数额，但可以对两类资金进行扣除：一是案发前行为人向集资参与人归还的本金；二是集资诈骗活动中行为人向集资参与人支付的利息，但该利息只能用于折抵尚未归还的本金数额，如集资参与人的本金已全部归还，行为人支付的利息则不能从犯罪数额中扣除。换言之，集资诈骗罪的犯罪数额以集资参与人遭受的本金损失数额为标准。

需要注意的是，根据《办理非法集资案件意见》，在非法吸收公众存款案件中行为人向社会公开宣传，同时向不特定对象、亲友或者单位内部人员吸收资金的，向亲友或者单位内部人员吸收的资金应当与向不特定对象吸收的资金一并计入犯罪数额。这是因为，行为人通过公开宣传实施非法集资行为，主观心态上针对不特定对象集资，同时客观行为上也导致不特定社会公众参与集资，行为人的整个行为系在同一犯罪故意支配下统一进行的，应整体予以评价。此时，亲友及单位内部人员亦应整体评价为不特定对象，吸收资金不得从犯罪数额中扣除。同理，在涉私募基金非法吸收公众存款案件中，亦不得将行为人向符合合格投资者条件的对象吸收的资金从犯罪数额中扣除。

本案中，部分投资人符合合格投资者条件，这部分投资人所投资金为4000万余元。公诉机关认为，被告单位吸收该部分资金不存在违法情形，故对该部分资金应当从犯罪数额中扣除。我们认为，被告单位面向不特定公众募集资金，集资过程中违反了私募基金禁止公开宣传、投资者不得超过50人等相关法律法规规定，且未对投资者资格进行审查，其对合格投资者和其他投资者实施的非法吸收公众存款行为系基于同一犯罪故意，应整体评价为一个行为。因此，本案生效裁判将合格投资者和其他投资者的投资均计入犯罪数额，体现了对集资参与人权益的平等保护，符合公平公正的司法原则。

（撰稿：河北省廊坊市中级人民法院　徐　兵

审编：最高人民法院　方文军）

［第 1612 号］

TR 集团股份有限公司、薛某甲、薛某乙擅自发行股票案

——如何区分擅自发行股票、公司、企业债券罪与集资诈骗罪、非法吸收公众存款罪

一、基本案情

被告单位 TR 集团股份有限公司（以下简称 TR 集团）。

被告人薛某甲，男，1973 年××月××日出生，原系 TR 集团法定代表人。2019 年 11 月 5 日被逮捕。

被告人薛某乙，男，1966 年××月××日出生，原系 TR 集团股东、TR 国际控股（香港）有限公司董事。2020 年 9 月 28 日因患病被取保候审。

陕西省西安市人民检察院指控：2001 年 8 月 8 日，薛某乙和薛某甲成立 TR 集团，薛某甲担任该公司法定代表人，负责管理公司事务。2015 年，薛某乙联系他人，为 TR 集团进行融资。同年 12 月 23 日，该公司未经有关部门批准，在上海委托当地中介机构举行专项路演，向不特定群众宣传 TR 集团未来两年内在新三板上市，并向投资人承诺如果两年内未能上市，则由其母公司美国上市公司 TR 国际公司回购投资人认购的股份，且保证向投资人支付年化收益率 10%的利息；同时，TR 集团与投资人签订《定向增发股份认购合同》以及《定向增发股份认购合同的回购协议》。2017 年 12 月 31 日，两年期限届满，TR 集团仍未上市，且未按

照合同约定对投资人购买的股权进行回购，未退还本金及支付利息，并向投资人宣传展示伪造的《陕西省商务厅关于同意 TR 集团股份有限公司定向发行股份的批复》，获取投资人信任。至案发，结合部分银行流水、司法会计鉴定意见书认定，TR 集团累计收取集资金达 3 亿余元，向上海多家中介公司支付高额返利达 1.74 亿余元；截至目前，报案群众共 208 人，涉及资金 257 笔，金额共计人民币 1.69683 亿元，至案发未退还投资人投资款，实际损失 1.69683 亿元。公诉机关认为被告单位 TR 集团和被告人薛某甲、薛某乙构成集资诈骗罪，向陕西省西安市中级人民法院提起公诉。

被告单位 TR 集团诉讼代表人、被告人薛某甲及其辩护人提出，TR 集团融资过程中没有虚构事实、隐瞒真相，不具有非法占有目的；发行股票是为了企业发展，并非集资诈骗；其行为不构成集资诈骗罪，而是构成擅自发行股票罪。被告人薛某乙及其辩护人提出，薛某乙在 TR 集团未担任任何职务，未参与任何投资行为，也未非法占有募集的资金，不构成犯罪。

西安市中级人民法院经审理查明：TR 集团于 2001 年 8 月成立，注册资本为人民币 4.28 亿元，股东包括 TR 国际控股（香港）有限公司（持股 73.41%）、深圳某股权投资基金管理有限公司（持股 26.36%）、被告人薛某乙（持股 0.23%）。薛某甲系 TR 集团法定代表人。2015 年 10 月 12 日，为 TR 集团的生产经营，薛某甲作为该公司的法定代表人和作为 TR 国际控股（香港）有限公司股东代表的薛某乙召开股东会议，决议增加公司注册资本 6000 万股，将该公司注册资本从 42800 万股增加至 48800 万股。此后直到 2015 年 12 月 31 日，薛某甲委托上海 Y 资产管理有限公司等中介公司向社会不特定公众增发股份。同年 12 月 23 日，薛某乙在上海举行的专项路演和产品品鉴会上，向不特定群众宣传 TR 集团发行股票事宜。薛某甲作为 TR 集团（甲方）法定代表人和 471 名集资人（乙方）签订《定向增发股份认购合同》，载明了认购股份价格为每股 5 元、认购股数、认购股款总额、认购款指定账户等信息。

被告人薛某乙作为TR国际控股（香港）有限公司（甲方，亦是丙方实际控制人）的董事、薛某甲作为TR集团公司（丙方）法定代表人和471名集资人（乙方）签订《定向增发股份认购合同的回购协议》，承诺如果TR集团在2017年12月31日前未能完成创业板、全国中小企业股份转让系统或同类型证券交易所的挂牌工作，TR国际控股（香港）有限公司同意受让认购人持有的TR集团公司的份额，并根据实际投资额，按照年化收益率10%向认购人支付利息（承诺如果两年内公司不能上市就回购股权），并发放给认购人TR集团持股证明。

经审计，TR集团共募集资金（认购股）3.37亿余元，给部分认购人退认购股624.2万元，实际收款3.31亿余元。截至2023年2月1日，报案群众共244人，涉及资金293笔，实际损失金额1.95533亿元。募集的资金绝大部分用于TR集团的经营活动和支付中介代理费。

西安市中级人民法院认为，被告单位TR集团未经证券监管部门批准，擅自发行股票，被告人薛某甲、薛某乙系TR集团直接负责的主管人员和其他直接责任人员，其行为均已构成擅自发行股票罪。公诉机关当庭撤回伪造的《陕西省商务厅关于同意TR集团股份有限公司定向发行股份的批复》的证据①，故起诉书指控“并向投资人宣传展示伪造的《陕西省商务厅关于同意TR集团股份有限公司定向发行股份的批复》，获取投资人信任”的事实不成立。被告单位TR集团、被告人薛某甲和薛某乙向不特定的人擅自发行股票，募集资金3.31亿余元，造成投资人损失1.95亿余元，数额巨大，其行为构成擅自发行股票罪，公诉机关指控罪名有误，依法予以变更。薛某甲作为TR集团法定代表人，明知该企业系非上市股份有限公司，为筹集经营资金，伙同薛某乙召开股东会，未经国家有关主管部门批准擅自发行股票，在共同擅自发行股票犯罪中起主要作用，系主犯；薛某乙作为TR集团的股东，未经国家有关主管部门批准，与薛某甲决议擅自发行股票，且前往上海参加发行股票的宣传活动，

① 该份《陕西省商务厅关于同意TR集团股份有限公司定向发行股份的批复》来源于投资人的微信聊天群，后经鉴定系投资人伪造，不能证明TR集团采取欺骗手段，骗取投资人信任。

系擅自发行股票罪的其他直接责任人员，在共同擅自发行股票犯罪中起次要作用，系从犯。鉴于被告单位TR集团积极缴纳罚金，薛某乙患有癌症，结合TR集团出具的对244名投资人权益进行保护的解决方案，并综合考虑在案其他情节，依照刑法第一百七十九条、第二十五条、第二十六条第一四款、第二十七条、第六十一条、第六十四条以及《最高人民法院关于审理非法集资刑事案件具体应用法律若干问题的解释》第十条之规定，于2023年8月21日作出判决：

一、被告单位TR集团犯擅自发行股票罪，判处罚金人民币三百五十万元（已缴纳）；

二、被告人薛某甲犯擅自发行股票罪，判处有期徒刑四年二个月；

三、被告人薛某乙犯擅自发行股票罪，判处有期徒刑二年六个月，缓刑三年；

四、责令被告单位TR集团退赔人民币一亿九千五百五十三万三千元，按比例发还各集资参与人。

宣判后，被告单位、各被告人均未提出上诉，公诉机关亦未提出抗诉。判决已发生法律效力。

二、主要问题

如何区分擅自发行股票、公司、企业债券罪与集资诈骗罪、非法吸收公众存款罪？

三、裁判理由

本案在审理过程中，对于认定被告单位TR集团、被告人薛某甲和薛某乙的罪名有三种不同的观点。第一种观点认为，TR集团和二被告人以非法占有为目的，利用发行股票为诱饵并许诺高额利息回购，欺骗社会公众与其签订借款合同进行非法集资，数额特别巨大，其行为构成集资诈骗罪。第二种观点认为，TR集团和二被告人的行为构成非法吸收公众存款罪。TR集团未经有关部门批准，违反国家金融管理法律规定，向社会公开宣传，通过与投资人签订《定向增发股份认购合同》和《定向增发股份认购合同的回购协议》，非法向社会公众公开募集资金，数额巨大，其行为已构成非法吸收公众存款罪。第三种观点认为，TR 集团和二被告人的行为构成擅自发行股票罪。

我们同意第三种观点，具体分析如下。

（一）本案行为不构成集资诈骗罪

集资诈骗罪是指以非法占有为目的，使用诈骗方法非法集资数额较大的行为。该罪侵犯的客体是国家金融管理秩序和公私财物所有权，行为人主观上具有非法占有他人财物的目的。最高人民法院 2001 年印发的《全国法院审理金融犯罪案件工作座谈会纪要》提出："集资诈骗罪和欺诈发行股票、债券罪、非法吸收公众存款罪在客观上均表现为向社会公众非法募集资金。区别的关键在于行为人是否具有非法占有的目的。对于以非法占有为目的而非法集资，或者在非法集资过程中产生了非法占有他人资金的故意，均构成集资诈骗罪。但是，在处理具体案件时要注意以下两点：一是不能仅凭较大数额的非法集资款不能返还的结果，推定行为人具有非法占有的目的；二是行为人将大部分资金用于投资或生产经营活动，而将少量资金用于个人消费或挥霍的，不应仅以此便认定具有非法占有的目的。"司法实践中，判断行为人主观目的，一般根据行为人的行为是否为符合刑法所规定的客观要件的行为，并综合考虑行为人事前、事中、事后的各种主客观因素进行综合判断，即通过对事前行为人的主体身份、事中履约能力和履约行为、事后对非法筹集资金的处置等方面进行综合分析，认定行为人主观上是否具有非法占有目的。

本案中，首先，被告单位 TR 集团与被告人薛某甲、薛某乙均使用真实的企业法人营业执照和姓名、真实的 TR 集团公章与投资者签订协议，没有提供虚假的信息引诱投资者上当，使其难以索回投资款项。

其次，根据司法会计鉴定所出具的鉴定意见，TR 集团成立于 2001 年 8 月，注册资本 4.28 亿元，经营范围包括预包装食品和有机农业、果业深加工等。虽然 TR 集团 2015 年收入 1632 万余元，支出 3600 万余元，出现亏损 1968 万余元的经营问题，但总体上看，上述亏损属于企业正常范围内盈亏，尚不至于对 TR 集团造成毁灭性打击。TR 集团及其下属公司在泾阳、周至、葫芦岛、营口均有生产基地，在眉县、宜都正在建设生产基地，是集果业开发、生产、加工、销售和投资于一体的大型实业集团。TR 集团 2012 年度营业收入 64659 万元、利润总额 13976 万元；2013 年度营业收入 48985 万元、利润总额 11443 万元；2014 年度营业收入 60931 万元、利润总额 8849 万元。可见，TR 集团在募集资金时具备盈利能力和偿还能力。同时，TR 集团的资金需求也是真实的。TR 集团为了公司经营和公司上市而募集资金，公司对于上市也有具体的流程和规划，并非为了骗取钱财而编造借口。

再次，TR 集团和投资人签订了《定向增发股份认购合同》和《定向增发股份认购合同的回购协议》，其中，《定向增发股份认购合同》载明了认购时期、每股价格、认购股数、认购股款总额等信息。《定向增发股份认购合同的回购协议》约定按年化收益率 10% 支付利息。由于客观原因，两年后该公司未能在新三板上市。但在案发前，TR 集团一直为公司上市努力，如收购新三板挂牌的壳公司 M 公司并拟将 TR 集团的资产装入 M 公司以实现 TR 集团借壳上市的目的（后因部分投资人刑事报案而中断）。2018 年，TR 集团与 130 名投资人签订《股权置换协议》，将投资人的 TR 集团股份置换成 M 公司的股份；2020 年，与 82 名投资人签订《同意函》，将投资人在 TR 集团的股份置换成美国上市公司的股票。上述行为均表明 TR 集团有尽力履约的诚意和弥补投资人损失的行为。

最后，TR 集团将收取的认购股款 3.39 亿余元均转入 TR 集团账户，经鉴定，TR 集团的账户资金包括向 M 公司转投资成本款、转借款，向中介公司、资金管理公司转借款，向泾阳等公司支付的货款、运费、项目专用款、工资、税费、利息、审计等费用，即募集资金绝大部分用于经营活动和支付中介费用，并未存入被告人薛某甲、薛某乙的私人账户内。

综上所述，从现有证据看，被告单位 TR 集团对于筹集的资金确有真实投资项目，无证据证明TR集团和二被告人不具备偿还能力或行为，公诉机关指控TR集团和二被告人主观上具有非法占有目的证据不足，不能认定其构成集资诈骗罪。

（二）本案行为不构成非法吸收公众存款罪

擅自发行股票、公司、企业债券罪与非法吸收公众存款罪最主要的区别是是否真实发行股票或者债券。擅自发行股票、公司、企业债券罪确实发行了股票、债券，所募集的资金有明确用途并实际用于约定项目，在操作手法上与合法发行股票、债券没有区别，其违法性体现为发行行为未经有关部门依法核准。而非法吸收公众存款罪并未实际发行股票、债券，其真实目的是吸收公众资金。另外，在投资人利润的获取方式上也存在一定差别。非法吸收公众存款罪的行为人会向投资人承诺保本付息或者定期给付投资人一定的对价；而擅自发行股票、债券一般不会保证保本付息，双方通常会签订股权转让合同或者资金募集合同等，投资人需要根据公司经营状况自负盈亏。《最高人民法院关于审理非法集资刑事案件具体应用法律若干问题的解释》（2022年修正，以下简称《审理非法集资案件解释》）规定，不具有发行股票、债券的真实内容，以虚假转让股权、发售虚构债券等方式非法吸收资金的，以非法吸收公众存款罪定罪处罚。《审理非法集资案件解释》第十条同时明确：“未经国家有关主管部门批准，向社会不特定对象发行、以转让股权等方式变相发行股票或者公司、企业债券，或者向特定对象发行、变相发行股票或者公司、企业债券累计超过200人的，应当认定为刑法第一百七十九条规定的‘擅自发行股票或者公司、企业债券’。构成犯罪的，以擅自发行股票、公司、企业债券罪定罪处罚。”

本案中，2015年10月12日，被告人薛某甲作为TR集团的法定代表人和作为TR国际控股（香港）有限公司股东代表的被告人薛某乙召开股东会议，决议增加公司注册资本6000万股，将该公司注册资本从42800万股增加至48800万股。投资人与TR集团签订《定向增发股份认购合同》《定向增发股份认购合同的回购协议》，约定以每股 5 元的价格认购 TR 集团发行的股票，TR 集团负责本次股票发行后完成创业板、全国中小企业股份转让系统或同类型证券交易所挂牌并公开转让，协助投资人办理股票登记和过户备案手续；如 TR 集团未能在 2017 年 12 月 31 日前完成上述工作，则由天某国际控股集团有限公司受让投资人所持有的 TR 集团的份额，并根据投资人实际投资额，按照年化收益率 10% 向投资人支付利息。其中，《定向增发股份认购合同》条款载明“乙方（集资人）成为甲方（TR 集团）股东后，依照法律、本合同和甲方章程的规定享有所有股东权利并承担相应股东义务，甲方的资本公积金、盈余公积金和未分配利润由乙方和甲方其他股东按股份比例享有”，同时发放给投资人股权证。上述协议除行为本身的违法性外，完全具备发行股票的形式，并且具有公司与投资人之间对赌协议的性质。同样，上文所述的被告人在案发前后积极通过签订股权置换协议弥补投资人损失等也进一步印证了本案不属于以发行股票为幌子、实质是为了非法吸收公众存款的情形，故被告单位和被告人不构成非法吸收公众存款罪。

（三）本案行为构成擅自发行股票罪

根据刑法第一百七十九条及相关司法解释的规定，未经国家有关主管部门批准，行为人擅自发行股票或者公司、企业债券，数额巨大、后果严重或者有其他严重情节的，构成擅自发行股票或者公司、企业债券罪。据此，判断某一行为是否构成擅自发行股票罪，可从以下两个方面进行分析。

1. 本案属于未经批准擅自发行股票

2019 年修订的证券法第九条规定：“公开发行证券，必须符合法律、行政法规规定的条件，并依法报经国务院证券监督管理机构或者国务院授权的部门注册。未经依法注册，任何单位和个人不得公开发行证券……”尽管证券法将公开发行证券由核准制改为注册制，但不意味着公开发行证券没有限制，公司仍然需要满足一系列条件方能申请，相关部门需要进行审核。[1] 未经申请、通过审核并依法注册，公开发行证券的，属于本罪中的“擅自发行”。

本案中，被告单位TR集团作为未上市的股份有限公司，其法定代表人被告人薛某甲和公司股东薛某乙，在2015年12月连续不断地擅自向社会不特定公众发行股票，仅经过公司内部股东会决议，未向有关主管部门提交过申请，更未通过审核、依法注册，属于擅自发行。

2. 本案属于公开发行股票

（1）发行股票针对社会不特定对象。本案中，被告单位TR集团委托中介公司与个人，随机向上海等地的居民进行推销，不设定任何标准，没有人数限制，不审查投资人的财产状况、申报财产内容的真实性、是否具备识别并承担风险能力，只要出资即予以接纳，应当认定为向不特定对象发行股票。

（2）委托中介机构采用广告等形式推销股票。本案中，被告单位TR集团与被告人薛某甲、薛某乙委托多家中介公司与个人，通过路演以及中介人员随机拨打电话的方式，向不特定对象推销股票，最终与471名投资人签订股票认购合同。

综上所述，被告单位TR集团与被告人薛某甲、薛某乙未经国家有关主管部门批准，向社会不特定对象发行股票，符合《审理非法集资案件解释》中未经国家有关主管部门批准，向社会不特定对象发行股票的情形，构成擅自发行股票罪。

（撰稿：陕西省西安市中级人民法院　姚　斌

审编：最高人民法院　方文军）

① 本案被告单位和被告人擅自发行股票行为时证券法尚未修订，在案件审理过程中证券法修订并施行。

[第 1613 号]

任某某集资诈骗案

——被告人于表示上诉的次日死亡，案件应如何处理

一、基本案情

任某某，男，1962 年××月××日出生。北京 S 投资集团有限公司法定代表人、董事局主席及“S 系”关联公司实际控制人。曾因犯非法吸收公众存款罪于 2015 年 3 月 11 日被判处罚金十万元。因本案于 2020 年 9 月 19 日被逮捕。

江苏省南京市人民检察院指控被告人任某某犯集资诈骗罪，向南京市中级人民法院提起公诉。

被告人任某某及其辩护人对指控事实和罪名无异议。

南京市中级人民法院经审理查明：2010 年 10 月以来，被告人任某某相继设立、收购北京 S 农业发展有限公司、北京 S 投资有限公司（后更名为北京 S 投资集团有限公司）、南京 X 农业生态有限公司等，并在北京市、上海市、江苏省等 12 个省市设立 72 家分公司。

2012 年 11 月以来，被告人任某某利用上述分公司，通过媒体报道、散发宣传资料、组织旅游、口口相传等方式向不特定公众进行项目虚假宣传，以 8%至 22%不等的年化利率或收益率为诱饵，与集资参与人签订“借款”“股权代持与托管”“增资扩股股权投资”“股份认购”“项目投资合作”“养生养老合作”“商品房买卖招商回购”等协议进行非法集

资。至2019年12月，共向5.2万余人非法集资共计128亿余元，大部分集资款被用于兑付集资本息、业绩提成、偿还欠款、支付公司运营成本、个人使用等。经审计，2012年11月至2019年12月，共造成3.5万余集资参与人损失48.89亿余元。

2020年8月12日，被告人任某某被抓获归案，后如实供述了本案的主要犯罪事实。

南京市中级人民法院认为，被告人任某某以非法占有为目的，使用诈骗方法非法集资，致使集资款不能返还，数额特别巨大，其行为已构成集资诈骗罪。任某某到案后如实供述主要犯罪事实，并当庭表示认罪，予以从轻处罚；其曾因非法吸收公众存款罪被判处刑罚，具有前科，且在被判处刑罚后继续从事非法集资活动，酌情从重处罚；其实施的部分非法集资项目系以老年公寓项目为幌子，骗取老年投资人的钱财，侵害老年人利益，性质比较恶劣，应在量刑中予以考虑。综合任某某的犯罪事实、犯罪性质及情节，依照刑法第一百九十二条、第五十七条第一款、第五十九条、第六十一条、第六十四条、第六十七条第三款之规定，于2022年12月27日作出一审判决：被告人任某某犯集资诈骗罪，判处无期徒刑，剥夺政治权利终身，没收个人全部财产；扣押、冻结的涉案财物依法处置，按比例发还集资参与人，不足部分责令被告人任某某继续退赔。

被告人任某某当庭表示上诉。次日，任某某因病死亡。任某某的辩护人对一审判决定性无异议，但认为量刑过重。鉴于任某某提出上诉后死亡，建议二审终止审理。

江苏省高级人民法院二审审理认为，上诉人任某某提起上诉后死亡，在二审期间，无证据证明上诉人无罪，应当裁定对上诉人终止审理。一审判决对涉案财物处置所依据的证据，均经一审庭审举证、质证，任某某及其一审阶段辩护人均无异议。在二审阶段，任某某近亲属、辩护人均未提出新的意见，也未提交新的证据。一审判决对涉案财物处置没有不当，应予维持。据此，依照刑事诉讼法第十六条、第二百四十二条、

第二百三十六条第一款第一项、《最高人民法院关于适用〈中华人民共和国刑事诉讼法〉的解释》（以下简称《刑事诉讼法解释》）第二百九十五条第一款第十项和第二款之规定，于 2023 年 12 月 29 日裁定如下：

一、对上诉人任某某终止审理；

二、维持江苏省南京市中级人民法院（2021）苏 01 刑初 41 号判决第二项。

二、主要问题

原审被告人在表示上诉的次日死亡，是否应启动二审程序？案件应如何审理？

三、裁判理由

（一）被告人在宣判后表示上诉未撤回的，应启动二审程序

对于本案是否应进入二审程序，实践中存在两种观点：一种观点认为，原审被告人在上诉期内死亡，上级法院尚未立案，应由一审法院裁定终止审理；另一种观点认为，被告人在法定期限内提出上诉，上级法院应依法启动二审程序并作出处理。

我们同意第二种观点，理由如下。

上诉权是被告人的基本诉讼权利，应当依法充分保障。刑事诉讼法第二百二十七条规定，被告人不服地方各级法院第一审的判决、裁定，有权用书状或者口头向上一级人民法院上诉。对被告人的上诉权，不得以任何借口加以剥夺。本案中，任某某在一审宣判后，以口头形式表示上诉并被记录在案。任某某上诉的意思表示在法定期限内，以符合法律规定的形式提起，且死亡前未撤销，依法应予保护。任某某因病死亡的事实不能成为否定其上诉意思表示的依据。任某某在宣判后口头提出上诉，属于通过原审人民法院提出，根据刑事诉讼法第二百三十一条的规定，一审法院应当将上诉状连同案卷、证据移送上一级人民法院，同时

将上诉状副本送交同级人民检察院和对方当事人。

也有意见认为，被告人提出上诉后即死亡，在上诉期内随时可能撤回上诉，其上诉的意思表示处于待定状态，一审法院在审查后，可以据此不向上级法院移送案件。但《刑事诉讼法解释》第三百七十八条第二款规定，被告人是否提出上诉，以其在上诉期满前最后一次的意思表示为准。本案中，被告人于提出上诉后第二日即死亡，死亡前未作出否定其上诉请求的意思表示，其上诉的意思应当认定为“上诉期满前最后一次的意思表示”。

此外，上级法院依法启动二审程序，也符合两审终审的制度设计。虽然本案被告人在一审庭审中认罪，辩护人也对案件定性没有异议，但根据刑事诉讼法第二百三十三条的规定，第二审人民法院应当就第一审判决认定的事实和适用法律进行全面审查，不受上诉或者抗诉范围的限制。《刑事诉讼法解释》第二百九十五条第一款第十项规定，对第一审公诉案件，人民法院审理后被告人死亡的，应当裁定终止审理；但有证据证明被告人无罪，经缺席审理确认无罪的，应当判决宣告被告人无罪。而二审程序涵盖对一审程序、实体的全面审查，是在原审被告人不服一审判决的情况下增加的防止错案的制度设计，即经二审审理，发现被告人不构成犯罪的，应当依法宣告无罪。如由一审法院作出终止审理的裁定，则无法有效救济原审被告人不服一审判决的上诉权利，难以弥补一审法院可能存在的认定事实、适用法律或者审判程序上可能存在的瑕疵甚至错误等情况。

（二）本案无证据证明上诉人无罪，应对上诉人终止审理

我国刑事诉讼法及其《刑事诉讼法解释》并未对二审期间被告人死亡案件的处理作出直接明确的规定，但根据立法精神及其关联条款，二审阶段应参照一审程序审理。例如，刑事诉讼法第二百四十二条规定：“第二审人民法院审判上诉或者抗诉案件的程序，除本章已有规定的以外，参照第一审程序的规定进行。”据此，在二审程序中对于被告人死亡

的案件，可以参照《刑事诉讼法解释》第二百九十五条的规定处理。该处理方式在《刑事诉讼法解释》第三百九十条第一款中也得到了印证，即“共同犯罪案件，上诉的被告人死亡，其他被告人未上诉的，第二审人民法院应当对死亡的被告人终止审理；但有证据证明被告人无罪，经缺席审理确认无罪的，应当判决宣告被告人无罪”。

本案中，一审法院认定，被告人任某某在无盈利项目的情况下，通过虚假宣传，骗取集资参与人集资，其行为构成集资诈骗罪。在二审期间，法院着重从以下几个方面进行了全面审查：一是重点审查上诉人的供述内容。任某某到案后如实供述主要犯罪事实，任某某在一审期间对起诉书指控的犯罪事实无异议，表示认罪，一审法院认定其构成坦白，并依法从轻处罚。任某某一审阶段的辩护人对指控的罪名和事实不持异议，仅从量刑角度认为任某某具有自首、主动退赃退赔、认罪认罚等从轻情节，请求法院对任某某判处有期徒刑。二是全面审查涉案其他证据。经对同案犯的供述、相关证人证言、相关鉴定意见、银行流水等证据进行梳理，一审判决所认定的事实有相应证据予以支持。其中S投资集团总裁单某某、副总裁郭某，S投资集团有限公司行政总监武某、财务人员任某，以及部分地区分支机构负责人的证言能够与任某某的供述印证，相关鉴定意见、银行流水证实的集资人数、数额能够与其他证据印证。经综合梳理，未发现有指向被告人无罪的证据。三是关联审查相关案件判处情况。本案办理过程中，S投资集团有限公司相关人员、分支机构负责人在不同司法机关接受处理，部分案件已经判决并生效。未发现与任某某集资诈骗案相反的事实。四是充分听取辩护人的辩护意见。在二审期间，经与任某某近亲属联系，其未为任某某委托辩护人。为充分保护任某某的辩护权，二审法院通知法律援助机构指派律师担任任某某辩护人。辩护人、被告人近亲属均未提出上诉人无罪的证据。

综上所述，经二审审查，无证据证明被告人无罪。根据刑事诉讼法及《刑事诉讼法解释》的规定，应当依法裁定对任某某终止审理。

（三）在二审阶段应对涉案财物依法处理

对于涉案财物如何处理，讨论中存在两种意见。一种意见认为，二审法院对被告人终止审理后，原法律程序有关的法律后果归于消灭。如确需对涉案财物作出处理，应适用被告人死亡案件违法所得的没收程序，由检察机关另行起诉。另一种意见认为，被告人在二审程序中死亡，人民法院经审理认为原没收财产的判决、裁定没有不当的，应当在裁定对被告人终止审理的同时，裁定维持原没收财产部分的判决、裁定。我们同意后一种意见，主要理由如下。

一是在二审阶段对涉案财物作出处理有明确法律依据。《刑事诉讼法解释》第二百九十五条第二款对被告人死亡案件涉案财物的处理作了规定，即人民法院应当根据审理查明的情况，依照《刑事诉讼法解释》第十八章（涉案财物处理）的规定作出处理。在本案一审期间，检察机关已对侦查机关查封、扣押、冻结的财物充分举证，一审法院组织了充分的质证，对涉案财物的性质、权属在庭审中充分听取了控辩双方的意见，并在一审判决中予以处理。二审程序对上诉人死亡案件无专门规定，根据刑事诉讼法有关规定，可参照一审程序审理。据此，在二审期间可对一审法院关于涉案财物处置的判决，按照《刑事诉讼法解释》第十八章的规定进行审查。认为一审判决对涉案财物的处理没有不当的，应当裁定维持原没收财产部分的判决。

二是在二审阶段对涉案财物作出处理符合刑事诉讼公正效率原则。2017 年制定的《最高人民法院、最高人民检察院关于适用犯罪嫌疑人、被告人逃匿、死亡案件违法所得没收程序若干问题的规定》，将金融诈骗犯罪案件明确纳入了被告人死亡案件违法所得的没收程序的适用范围。集资诈骗犯罪案件显然属于违法所得没收特别程序的案件范围。在一审期间已经对涉案财物举证质证并作出裁判的情况下，再要求原检察机关另行提起特别程序，会产生以下两种不利后果：一方面，影响涉案财物权属和性质的查明。在原一审程序中，被告人可以对涉案财物的真实性、关联性、合法性，以及证据资格和证明力问题提出异议。但如进入特别程序，上诉人死亡，上述程序难以重现，不利于对涉案财物的性质和权属相关事实的查明。另一方面，影响集资参与人财产权利保护。如案件进入特别程序，需要重新侦查、审查起诉、一审甚至可能进入二审程序，很大程度上会拖延涉案财物处理进程。本案涉及股权、债权、土地、房产等多种财物，如在二审程序中不对涉案财物作出处理，而另行启动违法所得没收特别程序处理，可能导致涉案财物长期得不到有效处置，违背刑事诉讼效率原则。同时，也可能导致相关财产减损甚至灭失，不利于保护集资参与人的财产权利，也不符合刑事诉讼公正原则的要求。

上述处理思路是在一审法院已经对涉案财物举证质证并作出处理，在二审阶段对一审处理结果进行审查，发现原判决、裁定没有不当情况下适用的。对于不符合上述条件的案件，还需要根据案件具体情况判断是否需要另行启动被告人死亡案件违法所得没收程序。（1）在一审程序中，案件经过开庭审理，事实清楚，证据确实、充分，对已经依法认定属于应当处置的财物，可以在裁定对被告人终止审理的同时，裁定予以处置。（2）在一审程序中，案件尚未开庭审理的，可以在裁定对被告人终止审理同时，在人民检察院提出申请或者征得人民检察院同意后，由同一合议庭按照没收程序案件审理。（3）被告人在二审或者复核程序中死亡，人民法院经审理认为原涉案财产的判决、裁定没有不当的，只需直接裁定维持，使原裁定、判决发生法律效力即可。（4）根据已查明的案件事实和认定的证据材料，能够确认被告人无罪的，应当在判决宣告被告人无罪的同时，解除对财产的查封、扣押、冻结措施。

（撰稿：江苏省高级人民法院　尚召生　周光旭

审编：最高人民法院　方文军）

[第 1614 号]

李某、王某霞等损害商业信誉、商品声誉案

——利用互联网损害他人商业信誉、商品声誉的司法认定

一、基本案情

被告人李某，女，1986 年××月××日出生，系 A 公司用户运营部副总监。2023 年 8 月 20 日被取保候审。

被告人王某霞，女，1992 年××月××日出生，系 A 公司用户运营部工作人员。2023 年 6 月 21 日被取保候审。

被告人胡某权，男，1982 年××月××日出生，系 B 咨询管理公司法定代表人。2023 年 9 月 26 日被取保候审。

山东省青岛市市南区人民检察院指控被告人李某、王某霞、胡某权犯损害商业信誉、商品声誉罪，向青岛市市南区人民法院提起公诉。

被告人李某、王某霞、胡某权对指控事实和罪名无异议，均表示自愿认罪认罚。三人的辩护人均提出罪轻辩护。

青岛市市南区人民法院经审理查明：2020 年 10 月至 11 月，被告人李某作为 A 公司用户运营部负责人，安排本部门营销组组长被告人王某霞联系 B 咨询管理公司法定代表人被告人胡某权，提出捏造事实撰写 C 公司电器产品使用低劣库存屏的负面文章并予以发布的要求。后胡某权安排其工作人员撰写 25 篇负面虚假文章，经李某、王某霞审核后，由该公司工作人员联系自媒体人员使用自媒体账号在互联网平台进行发布。

上述文章发布后，李某安排王某霞联系D广告公司的工作人员编写负面评论，王某霞及其部门人员将文章链接转至与D广告公司的微信群内，该公司工作人员编写负面评论并经王某霞及其部门人员审核后，由该公司人员直接或者委托网络人员发布负面评论，并通过互评、点赞等方式让负面评论保持热度。

2020年10月至11月，相关自媒体账号在“今日头条”等网络平台集中发布“C公司电器产品使用低劣库存屏”内容的虚假文章135篇次，阅读量共计105万余次。成都、济南、天津、长沙等区域的经销商因受上述虚假文章的误导大量退货。经审计，“C公司电器产品使用低劣库存屏”事件宣传期间，C公司电器产品被退货导致直接经济损失为65万余元。同期C公司市场份额及预估销售额下降，估算毛利损失和销售费用损失合计为1900余万元。C公司自2020年10月27日至11月30日股价下跌幅度为14.54%。根据监测数据进行数据比对，2017年至2022年，2020年第44周至第47周（2020年10月26日至11月22日）C公司电器线下零售量和销售额市场表现落后于行业平均水平，其他年份同期C公司电器线下零售量和销售额市场表现均好于行业平均水平。根据相关行业协会出具的情况说明，C公司电器使用的屏幕生产日期在一年之内，不应属于库存屏。

另查明，2023年6月20日，被告人王某霞、胡某权经公安机关电话传唤到案，到案后如实供述其犯罪事实；2023年7月14日，被告人李某主动到公安机关投案，到案后未及时供述其犯罪事实。C公司对各被告人均已经予以谅解。

青岛市市南区人民法院经审理认为，被告人李某、王某霞、胡某权捏造并散布虚伪事实，损害他人的商业信誉、商品声誉，给他人造成重大损失且具有严重情节，其行为均构成损害商业信誉、商品声誉罪，依法应予处罚。在共同犯罪中，被告人李某负责组织、策划，被告人王某霞、胡某权负责具体实施，三被告人的地位作用相当，不区分主从犯。李某主动投案后未及时供述犯罪事实，在侦查机关掌握主要犯罪事实后才如实供述其犯罪事实，系坦白，依法可从轻处罚；王某霞、胡某权经公安机关电话传唤到案，到案后如实供述犯罪事实，系自首，依法可从轻处罚。三被告人均自愿认罪认罚，且被害单位予以谅解，依法可从宽处理。综合被告人李某、王某霞、胡某权的犯罪情节及悔罪表现，三被告人没有再犯罪的危险，宣告缓刑不会对其所居住的社区有重大不良影响，依法可以宣告缓刑。综上所述，依照刑法第二百二十一条、第二十五条、第六十七条、第四十五条、第七十二条、第七十三条、第七十六条、第五十二条、第五十三条之规定，于2024年1月31日作出判决：

一、被告人李某犯损害商业信誉、商品声誉罪，判处有期徒刑一年三个月，缓刑一年六个月，并处罚金人民币八万元；

二、被告人王某霞犯损害商业信誉、商品声誉罪，判处有期徒刑一年，缓刑一年三个月，并处罚金人民币五万元；

三、被告人胡某权犯损害商业信誉、商品声誉罪，判处有期徒刑一年，缓刑一年三个月，并处罚金人民币五万元。

一审宣判后，三名被告人均未上诉，检察机关未抗诉。判决已经发生法律效力。

二、主要问题

（1）利用互联网实施损害他人商业信誉、商品声誉的犯罪行为如何认定？

（2）损害商业信誉、商品声誉罪“重大损失”与“其他严重情节”应当如何认定？

三、裁判理由

为保护商品生产者、经营者的商业信誉和商品声誉，维护公平公正的市场经济秩序，1997年刑法第二百二十一条设置损害商业信誉、商品声誉罪，规定“捏造并散布虚伪事实，损害他人的商业信誉、商品声誉，给他人造成重大损失或者有其他严重情节的，处二年以下有期徒刑或者拘役，并处或者单处罚金”。这与1993年反不正当竞争法第十四条“经营者不得捏造、散布虚伪事实，损害竞争对手的商业信誉、商品声誉”等规定相衔接，从而对商品生产者、经营者的商业信誉和商品声誉从民事责任、行政责任和刑事责任方面进行全方位保护。但自该罪名设立以来，对其规范构造和法律适用争议较大、困惑较多，司法实践中适用频率不高。随着互联网经济的发展，利用互联网公开损害他人商业信誉、商品声誉的行为呈活跃状态，尤其是雇用网络人员发帖删帖，在网络上广泛散布商业谣言误导公众认知，给竞争对手的商业信誉及商品声誉造成重大不良影响，既严重破坏互联网的文明健康环境，又扰乱良性的市场竞争秩序。

本案是一起典型的雇用网络写手撰写关于他人相关商品的虚假造谣文章，通过网络散播并大量跟帖发表负面评论以引导、操控舆论的案件。下面结合案情，对互联网环境下损害商业信誉、商品声誉罪的司法认定展开分析。

（一）法益界定：个体法益与集体法益的复合

损害商业信誉、商品声誉罪既侵犯商业信誉和商品声誉权利人的合法权益，又扰乱正常的市场竞争秩序。

首先，本罪侵害商业经营者的个体法益，即商誉权。所谓商业信誉，是指从事商业活动的诚实信用和名誉，包括信用、资产、经营能力等内容，外在表现为企业的字号名称、品牌形象、产品和服务等所获得的社会评价。所谓商品声誉，是指商品的良好声望及称誉，包括商品的性能、结构、外观、效用、质量、价格等方面。商业信誉和商品声誉与财产权利相联系，与商业经营者的身份密不可分，是在其长期经营过程中逐渐形成的，是社会对其生产经营、商品、服务等方面的质量、信用、声誉的客观认识与评价，具有人格权和财产权的双重属性。

其次，本罪侵犯的法益包括正常的市场竞争秩序。对于消费者、供应商等市场主体而言，商业诋毁行为使其对相关市场主体的认识出现错误，这种信息偏差会误导其作出不符合自身利益最大化原则的交易选择，既侵犯消费者的自主选择权，又导致其承担额外的机会成本、遭受无谓的经济利益损失。对于经营主体而言，网络谣言等商誉诋毁行为会导致经营主体遭受与其真实生产效率、产品质量、管理水平等不匹配的利益减损，其他竞争对手没有付出生产性努力便可获取与其真实生产经营水平不相当的市场竞争优势，长此以往产生劣币驱逐良币效应，降低产品质量和生产效率。[①] 因此，公平竞争的市场秩序这一集体法益是本罪侵害的更深层次法益。

在互联网时代，商业信誉、商品声誉具有更重于以往的价值。通过大数据计算，商业信誉、商品声誉的排名更为明确直观，电商平台根据搜索量、交易量等进行商品排序，根据信用等级、售后服务、物流体量计算出商家等级，商业信誉、商品声誉好的经营者自然排在前列。消费者可以根据这些直观数据快速判断并作出选择，提高交易效率。商业信誉、商品声誉的降低短期看导致销量降低和利润下降，长期看甚至影响市场占有份额和竞争力，网络谣言对商誉的危害无疑是严重且难以弥补的。[②]

（二）行为手段：捏造并散布虚伪事实

损害商业信誉、商品声誉罪的罪状表现为“捏造并散布虚伪事实”。具体而言，“捏造并散布”需二者同时兼具。“捏造”是指无中生有，凭空虚构事实的行为，也包括恶意歪曲、夸大事实或编造部分虚假事实的情形。“散布”是以各种形式在社会公众中宣传、扩散其捏造的虚假事实，具体行为方式分为三种类型：自己捏造并散布、自己捏造由他人散布、明知他人捏造后自己散布。行为人主观上有直接故意和间接故意两种心理状态。凡是主观上故意毁损他人在商业上所拥有的良好信用与名

① 参见田宏杰、周时雨：《损害商业信誉、商品声誉罪：司法认定与治理完善》，载《法律适用》2022年第12期。

② 参见卢建平、司冰岩：《刑事一体化视野下网络商业谣言的法律规制——以损害商业信誉、商品声誉罪为例》，载《法律适用》2020年第1期。

誉的行为人，无论其动机是出于不正当竞争，还是出于泄私愤，也无论其是同类营业者，还是其他单位、个人，只要具有捏造并散布不利于他人商业信誉、商品声誉的事实，就有可能构成本罪。[①]“虚伪事实”是存在且可证伪的事实，通过无中生有的方式产生不真实描述或者评价，并达到足以误导公众的程度，致使其他市场主体作出错误的交易选择，影响正常的市场竞争秩序。

本案被告人的行为属于典型的自己捏造虚伪事实并授意他人通过互联网散布的行为方式。被告人李某作为犯意提起者，向被告人王某霞、胡某权提出捏造 C 公司电器存在质量瑕疵的犯意，后者明知是虚伪事实的，仍组织人员利用互联网的快速传播特性，撰写竞争对手产品存在瑕疵、可能引起不良后果等内容虚假的文章并通过互联网广泛散布，甚至制订专门的传播规划让网络谣言最大限度广泛传播，同时跟帖发表负面评论，通过互评、点赞等方式扩大负面评论传播范围，利用自媒体平台发布虚假文章 135 篇次，阅读量共计 105 万余次，直接误导消费者在网络促销活动期间的交易选择，其行为手段符合损害商业信誉、商品声誉罪的罪状。

（三）损害后果：“重大损失”与“其他严重情节”的司法认定

最高人民检察院、公安部 2022 年 4 月发布了修订后的《关于公安机关管辖的刑事案件立案追诉标准的规定（二）》[以下简称《立案追诉标准（二）》]，其中第六十六条规定：“捏造并散布虚伪事实，损害他人的商业信誉、商品声誉，涉嫌下列情形之一的，应予立案追诉：（一）给他人造成直接经济损失数额在五十万元以上的；（二）虽未达到上述数额标准，但造成公司、企业等单位停业、停产六个月以上，或者破产的；（三）其他给他人造成重大损失或者有其他严重情节的情形。”该规定同修订前的立案追诉标准相比，删除了“虽未达到上述数额标准，但具

① 参见石聚航：《损害商业信誉、商品声誉罪的规范解释》，载《政治与法律》2018 年第 8 期。

有……利用互联网或者其他媒体公开损害他人商业信誉、商品声誉的”这一立案追诉情形。因为在网络时代，利用互联网实施违法犯罪的行为已经非常普遍，损害他人商誉的行为尤其如此。虚假网络谣言被浏览和被转发的次数可体现犯罪的主观恶性及社会危害性，但不能只要出现利用互联网诋毁他人商誉的行为就可直接定罪，仍需要考虑行为的危害程度。

1. 关于直接经济损失的认定

商誉权本身即具有财产权的属性，《立案追诉标准（二）》第六十六条第一项的“直接经济损失”，表现为商品销售额降低或者利润减少以及其他因商誉被侵犯而遭受的实际经济损失，应严格界定为有充分证据证明的、有形的、可直接计算得出的利益损失。本案中，经公安机关委托的会计师事务所出具的《专项审计报告》显示，在网络谣言传播期间，C 公司电器产品全国四个地区的经销商因受到虚假文章影响纷纷向 C 公司退货而产生的直接经济损失为 65 万余元（计算依据为直接经济损失=毛利损失+费用损失；其中，毛利损失=销售收入–产品成本，费用损失=工资奖励等+促销活动费+仓储费+运输费+配送费+装卸费）。可以看出，上述实际经济损失达到了“直接经济损失”对应的 50 万元追诉标准。

2. 关于兜底款项的认定

《立案追诉标准（二）》第六十六条第三项中的“其他给他人造成重大损失或者有其他严重情节的情形”是实践中的认定难点。“其他给他人造成重大损失”可理解为上述直接物质损失之外的、无形的商誉价值降低的损失。这种损失需要专门的评估机构予以评估测算，系被害单位的商誉权因被侵害而产生的预期利益损失，包括被害单位因为交易机会减少或者交易环境恶化而遭受的损失。例如，在李某某、范某某损害商业信誉、商品声誉案[①]中，涉案 App 被恶意举报后遭下架，导致用户量锐减，法院根据被害单位的会计账簿、支付平台的入账资金、销售数据等内容，综合认定被害单位的 App 用户平均每月净现金流入情况，以合理

① 该案是上海市检察机关发布的 2021 年十大网络犯罪典型案例之一。

减少的 App 现金流计算出正常的预期利润损失额。不过，预期利益损失的外延不能无限扩展，否则易导致入罪简单、刑罚滥用。参考民事案件中对预期利益的认定标准，对商誉损失的数额认定要适当考虑被告人在实施犯罪行为时预见或者应当预见的被害单位因其犯罪行为可能遭受的损害后果。对于“其他严重情节”的认定，参考“虽未达到上述数额标准，但造成公司、企业等单位停业、停产六个月以上，或者破产的”这一严重程度，应当具有相当性。

本案中，根据某大数据公司在虚假文章散布期间的监测数据，线上和线下两个市场中相关产品的销售数据与 C 公司在该期间的销售数据相对比，C 公司的数据同比虽然仍有所增长，但增长幅度低于行业平均增幅水平，根据增幅差额估算 C 公司销售额减少 7000 万元，乘以 C 公司该年度主营业务毛利率、销售费用率，估算得出毛利损失 1300 余万元、销售费用损失 600 余万元。同时，虚假文章散布持续时间约一个月，正值年终网络促销活动期，根据某市场研究公司的相关数据监测报告，C 公司商品零售量和零售额在 2020 年该段期间的市场表现与行业平均水平相比处于落后状态，而该商品前后五年间（2017 年至 2022 年）同期市场表现均高于行业平均水平。另外，虚假文章散布期间 C 公司的总公司股价下跌幅度超过 14%，市值下降 9 亿余元，而同期上证指数上涨超过 4%。由此可见，被害单位商誉受到影响期间，其产品的销售态势、同期市场表现、公司股价波动幅度与自身及行业平均水平相比较，明显出现不良走向。法院综合 C 公司的直接经济损失和上述数据分析，认为本案达到了“给他人造成重大损失或者有其他严重情节”的入罪条件。

需要说明的是，这几个方面数据的分析侧重反映的是商誉受损对整个企业带来的负面影响以及影响的范围和程度，全面呈现出因商誉受损而带来的公司经营情况的整体变化和前后经过，应以此判断被告人行为的危害程度，而不能单纯以上述数据对应的数额入罪，因为这几方面数据的波动往往使测算出的预估数额过高，简单以数额评判容易导致入罪机械化，法院对此要综合审查、整体认定。

（四）因果关系：内在性与必然性

司法实践中，对于行为人实施的损害商誉行为与经济损失之间是否具有内在的、必然的因果关系，应具体案件具体分析。一是判断被害单位的经济损失是否系多重原因力共同作用而导致的，以及涉案损害商誉行为在引起经济损失的后果中所占比重。在互联网时代，影响企业经营风险的外部因素复杂多变，政策变动、市场环境变化、直播平台带货能力等都可能引起企业销售量波动，需要具体判断企业经济损失产生的原因。二是在证明标准上要形成完整的证据链条，在损害商誉行为与经济损失之间应建立清晰、明确的因果关系。

本案中，公安机关依法委托审计机构、大数据监测机构对几个方面的数据进行比对并得出审计结论，该审计结论是认定达到“情节严重”标准的重要证据，且数据真实详细、比对确实充分。综合考量被告人主观方面、行为方式、行为次数、社会影响，根据网络谣言文章在互联网集中大量传播的时间，法院依法认定被害单位在该段期间的产品销售态势下降、市场表现与行业平均水平相比处于落后状态、公司股价下行波动等客观结果与被告人损害商业信誉、商品声誉的犯罪行为之间具有直接因果关系。

综上所述，本案被告人通过互联网实施的恶性商业诋毁行为，不仅侵害企业利益，也破坏了正常的互联网市场竞争秩序，本质上是一种扰乱市场秩序的不正当竞争行为。人民法院通过依法审判，对于情节严重的损害商誉行为及时惩处，依法保障互联网领域市场主体的正当权益，维护公平公正的市场竞争秩序，激发企业经营者良性竞争共赢，实现了案件审理“三个效果”的有机统一。

（撰稿：山东省青岛市中级人民法院　王云超　韩振兴
山东省青岛市市南区人民法院　许　枫
审编：最高人民法院　方文军）

[第 1615 号]

牟某某虐待案

——虐待罪中家庭成员、虐待行为以及因果关系的认定

一、基本案情

被告人牟某某，男，1997 年××月××日出生，无业。2020 年 6 月 24 日被逮捕。

北京市海淀区人民检察院指控被告人牟某某犯虐待罪，向北京市海淀区人民法院提起公诉。

被告人牟某某及其辩护人主要提出：牟某某不符合虐待罪所规定的主体要件，其与刘某某之间的身份关系不属于共同生活的家庭成员；牟某某没有对刘某某实施身体伤害，也没有对她进行精神强制与胁迫，无虐待行为；刘某某的死亡与牟某某的行为之间不存在法律上的因果关系。综上所述，提请法院宣告牟某某无罪。

北京市海淀区人民法院经审理查明：

2018 年 8 月，被告人牟某某与被害人刘某某（系化名，女，殁年 24 周岁）确立恋爱关系。2018 年 9 月至 2019 年 10 月，二人在北京市海淀区某大学的学生公寓以及牟某某位于北京的家中、刘某某的家中共同居住；2019 年 1 月至 2 月，牟某某、刘某某先后到广东省东莞市、山东省青岛市与对方家长见面。

自 2019 年 1 月起，牟某某因纠结刘某某以往性经历，心生不满，多

次追问刘某某性经历细节，与刘某某发生争吵，高频次、长时间、持续性辱骂刘某某，并表达过让刘某某通过人工流产等方式换取其心理平衡等过激言词。6月13日，刘某某与牟某某争吵后割腕自残。8月30日，刘某某与牟某某争吵后吞食药物，医院经采取洗胃等救治措施后下发了病危通知书。

2019年10月9日中午，刘某某与牟某某在牟某某位于北京市朝阳区的家中再次发生争吵。当日15时17分许，刘某某独自外出，后入住北京市海淀区某宾馆，并于17时40分许网购盐酸地芬尼多片2盒，服用该药物自杀。被发现后，刘某某被送至医院救治。2020年4月11日，刘某某经救治无效死亡。

附带民事诉讼原告人马某某（系化名，被害人母亲）因刘某某死亡而遭受的经济损失为人民币732699.52元。

北京市海淀区人民法院经审理认为：被告人牟某某虐待与其共同生活的同居女友，情节恶劣，且致使被害人死亡，其行为已构成虐待罪，应予惩处。北京市海淀区人民检察院关于牟某某犯有虐待罪的指控罪名成立。牟某某与刘某某的共同居住等行为构成了实质上的家庭成员关系的共同生活基础事实，二人的男女婚前同居关系应认定为虐待罪中的家庭成员关系，牟某某符合虐待罪的犯罪主体要件。从辱骂的言语内容，辱骂行为发生的频次、时长、持续性以及所造成的后果而言，牟某某对刘某某的辱骂行为已经构成虐待罪中的虐待行为，且达到了情节恶劣的程度。在刘某某精神状态不断恶化、不断出现极端行为并最终自杀的进程中，牟某某反复实施的高频次、长时间、持续性辱骂行为是制造刘某某自杀风险并不断强化、提升风险的决定性因素，因此与刘某某自杀身亡这一危害后果具有刑法上的因果关系。综合考虑牟某某犯罪的性质、情节、社会危害程度及其认罪态度等因素，对其依法量刑。依照刑法第二百六十条，刑事诉讼法第一百零一条第一款，《最高人民法院关于适用〈中华人民共和国刑事诉讼法〉的解释》第一百七十五条、第一百九十二条第一款和第二款，《最高人民法院关于审理人身损害赔偿案件适用法律若干问题的解释》第六条、第十四条之规定，判决如下：

一、被告人牟某某犯虐待罪，判处有期徒刑三年二个月；

二、被告人牟某某赔偿附带民事诉讼原告人马某某经济损失人民币732699.52元；

三、驳回附带民事诉讼原告人马某某的其他诉讼请求。

一审宣判后，附带民事诉讼原告人马某某、被告人牟某某不服，提出上诉。

北京市第一中级人民法院经审理后，认为原判认定事实清楚，证据确实、充分，定罪及适用法律正确，量刑适当，赔偿数额合理，审判程序合法。裁定驳回上诉人马某某、牟某某的上诉，维持原判。

二、主要问题

（1）牟某某与刘某某之间是否属于虐待罪中所规定的家庭成员关系，牟某某是否符合虐待罪的犯罪主体要件？

（2）牟某某对刘某某实施的辱骂行为是否属于虐待罪中的虐待行为且达到了情节恶劣的程度？

（3）牟某某实施的辱骂行为与刘某某自杀身亡这一结果之间是否存在刑法上的因果关系？

三、裁判理由

（一）牟某某符合虐待罪的犯罪主体要件

根据我国刑法第二百六十条的规定及立法精神，虐待罪是指以打骂、冻饿、强迫过度劳动、有病不予治疗、限制自由、凌辱人格等手段，对共同生活的家庭成员从肉体上和精神上进行摧残、折磨，情节恶劣的行为。

刑法将虐待罪的犯罪主体规定为与被害人存在家庭成员关系的行为人，但并未对“家庭成员”这一概念所包含的人员范围作出明确界定。

虐待罪于1979年写入刑法，1997年修订刑法时对其加重构成情形予以完善，但对其犯罪构成条件均作出同样的立法规定。当时无论是立法机关，或是司法机关，还是社会公众，对于“家庭成员”的理解都较为简单、明确，认为无疑是基于婚姻关系形成的家庭成员。但随着我国经济社会的快速发展与转型，社会公众思想观念的改变和生活样态的日益多元化，与虐待罪入刑之初相比较，社会环境发生了深刻变化，尤其是男女婚前同居现象日益增多、常见。发生在上述同居关系人员之间的暴力犯罪案件也已屡见不鲜。虐待罪侵犯的客体是公民的人身权利，侵犯的法益是家庭成员身体的不可侵犯性和精神的健全性，旨在保护家庭关系中处于弱势一方群体的合法权益，进而维护和谐稳定的社会关系。今天，形成共同生活基础事实的婚前同居男女关系，许多情况下，同样具有典型家庭成员关系中才具有的亲密性、稳定性、自治性等特征，就应当与时俱进对“家庭成员”作符合立法本意和社会生活发展变化实际的司法理解。有共同生活基础事实的婚前同居男女关系中，一方对另一方实施虐待行为，与发生在社会上、单位同事间、邻里间的辱骂、殴打、欺凌，被害人可以躲避、可以向执法机关和司法机关求助不同，受害方往往因“家丑不可外扬”而隐忍，身心常常受到更大伤害，甚至轻生，具有严重的社会危害性。刑事司法应当积极回应这种因社会发展变化出现的新的司法需求，将婚前同居中形成的人身权益损害、“虐待”特征更为明显的行为纳入虐待罪惩治范围。

反家庭暴力法第二条规定：“本法所称家庭暴力，是指家庭成员之间以殴打、捆绑、残害、限制人身自由以及经常性谩骂、恐吓等方式实施的身体、精神等侵害行为。”第三十七条规定：“家庭成员以外共同生活的人之间实施的暴力行为，参照本法规定执行。”可见，反家庭暴力法对于家庭暴力犯罪中的“家庭成员”，并未作绝对闭环规制，而是从保护共同生活的人的合法权益角度出发，对“家庭成员”关系范围加以界定，将具有较为稳定关系的共同生活人员也纳入家庭暴力犯罪所规制的主体。《最高人民法院、最高人民检察院、公安部、司法部关于依法办理家庭暴力犯罪案件的意见》也明确了家庭暴力犯罪不仅发生在家庭成员之间，还发生在具有监护、扶养、寄养、同居等关系的共同生活人员之间。虐待罪是典型的家庭暴力犯罪，对虐待罪主体的范围界定，应当与反家庭暴力法对犯罪主体的范围界定保持一致。

在本案中，牟某某与刘某某之间形成了具有上述法律规定的“共同生活的家庭成员”之间的关系。首先，二人具有组建家庭的主观意愿和具体计划。从牟某某、刘某某确立男女朋友关系后的交往及情感发展过程来看，二人恋爱且同居期间已在为共同组建家庭进行准备。例如，在临近重要节日及期间，二人共同前往对方家中与对方家长相见，并共同居住于对方家中，双方家长亦是将牟某某、刘某某视为准女婿、准儿媳。其次，二人具有稳定的共同生活的事实。结合在案的言词证据及微信聊天记录，可以证实自牟某某、刘某某确立男女朋友关系之日起，经常共同居住在一起，购买家居用品布置居所，共同进行家务活动，营造共同生活氛围，居住处所包括学生公寓、刘某某家中、牟某某家中。最后，二人在经济上互相扶持。根据目前在案证据，牟某某、刘某某确立恋爱关系之后，有较为频繁的经济往来，用于双方的生活消费支出。

基于上述事实，足以认定牟某某、刘某某不但主观上有共同生活的意愿，而且见家长的时点、双方家长的认可、共同居住和生活的事实以及双方经济往来支出的情况可以反映出，二人已具备较为稳定的同居、共同生活关系，精神上相互依赖，经济上相互融通。根据主客观相统一的原则，并结合社会公众的一般观念，应当认定牟某某与刘某某的共同居住等行为构成了实质上的家庭成员关系的共同生活基础事实，二人的婚前同居关系应认定为虐待罪中的家庭成员关系，牟某某符合虐待罪的犯罪主体要件。

（二）牟某某的辱骂行为属于虐待罪中的虐待行为且达到情节恶劣程度

根据刑法理论通说以及反家庭暴力法、最高司法机关制发的规范性文件的规定，采用侮辱、谩骂等手段对家庭成员的精神进行摧残、折磨，是典型的带有虐待性质的家庭暴力行为。

在本案中，牟某某与刘某某之间男女朋友关系的确立系双方自愿，并无外界强迫或欺骗因素。双方在上述关系确立后交往并共同生活的过程中，相互精神依赖程度不断加深，而牟某某始终纠结于刘某某过往性经历一事，并认为这是刘某某对其亏欠之处，但其又不愿意因此而与刘某某分手，仍将刘某某作为未来的人生伴侣相处。在与刘某某的相处过程中，牟某某却又无法解开因刘某某性经历一事而产生的心结，因而心生不满。在 2019 年 1 月至 2019 年 9 月间，牟某某高频次、长时间、持续性对刘某某进行指责、谩骂、侮辱，言词恶劣、内容粗俗，对刘某某造成了巨大的心理伤害。刘某某亦不愿与牟某某分手，但又不知如何面对牟某某反复持续施加的精神暴力。在日积月累的精神暴力之下，刘某某承受了巨大的心理压力，精神上遭受了极度的摧残与折磨，以致实施割腕自残，最终服用药物自杀。

（三）牟某某实施的辱骂行为与刘某某自杀身亡这一结果之间存在刑法上的因果关系

牟某某与刘某某确立恋爱关系后，在交往及共同生活过程中，本应相互平等对待，平和理性处理两人间的矛盾，基于善意解决双方存在的情感问题等。但牟某某出于偏执心理，不能正确对待刘某某过往性经历一事，不断指责、辱骂刘某某，恶语相向，将对其具有高度精神依赖关系的刘某某逐渐推向精神崩溃的地步。

在案证据可以证实，刘某某在与牟某某确立恋爱关系后，对牟某某的精神依赖程度不断加深，牟某某长期对其侮辱、谩骂，进行精神折磨与打压，贬损其人格，刘某某为了维持与牟某某的恋爱关系，虽然也有反抗、争辩，但最终选择了妥协、沉默和忍受牟某某的负面情绪。在刘某某服药自杀前两个月，其在网上发布的帖子内容，真实反映了其因牟某某的指责、辱骂而在精神上遭受的折磨以及面对牟某某双重人格而不知所措的矛盾心态；而牟某某本人对 2019 年 10 月 9 日当天双方争吵原因及过程的供述，可以证实正是因为牟某某所说的刘某某过于依赖他的话语，深深刺激了精神状态已极为脆弱的刘某某，导致刘某某情绪崩溃而大哭。而刘某某在案发时极度脆弱的精神状态，正是由牟某某日积月累的指责、辱骂行为所造成的。牟某某作为刘某某精神状态极度脆弱的制造者和与刘某某之间具有亲密关系并对刘某某负有一定扶助义务的共同生活人员，在刘某某已出现割腕自残，以及服用过量药物后进行洗胃治疗并被下发病危通知书的情况下，已经能够明确认识到刘某某处于生命的高风险状态，其本应及时关注刘某某的精神状况，采取有效措施及时消除上述风险，防止刘某某再次出现极端情况，但牟某某对由其一手制造的风险状态完全无视，仍然反复指责、辱骂刘某某，最终造成刘某某不堪忍受、服药自杀身亡的悲剧。

此外，在案证据证实，刘某某在与牟某某确立恋爱关系之前，性格开朗、外向，是在与牟某某确立恋爱关系并同居生活之后，不断遭受牟某某的指责、辱骂，才导致其时常精神不振、情绪低落，并出现了割腕自残、服用过量药物而被洗胃治疗等极端情况，在确立恋爱关系仅一年多即不堪受辱服药自杀。

综上所述，本案认定牟某某虐待与其共同生活的同居女友，致对方自杀身亡的行为构成虐待罪，并依法对牟某某定罪处罚，具有充分的事实、证据基础和法律依据，也符合社会公众的认知和期待，实现了新类型案件办理“三个效果”的统一。

（撰稿：最高人民法院刑事审判第三庭　嵇晶晶

北京市海淀区人民法院　张　鹏

审编：最高人民法院刑事审判第三庭　鹿素勋）

[第 1616 号]

刘某某被诉诈骗案

——赌石行为的性质认定

一、基本案情

被告人刘某某，男，1972 年××月××日出生。2020 年 6 月 1 日被逮捕。

云南省德宏傣族景颇族自治州人民检察院指控被告人刘某某和王某星直播团队（另案处理）共谋，刘某某用其注册的 YY 直播平台账号“某翡翠直播间”与王某星、周某君进行原石直播销售，之后双方再分利润。王某星担任主播，通过虚构原石价值，在当场切割后明知是废料的情况下虚构原石涨价至数十倍，同时安排周某君用同一微信账号不同微信名称、同一直播账号不同网名进入直播间发言，制造多人购买直播间内原石的假象，并虚构原石代卖获利事实，诱骗被害人不断购买原石多达数百块。公诉机关认为被告人刘某某的行为构成诈骗罪，向德宏傣族景颇族自治州中级人民法院提起公诉。

被告人刘某某辩称，王某星直播销售翡翠原石与其没有关系，其不构成犯罪。其辩护人提出，刘某某没有犯罪故意，与王某星翡翠原石直播团队没有共同的犯罪故意，不构成共同犯罪；王某星通过网络售出的原石符合买卖双方的约定和交易规则，没有非法占有他人财物的故意，不构成诈骗罪。

德宏傣族景颇族自治州中级人民法院认定：2017 年底，被告人刘某某在瑞丽通过 YY 直播平台售卖翡翠原石。2018 年 3 月，主播王某星（另案处理）借用 YY 直播号进行直播。王某星直播团队由主播和客服人员组成，客服人员有夏某、吴某、周某君（均另案处理）。客服人员负责轮流用团队的售后微信来给客户（网络用户）解决售后问题，给客户拍照传图、传视频、邮寄、加工等工作。在直播过程中，王某星安排周某君用其他 YY 账号进入直播间营造多人观看直播的气氛。

直播时，缅甸商人拿着翡翠原石来到公司售卖。由主播王某星在直播间里对翡翠原石进行介绍。如果客户看中了，就由主播王某星和缅甸商人谈价格，成交之后，直播间会收取成交价 10%的代购费。由王某星先垫付给缅甸商人翡翠原石价款，把翡翠原石先留下来。然后主播会让客户加团队的售后微信，客户会把购石款转账到刘某某的银行卡、支付宝或微信。刘某某提现后交给王某星或者转账到王某星的银行卡上用于支付购石款。之后客服人员根据客户的要求对翡翠原石作如下之一的处理：（1）原物邮寄给客户；（2）切开翡翠原石，如果切废了，在客户的要求下帮忙扔弃；（3）加工成成品；（4）经客户同意帮助代卖。王某星在直播间向客户承诺，根据赌石的行规真假是有保证的，不保证货切开以后的品质。如果开出来的不是翡翠，有水沫（钠长石玉），经过权威机构鉴定，会进行退款。

客户选定原石后，王某星会在原石上标注客户的 YY 直播平台昵称（网名）。为了规避高风险，有些在直播间的客户会合股购买同一块原石，主播也会参与合买原石。代卖原石时，主播会提议定价，客户也会让主播帮忙定价或自己定价，该定价普遍虚高。随后，王某星按客户要求将代卖的原石拿到姐告口岸的玉店里代卖。

2018 年 3 月至 8 月，报案人刘甲在直播间多次购买翡翠原石并支付购石款 67.2268 万元，易某雅在直播间多次购买翡翠原石并支付购石款 62.6933 万元，何某在直播间多次购买翡翠原石并支付购石款 35.4351 万元，雷某在直播间多次购买翡翠原石并支付购石款 23.7404 万元，四人共计支付购石款 189.0956 万元。其间，刘甲在收到客服人员邮寄的原石后，发现有水沫，认为被骗，遂向公安机关报案。

2019 年 11 月 14 日，公安机关从王某星团队在瑞丽江花园的仓库查获原石 137 块，在瑞丽姐告经济开发区某小区房间查获原石 280 块，总计 417 块。经鉴定，399 块是翡翠，18 块是钠长石玉。经价格认定，价格认定结论：价格认定标的在价格认定基准日的市场价格为 27780 元。

德宏傣族景颇族中级人民法院认为，诈骗罪是指以非法占有为目的，用虚构事实或者隐瞒真相的方法，骗取数额较大的公私财物的行为。本案公诉机关指控被告人刘某某与另案处理的王某星、周某君构成共同犯罪的证据不足，且王某星、周某君通过直播平台向报案人销售翡翠原石，没有皮壳造假、开口造假、芯子造假、颜色造假等情形，认定王某星、周某君虚构事实，非法占有他人财物的证据不足。诈骗数额的认定应当以被害人的实际损失为基础。公诉机关将报案人向王某星购买翡翠原石的转账金额全部累加起来的 189.0956 万元作为指控的诈骗金额事实不清，证据不足。综上所述，公诉机关指控刘某某构成诈骗罪的证据不足，指控的罪名不成立。被告人及辩护人提出的无罪辩护意见，予以采纳。经报请审判委员会讨论决定，依照刑事诉讼法第二百条第三项之规定，于 2021 年 11 月 10 日作出判决：被告人刘某某无罪。

一审判决宣判后，被告人未提出上诉，德宏傣族景颇族自治州人民检察院提出抗诉。

二审审理期间，云南省人民检察院认为抗诉不当，向云南省高级人民法院提出撤回抗诉。2022 年 4 月 27 日，云南省高级人民法院准许云南省人民检察院撤回抗诉。[①]

二、主要问题

赌石行为是否构成诈骗罪？

---

① 另案处理的王某星等人一审被判决无罪。检察机关抗诉后又撤诉。2022 年 4 月 27 日，云南省高级人民法院准许云南省人民检察院撤回抗诉。

三、裁判理由

翡翠在开采出来时，有一层风化皮包裹着，无法知道其内部好坏，须切割后才能知道翡翠的品质。赌石是珠宝行业术语，是一种翡翠原石交易方式，流行在滇缅和缅泰边境一带。翡翠原石交易过去只能在线下进行，在智能手机普及的今天，电子商务日趋发展，在淘宝、快手、YY直播等平台都能搜到线上销售翡翠原石的店铺。

在本案审理过程中，控辩双方争议的焦点在于本案中通过YY直播平台售卖原石的赌石行为是否构成犯罪，讨论中存在两种意见。

第一种意见认为，被告人刘某某和王某星等人共同构成诈骗罪。侦查机关查获了417块原石，其中399块系翡翠，但是也查获了18块钠长石玉，虽然所占比例较少，但钠长石玉毕竟不是翡翠。王某星在直播过程中售卖原石存在叫价虚高的情形，安排周某君等人用同一微信账号不同微信名称、同一直播账号不同网名进入直播间发言，制造多人购买直播间内原石的假象。还以可以代卖为由骗取被害人购买更多的原石，被告人等具有非法占有的目的，应以诈骗罪定罪处罚。

第二种意见则认为，在案没有充分证据证明被告人刘某某与王某星团队就诈骗报案人进行过协商、沟通、分工，被告人刘某某与王某星不具有共同的犯罪故意，没有共同犯罪的意思联络。王某星团队直播销售翡翠原石就是一种典型的赌石交易。原石交易的特殊性决定了这种交易有别于其他物品的等价交换，且有悠久的历史，从刑法的谦抑性原则看，为了尊重传统的交易习惯，通常不宜使原石交易入罪。

经分析研究，我们倾向同意后一种意见，具体理由如下。

（一）原石交易的特殊性

法院在审理过程中，对于赌石这一交易方式中的行业传统、交易规则以及何种方式、程度属于欺骗，进行了详细审查：（1）云南省石产业促进委员会专家认为，赌石过程中，辨别真假的依据是原石有无任何人工造假，包括有无皮壳造假、开口造假、芯子造假、颜色造假、掩盖残缺造假、挖空增透造假、天窗造假等。（2）中国瑞丽淘宝直播原石基地就有《淘宝直播翡翠原石行业标准 1.0》，其中对赌石、代售、合料都有规定，明确卖家所售原石确实属翡翠，不是假皮、贴片等问题原石的，无论涨垮，不得退换。遇到水沫共生严重到无法出具翡翠证书的，则商家须全额退款，但不作商家售假处理。这说明即使有部分水沫，也不能证明就是造假，也有救济的手段和途径。（3）专家证人出庭作证，证实了瑞丽翡翠原石交易的一些特点和过程，主播在直播间合买、代卖并不违反行规，同时也根据经验说明，翡翠原石能出高品质翡翠的概率很小。（4）合议庭也咨询了玉石界的专业人士，其中部分人士认为：扣押在案的翡翠原石从外观看不是价值高的翡翠原石，是“公斤料”，没有多少商业价值，被告人将“公斤料”卖给购买者，并声称可以高价代卖，具有欺骗性，应予打击，这样做可以整顿玉石市场，淘汰低端石料；但另一部分专业人士则认为：原石没最后切开，目前尚无仪器可探测到里面是否有好玉，更没人能保证原石里面就有好玉，赌石有风险，玉石行家也会有看走眼的时候，直播行业普遍存在报价虚高的情形，不宜对赌石交易定罪处罚，否则会造成打击面过宽。

综上所述，赌石这种原石交易商业行为在民间存在已久，有异于以等价交换为特征的其他商品交易，其交易规则已经被业界和社会认同。只要不存在造假的情况，成交价虚高一般不被认为是严重背离社会行为规范的情况。尽管有专家提出目前玉石市场有需要整顿的地方，但普遍认为可以通过线下调解、仲裁、民事诉讼甚至行政处罚等方式解决，基本不赞同通过刑事手段过多介入这一传统领域，否则打击面过于宽泛。

（二）王某星团队的行为不宜认定为诈骗犯罪

被告人刘某某是否构成犯罪与另案处理的王某星、周某君通过直播销售翡翠原石的行为相关联。王某星团队的行为性质决定着刘某某行为的定性。

公诉机关指控，王某星担任主播，通过虚构原石价值，在明知是废料的情况下虚构原石涨价至数十倍，同时安排周某君用同一微信账号不同微信名称、同一直播账号不同网名进入直播间发言，制造多人购买直播间内原石的假象，并虚构原石代卖获利事实，诱骗被害人不断购买原石多达数百块，后让被害人将购买的原石留在直播间，由王某星等专业人士代卖以获取高额利润。王某星等人的行为构成诈骗罪。

法院审查认为，首先，如上文所述，至今没有任何一种方法能够透过皮层判断翡翠原石里面翡翠品质的优劣，故有“神仙难断寸玉”的说法。在翡翠原石切开之前，王某星不可能知道翡翠原石里面翡翠品质的优劣，也不可能虚构原石价值。玉石界一般也不对翡翠原石进行鉴定。另外，对售出后切开的原石进行市场价值鉴定，并以鉴定结果作为认定以废料冒充上等料的依据，既背离了赌石交易的根本特征，也肆意扩大了诈骗罪的打击范围。因为切开后的翡翠毛料（解口料）与买受人先前购买的翡翠原石已不是同一物，以切开后的鉴定价格来认定翡翠原石的价格不具客观性。同时需要说明的是，玉石与其他物品不同，每块玉石的价值都各不相同，应该是“一石一鉴定”，不能按批次进行鉴定，因而本案中价格认定结论的客观性有所欠缺。故公诉机关指控王某星在明知是废料的情况下虚构原石涨价至数十倍，没有证据支持。

其次，购买人购买的是翡翠原石并已按约定收到货。报案人在询问笔录中陈述自己购买的是翡翠（报案人刘甲发现了一块水沫并报案，但也认可收到的其他货物是翡翠）；鉴定意见也证实在查获的417块原石中，399块系翡翠，18块为钠长石玉。翡翠占95.68%，钠长石玉占4.32%，证实王某星通过YY直播平台售卖的原石绝大多数是翡翠；主播在直播中承诺如果购买人买到水沫可以退货，这部分钠长石玉占比较小，无法证实被告人故意以大量水沫冒充冰种翡翠诈骗报案人；主播在代卖的原石上面标注了购买人的网名，除代卖、加工、扔弃的情形外，报案人均已经收到了客服人员寄送的原石，未代卖出去的原石并未被藏匿和转移。报案人均认可这种直播售卖翡翠原石的方式。因而公诉机关指控王某星虚构事实，故意以其他物品冒充翡翠没有证据支持。

最后，部分报案人对翡翠原石及其交易规则具有一定认知和了解，应风险自担。根据被告人供述、报案人的陈述，报案人自行决定购买翡翠原石与否，购石后自行决定切开与否，是否邮寄、加工成成品，或者扔弃、定价、代卖。在直播过程中，主播王某星已经将切开后的原石展示给购买人，购买人决定出售的，告知其原石的颜色和种水（指翡翠的透明度和水头，分为玻璃种、冰种、糯种和豆种）等基本情况。根据刘甲提供的视频，原石切开会出现切垮和开涨两种情况。有的价值不高，主播会当场告诉客户切垮了，切废了；客户说扔了，主播会帮客户扔弃。一种是开涨，主播说涨了，报价虚高。从本案报案人的转账记录看，报案人购买的翡翠原石出价几百元、几千元，最多的几万元。用行话来说，该翡翠交易尚属于“以小博大”的情形。从报案人陈述、报案人与被告人、客服人员的微信聊天内容看，报案人对玉石相关知识有一定了解。例如，雷某已经收到54块原石和一些加工好的成品，其几次到德宏购买或看玉石；刘甲知晓赌石规则，在微信聊天中称“涨垮看命”，且知晓玉石中的“铁乌鸡”翡翠价值，在出料时自己定价；何某是玉石爱好者，在直播间买了80余块原石。上述报案人对翡翠原石交易规则均有一定认知和了解，否则不会仅与主播口头商议就将购买后价值几百万元的原石随意放在主播王某星的线下商店代卖。因此，公诉机关指控王某星等人诱骗他人高价购买原石、切后扔弃或者代卖获取高额利润并不符合客观情况。

当然，本案中，王某星等人为了营造直播间多人观看的气氛，让自己的团队客服人员进入直播间并烘托气氛、主播提议价虚高，确实存在一些不合规的行为。但上述行为属于一种营销手段，是为了促成更多的交易，并未超出社会的容忍范围。这种销售行为虽然有违商业道德，本质上仍是有偿交易，与不付出标的物或付出虚假标的物骗取他人财物的刑事诈骗有本质的区别。从公平交易的原则看，社会并不认可和提倡这些行为，网络监管部门、直播平台、行业协会等有必要对其加强监督管理。但从尊重传统交易规则和买卖双方意思自治的角度出发，严格遵循罪刑法定原则和刑法谦抑性原则，不宜轻易认定被告人的行为为犯罪。买卖双方发生纠纷后可以通过线下调解、仲裁、民事诉讼等渠道予以处理，不适宜由刑法进行调整。本案中被告人家属也对四名报案人进行了赔偿，并获得谅解。

同时，法院在案件审理过程中亦听取了多方意见，认为如果原石交易的赌石行为在今后愈演愈烈，严重背离了交易习惯、民意，严重影响了当地的社会经济秩序，造成恶劣的社会影响，民法、行政法等其他部门法无法调整时，亦不排除用刑事手段加以规制的可能。

（三）被告人刘某某与王某星翡翠原石直播团队系共同犯罪的证据不足

公诉机关指控：被告人刘某某用其注册的 YY 直播平台账号“某翡翠直播间”与王某星等人进行原石直播销售。被害人购买原石款项均转入刘某某的支付宝、微信或建行卡、农行卡账户，后由刘某某向王某星转账分配利润。刘某某与王某星等人系共同诈骗。

法院审查认为，本案至今未能提取到被告人刘某某注册“某翡翠直播间”的相关证据，四名报案人陈述他们在直播平台购买翡翠原石的店铺名称也不是“某翡翠直播间”。从转账记录看，报案人购买原石的款项多次转入刘某某的账户，对此，刘某某供述，这是由于玉石交易需要及时用现金支付给没有中国银行收款账户的缅甸籍货主，需要提取现金、3%的平台管理费和提现手续费。刘某某的供述与王某星的供述和相关证人证言相互印证。因此，无论王某星团队是否构成诈骗，仅凭转账记录认定刘某某和王某星共同故意从事原石赌石行为并构成诈骗的证据不足。

综上所述，法院在听取专家证人和多方意见后，深入了解原石交易的行业规则，严格遵循法律，依法判处被告人刘某某无罪，是正确的。该观点同时也得到抗诉机关上一级检察院的支持。

（撰稿：云南省德宏傣族景颇族自治州中级人民法院　陈　丽

审编：最高人民法院刑事审判第二庭　于同志）

[第 1617 号]

林某某被诉诈骗案

——如何准确认定诈骗罪的非法占有目的

一、基本案情

被告人林某某，男，1965 年××月××日出生。2017 年 12 月 12 日被逮捕，2020 年 1 月 3 日被取保候审。

内蒙古自治区霍林郭勒市人民检察院指控被告人林某某犯诈骗罪，向霍林郭勒市人民法院提起公诉。霍林郭勒市人民法院经审理，于 2019 年 6 月 4 日作出一审判决，以诈骗罪判处被告人林某某有期徒刑十一年六个月，并处罚金五十万元。一审宣判后，被告人林某某不服，提出上诉。内蒙古自治区通辽市中级人民法院经审理，于 2019 年 11 月 13 日裁定撤销原判，发回霍林郭勒市人民法院重新审判。霍林郭勒市人民法院依法另行组成合议庭进行了审理。

被告人林某某及其辩护人提出，本案系因林某某等人承包工程所引起的经济纠纷，林某某的行为不构成诈骗罪。

霍林郭勒市人民法院经审理查明：被告人林某某原系 A 公司员工；张某某原系 A 公司员工，担任过总经理、营销主任；黄某某名义上担任 A 公司副总经理，但并非该公司员工，系霍林郭勒市某装运公司经理；付某某系黄某某的生意合作伙伴；韩某某系 B 公司副总经理；祁某某系 B 公司司机，负责在机场民用项目部开车。

B公司于2014年负责霍林郭勒市民用机场的全部项目施工。同年6月7日，B公司通过招标，将其负责的机场工程附属工程及总图工程分包给A公司。双方签订了《建设工程施工合同》（林某某为A公司的签约代理人），合同价款为2350万元，采用包工包料的承包方式。被告人林某某、张某某、黄某某、付某某、韩某某、祁某某等人经商议，由邓某某（系黄某某名下霍林郭勒市某装运公司的会计）出面，于2014年6月9日与A公司签订《工程项目经营管理协议》和《安全生产责任书》。工程内容为霍林郭勒民用机场工程附属工程及总图工程，金额为2350万元，邓某某为该项目责任人，对该项目的经营管理全权负责，单独核算、自负盈亏，并向A公司缴纳管理费。因该工程名义上是A公司与B公司签约，实际是以邓某某的名义实施的个人借用A公司资质的挂靠工程，故B公司将工程款按与A公司的合同约定汇至A公司账户，A公司扣除相应费用后汇至黄某某指定的账户，或由邓某某去取承兑汇票。2016年4月，涉案工程不再由林某某等人负责，交给了B公司。

在林某某等人与A公司结算最后一笔工程款之前，黄某某未与林某某等人商量过工程款的结算及利润分配等问题。2016年12月，林某某给B公司相关负责人陈某打电话要办理工程款结算事宜，陈某汇报并经同意后通知林某某等人到B公司办理结算。经过结算，工程总价款为2725.18万元，最后一笔工程款为3201754.46元。陈某于2016年12月19日办理完承兑汇票后，当日将金额均为3201754.46元的两张承兑汇票交给林某某。后林某某将承兑汇票交给张某某，张某某于2016年12月21日贴现人民币3124912元（贴现花费人民币76842.46元），并于同日转给韩某某50万元、祁某某54万元、林某某之子林某50万元，张某某本人分得50万元。后林某某与祁某某于同年12月22日到霍林郭勒市国税局缴税18.63万余元，随后林某某拿着完税证明到A公司缴纳了4.77万余元管理费，A公司开具了520万余元的发票（因之前A公司欠B公司200万元金额发票）和320万余元的收据。

2017年1月25日，被告人林某某将结算说明以彩信的形式发给了黄某某。其后，黄某某多次与林某某、张某某、韩某某、祁某某等人商谈分成事宜，均未果。同年1月27日至30日，张某某通过自己及林某某的账户转给黄某某60万元；韩某某分别于同年4月20日、5月5日转给黄某某100万元。黄某某与林某某等人后就工程款的分配多次沟通协商，未达成一致意见，黄某某于同年10月9日到公安机关报案，称林某某等人在未参与任何施工过程的情况下将165万元工程款骗走。

霍林郭勒市人民法院认为，本案现有证据不能排除被告人林某某与黄某某等人在工程施工的过程中存在合伙或合作关系，无法认定林某某客观上实施了虚构事实、隐瞒真相的行为，亦无法认定其主观上具有非法占有B公司财物的目的，故不能认定林某某构成诈骗罪。依照刑事诉讼法第五十五条第二款、第二百条第三项之规定，于2020年5月8日判决被告人林某某无罪。

一审宣判后，公诉机关提出抗诉，通辽市中级人民法院经二审审理，依法裁定驳回抗诉，维持原判。

二、主要问题

如何准确认定诈骗犯罪中的非法占有目的？

三、裁判理由

如何准确认定诈骗罪的非法占有目的，一直以来都是实践中争议较大的问题。结合本案的处理，我们认为，准确认定诈骗罪非法占有的目的，可以从以下五个方面把握。

（一）行为人是否采取了虚构事实、隐瞒真相的手段

成立诈骗罪客观方面要求行为人实施了虚构事实、隐瞒真相的欺诈行为。从本案查明的事实看，被告人林某某到B公司结算的整个过程中并未实施虚构事实或者隐瞒真相的欺诈行为。

其一，被告人林某某等人到B公司进行工程款结算，原因是合伙人

黄某某一直未将账目公示，林某某与黄某某的通话录音显示，林某某多次提到黄某某的账目没有公示，黄某某对此并未否认。

其二，被告人林某某到B公司结算时提交了依据真实工程量制作的结算清单，B公司亦是依据该清单进行工程款结算。虽然林某某等人绕过A公司同B公司直接进行结算，但是考虑到林某某等人与A公司的挂靠关系，该结算行为的性质实际是施工人借挂靠公司之名行使权利，林某某等人以A公司员工的身份去结算不宜被评价为刑法意义上的虚构事实或者隐瞒真相的诈骗行为。

（二）行为人在取得财物后的处理情况和事后态度

在诈骗犯罪中，犯罪分子实际取得财物后，往往对诈骗所得财物进行隐匿、挥霍等难以或者无法追回的实际处置，或者采取各种措施规避被害人追索或者侦查、调查。从本案查明的事实看，被告人林某某并没有前述行为。

其一，被告人林某某与张某某从B公司取得320余万元承兑汇票并贴现后，个人并未占有该钱款，而是在合伙人之间经商议后进行了平均分配。其中，林某某分得50万元，韩某某分得50万元，张某某分得50万元，祁某某分得54万元，余款80余万元存放在张某某处。在工程施工过程中，林某某等合伙人之间也曾进行过类似的平均分配。在案证据证实，黄某某曾让邓某某给林某某4.4万元、韩某某4万元、张某某5万元，给祁某某一台作价1万元的笔记本电脑，该分配方案侧面印证了林某某等人对工程款平均分配的说法。关于与黄某某进行工程款分配的情况，林某某于2017年1月25日以彩信的形式将320余万元工程款结算后如何分配的明细发给了黄某某，张某某分两次共汇给黄某某60万元，韩某某分两次给黄某某100万元。

其二，被告人林某某在得到工程款后，没有故意逃避与其他合伙人的联系。林某某虽然在分配工程款时未告知黄某某，但后来对该笔款项的去向情况向黄某某进行了详细告知，并未欺骗或者隐瞒，且林某某等人亦积极商量与黄某某的分配方案，只是最终与黄某某未达成协议。黄某某在得知林某某等人将工程款结算后也未第一时间报案，而是与林某某等人多次沟通协商，未达成一致意见后才于2017年10月9日到公安机关报案，与林某某的支款行为相隔了近十个月。林某某等人在2016年12月21日将承兑汇票贴现后，于同年12月22日向A公司缴纳了管理费，按规定缴纳了税费，通过A公司给B公司开具了发票、收据并邮寄给B公司，主动将工程款结算的手续履行完毕，既没有实施虚构事实或者隐瞒真相的欺诈行为，取得工程款后亦未任意处置或者逃避与其他合伙人的联系。

（三）被害人是否基于被告人的诈骗行为产生错误认识，并进而作出使自己遭受数额较大损失的财产处分

公诉机关将B公司列为本案被害人，但本案是由A公司的员工报案，B公司并未作为被害人报案。B公司结算工程款的依据是工程量清单、计价规范、合同，其按实际完成的工程量给A公司结账，是依合同履行付款义务，且B公司亦收到了A公司出具的收据和发票，双方的合同应视为履行完毕。在案亦没有B公司遭受实际损失以及实际损失与被告人的诈骗行为之间有因果关系的相关证据。A公司对本案的涉案工程没有进行实际施工，其只按照与邓某某的合同约定收取挂靠费，挂靠工程的工程款扣除相应费用后应由实际施工人即被告人林某某等人获得，且林某某等人已经按照合同约定足额缴纳了挂靠费用，A公司也没有实际损失。因此，公诉机关将B公司认定为本案被害人的意见不能成立。

（四）行为人与被害人之间的真实关系

综合在案证据分析，本案并不能得出黄某某一人进行施工而无其他合伙、合作方，被告人林某某等人只是帮忙、由黄某某给付一定的好处费这一唯一的结论。林某某、张某某、韩某某、祁某某等人在工程施工过程中确实起到了一定作用。从林某某的供述、韩某某等证人证言以及

整个施工过程来看，林某某等人与黄某某确实存在一定的合伙或合作关系，双方围绕工程款产生的纠纷属于民商事法律纠纷。虽然因为各合作方的身份问题（林某某等人均在A公司或B公司担任职务），林某某等人没有与黄某某签订书面的合伙、合作协议，但并不能据此认定几人不存在合伙、合作关系。

（五）案件发生的起因

本案涉案工程名义上是由A公司承建，实质上是以邓某某的名义承揽并由被告人林某某等人施工的挂靠工程。在建设工程领域中，以挂靠形式承揽工程的现象较为常见。一般表现形式是，挂靠人没有相应的资质而利用有相应资质的建筑企业的名义对外承揽工程；挂靠人须向被挂靠人缴纳一定的费用；挂靠人通常以被挂靠人的分支机构、施工队或项目部等形式对外开展活动；被挂靠人提供工程建设中必要的资料和文件，但不参与工程的实际施工和管理；挂靠人的经营方式是独立核算、自主经营、自负盈亏。本案中，无论从A公司与邓某某签订的合同内容，还是A公司出具的证明、被告人陈述、证人证言来看，以邓某某的名义签订合同的工程是典型的借用他人资质的挂靠工程。被挂靠的A公司除收取管理费外，并不参与工程的实际施工和管理。

建筑施工领域挂靠乱象不仅严重扰乱了市场秩序，还导致出现大量的法律纠纷。从本案被告人林某某等人的身份情况来看，也可看出A公司在员工的管理方面存在一定漏洞。本案归根结底是由于企业违法挂靠、对建筑工程施工的日常监管不力、对员工管理不严格引起的各方权利义务不明，实际施工人利益争议而产生的纠纷。本案涉及的法律关系有发包人与承包人之间名义上的合同关系，承包人与挂靠人之间的合同关系，发包人与挂靠人（实际施工人）之间形成的事实合同关系。如果实际施工人不是一个人，还涉及个人之间的利益结算关系。发包人与承包人、承包人与挂靠人的权利义务已经按照合同履行，但黄某某与林某某等人因各执一词而就利益争议不能达成一致意见，也正是由于有该利益争议的存在，才导致了本案的发生。

最后，值得说明的是，刑法的谦抑性要求在其他救济手段明显不充分、不足以保护法益时，才能考虑适用刑法。这就要求要严格区分平等民事主体之间的经济纠纷、一般的欺诈行为与刑事犯罪的界限，只有在用民商法、行政法等法律无法进行调整，不足以保护受害人的合法权益，且行为人的相关行为达到了严重的社会危害性、符合罪刑法定原则时，才能适用刑法来进行规制。本案中，在发包人与承包人、承包人与挂靠人的权利义务已经终结、被告人也未逃匿的前提下，报案人黄某某与被告人林某某等人的利益争议应通过民事救济途径予以解决，而不宜动用刑事手段解决。

（撰稿：内蒙古自治区霍林郭勒市人民法院　陶　曼

最高人民法院刑事审判第二庭　郭　慧

审编：最高人民法院刑事审判第二庭　张　杰）

[第 1618 号]

王某某袭警、危险驾驶案

——相对人被追截过程中袭警行为的罪责认定

一、基本案情

被告人王某某，男，1982 年××月××日出生。2022 年 8 月 23 日被逮捕。

上海市松江区人民检察院指控：被告人王某某醉酒后驾驶车辆，在民警设卡检查时拒不配合，不停车而继续行驶，民警驾驶警车在高速公路截停王某某车辆时，两车发生碰擦，王某某突然加速挤开民警的车辆后继续沿高速公路行驶，后被民警抓获。公诉机关认为王某某的行为构成袭警罪、危险驾驶罪，向上海市松江区人民法院提起公诉。

被告人王某某对指控其犯危险驾驶罪无异议，但辩解其未故意冲撞警车，系警车将其别到应急车道上，其躲避不及与警车发生碰撞，且警车在追其过程中多次发生过别车的行为，其行为不构成袭警罪。

被告人王某某辩护人对指控王某某构成危险驾驶罪的定性不持异议，但认为被告人的行为不符合袭警罪的构成要件，具体理由如下：第一，主观上，被告人没有暴力对抗、攻击正在执行职务的人民警察或警用车辆的直接故意；第二，客观上，本案中两车相撞系因在高速公路分叉口警车与被告人驾驶的车辆并排行驶过程中主动变道碰擦已经驶入应急车道的被告人驾驶的车辆，并非被告人主动撞击追截警车；第三，对于民警通过驾驶警车碰擦车辆的方式达到促使被告人停车的目的是否合理，应当作出客观的评价，若认定该种行为恰当，系对袭警罪的扩大解释，扩大了袭警罪的打击范围；第四，被告人逃避、拒绝民警检查的行为尚未达到需要评价为犯罪的程度。

上海市松江区人民法院经审理查明：2022年8月8日19时许，被告人王某某酒后驾驶小型普通客车行驶至本区泖港镇金廊公路辅路新明路口遇民警设卡检查，拒不配合民警检查，并先后驾车冲过该处及民警在金廊公路辅路新艳路口设置的两道卡口。民警沈某驾驶警车追截并多次通过喊话器要求王某某停车接受检查。王某某不顾警告，继续行驶，并通过泖港高速公路入口进入G1503高速公路。后在安亭方向分叉口处，民警驾驶的警车与王某某驾驶的车辆并排行驶时，民警向右转向欲截停王某某，两车发生碰擦，之后王某某未停车，反而驾驶车辆突然加速，挤开民警的车辆后继续沿高速公路行驶，通过石湖荡高速公路口驶出高速公路，并在上海市松江区石湖荡镇双金公路与双桥公路交叉口东约100米处被迫停车后被民警抓获。民警遂对王某某进行呼气式酒精测试，发现其有醉酒驾驶嫌疑，后经血样鉴定，其血液中乙醇浓度为2.02毫克/毫升，已达到醉酒状态。

上海市松江区人民法院认为，被告人王某某暴力袭击正在依法执行职务的人民警察，其行为已构成袭警罪；王某某在道路上醉酒驾驶机动车，其行为又构成危险驾驶罪，依法应数罪并罚。王某某到案后能如实供述危险驾驶的犯罪事实，可依法从轻处罚。王某某当庭对危险驾驶罪的认罪态度较好，可酌情从轻处罚。综上所述，根据王某某犯罪的事实、性质、情节、社会危害程度等，依照刑法第二百七十七条第五款、第一百三十三条之一第一款第二项、第六十九条、第六十七条第三款、第五十二条、第五十三条的规定，于2022年11月28日作出判决：被告人王某某犯袭警罪，判处有期徒刑一年九个月；犯危险驾驶罪，判处拘役四个月，并处罚金人民币四千元，决定执行有期徒刑一年九个月，并处罚金人民币四千元。

宣判后，被告人未上诉，公诉机关亦未提起抗诉。判决已发生法律效力。

二、主要问题

（1）如何确定人民警察执行职务的合法性？

（2）袭警案件中如何认定严重危及人民警察人身安全？

三、裁判理由

（一）人民警察合理限度内的主动碰撞行为属于依法履职

根据刑法第二百七十七条第五款的规定，依法执行职务是袭警罪的构成要件要素，是构成袭警罪的正当性基础。职务行为合法性包括主体合法、程序合法、内容合法。职务行为要取得合法性，必须符合法律规定的重要条件、方式与程序，这是判断职务行为是否合法的依据。

首先，人民警察执行职务必须具有启动条件。公安机关承担维护国家安全和社会治安秩序的职能，具有相应的治安管理职权，该职权的行使必然涉及相对人权益的取得、剥夺或限制。基于法治原则，治安管理职权的启动（或者说人民警察作为直接执行者履职的前提）应当具备相应的客观事实，否则必然导致管理权力的滥用。刑事诉讼法第一百零九条规定："公安机关或者人民检察院发现犯罪事实或者犯罪嫌疑人，应当按照管辖范围，立案侦查。"易言之，公安机关或者检察机关启动立案程序的前提是存在犯罪事实。此外，管理职权对应措施的变更亦应当以客观事实变更或者新情况的出现为前提。例如，人民警察法第十七条规定："县级以上人民政府公安机关，经上级公安机关或者同级人民政府批准，对严重危害社会治安秩序的突发事件，可以根据情况实行现场管制。公安机关的人民警察依照前款规定，可以采取必要手段强行驱散，并对拒不服从的人员强行带离或者立即予以拘留。"

其次，人民警察执行职务不得超过必要限度。对职务行为合法性的判断，需要综合考虑对执法相对人的侵害程度、公务目的的正当性、公务手段的相当性和必要性程度等因素。保障职务执行与保护相对人权益应当平衡，不得偏向一方；否则，可能会导致执行职务过于保守而无法达到执行职务所追求之目的，也可能造成对相对人权益的过度侵害，因而保障职务执行与保护相对人权益均不得超过必要限度。

最后，人民警察执行职务必须符合正当程序。程序正当是确保实体公正的重要保障，也是保证职务行为形式上合法的条件。如果人民警察执行职务时违反了法律命令性、禁止性规定，继而直接作用于实体执法效果，对行为人不宜认定为袭警罪；但如果是不规范、不文明执法，程序上存在一定瑕疵的执行职务行为，则应当结合瑕疵的程度、相对行为的违法性程度、案发时的紧急情况等进行综合判断。

本案中，首先，民警设卡进行酒后驾车整治，系按照法律规定履行交通管理等社会管理职责，被告人作为被管理人应当停车接受查检。被告人王某某明知自己系酒后驾车，为逃避查处，先后驾车冲过设置的两道卡口，后民警驾驶警车追截并多次通过喊话器要求王某某停车接受检查；王某某不顾警告，继续行驶，并驶入高速公路。在此过程中，民警有理由怀疑被告人在从事醉酒驾驶甚至更严重的违法犯罪活动，为维护公共安全，查处违法犯罪嫌疑人，民警应当履行相应职责，让被告人停车接受进一步调查。

其次，被告人王某某驾车驶入高速公路后，对公共安全的威胁加大，民警有必要采取措施及时防止发生危害结果。故在高速公路分叉口处，民警驾驶的警车通过碰撞的方式欲截停王某某。关于该行为是否超出必要限度的问题，分析认为，从选择碰擦的时机上看，民警选择在刚进入高速公路的岔路口实施，该处车速不快、无其他车辆，故可避免造成严重损害及危害公共安全；从碰擦的结果看，本案中除两辆车辆发生物损之外，并未出现其他人员伤害。因此，本案中民警采取的方式具有合理性和必要性，并未超出必要的限度。

最后，本案中民警在履职过程中，为避免更严重后果的发生，所采取的措施体现了勇于自我牺牲的精神，对该种行为应当予以肯定、鼓励，而非予以指责，民警整个履职程序合法，无明显瑕疵。

综上所述，本案中民警的履职过程合法合理，被告人王某某为了逃避检查冲卡并驾车驶入高速公路，民警根据执勤需要驾车逼停王某某，车辆发生轻微撞击，王某某短暂停下后再次启动车辆、加速行驶挤开警车，车辆再次发生轻微撞击，其驾车撞击警车的行为属于暴力袭击人民警察，构成袭警罪。

（二）严重危及人民警察人身安全的情节认定

刑法修正案（十一）在保留原有规定的同时，增加了加重处罚情节，即袭警罪中“使用枪支、管制刀具，或者以驾驶机动车撞击等手段，严重危及其人身安全的”，法定刑升格为三年以上七年以下有期徒刑。该规定属于列举加兜底的模式，要求其他手段与列举的方式具有等质性，对此并无意见分歧。但是，对手段行为和行为后果之间的关系存在两种意见。

一种意见认为，二者是强调关系，即对结果的规定是对手段行为的重申，其本质是认为规定的手段行为本身危害性较大，其结果必然严重危及人民警察的人身安全，因此只要实施上述手段行为，即应当适用加重处罚情节。具体到本案，被告人构成袭警罪的加重犯，应当适用三年以上七年以下有期徒刑的法定刑幅度。

另一种意见认为，二者是并列关系，即使用危险程度更高的手段也必须达到“严重危及其人身安全”的程度，不能仅考量行为手段而忽视对危害性的实质衡量。本案被告人构成袭警罪的基本犯，应处三年以下有期徒刑。

我们同意第二种意见。

第一种意见的偏差在于对罪状的理解，过于强调行为手段，忽视该规定中行为后果的限定作用。首先，加重情节的罪状中明确表述要求达到严重危及人民警察人身安全的程度，该规定属于具体危险犯的表述。

对于具体危险犯而言，其行为本身不仅要达到一定的危险程度，还应当制造了具体和现实的危险，否则就与抽象危险犯无异。其次，手段行为和危害后果之间应当是递进关系，即实施手段行为，必须达到严重危及人民警察人身安全的程度才能适用第二档法定刑幅度。严重危及人民警察人身安全是法定刑升格的必要条件和前提。实践中，对于危险的程度以及发生实害后果的可能性，应当结合案件的具体情况进行综合评判。

本案中，被告人在民警撞击别停其车的时候突然加速超越警车，其中有撞击警车的行为，但撞击力度不强，无论从车速还是撞击方向看都不太可能造成民警人身伤害，事实上本案中民警也未受伤（本案警车损失经鉴定为4000余元），被告人的行为尚未达到严重危及民警安全的程度，故仅构成袭警罪的基本犯。

综上所述，法院根据被告人犯罪的事实、性质、情节和对社会的危害程度，认定被告人王某某构成袭警罪并判处有期徒刑一年九个月，是适当的。

（撰稿：上海市松江区人民法院　胡晓晖　陈　镪　樊卓然

审编：最高人民法院　方文军）

[第 1619 号]

范某文妨害公务案

——袭警罪的司法适用

一、基本案情

被告人范某文，男，1980 年××月××日出生。2021 年 3 月 5 日被逮捕。

上海市杨浦区人民检察院指控被告人范某文犯袭警罪，向上海市杨浦区人民法院提起公诉。

被告人范某文对指控事实、罪名无异议。其辩护人提出，辅警不能等同于人民警察，定妨害公务罪更合适；范某文认罪认罚，建议从轻处罚。

上海市杨浦区人民法院经审理查明：2021 年 3 月 2 日 15 时 30 分许，勤务辅警宫某方（被害人）在杨浦公安分局民警朱某立、计某华带领下在上海市杨浦区国和路与清源环路依法开展交通整治。15 时 40 分许，朱某立、计某华分别对违章车辆查处时，被告人范某文驾驶小型普通客车驶出环岛进入国和路时不按规定使用转向灯，宫某方见状上前将范某文拦停，要求其出示驾驶证与行驶证，范某文以接孩子为由未予配合，宫某方再次要求范某文出示两证，范某文突然驾驶机动车加速逃逸，致宫某方被车拖行数米后倒地受伤。民警立即驾车追赶，至国和路与民庆路路口附近抓获范某文。经鉴定，宫某方因外伤致右肩关节脱位，构成轻伤二级；因外伤致头皮下血肿、手部挫伤，构成轻微伤。范某文赔偿宫某方5万元并获谅解。

上海市杨浦区人民法院经审理认为，被告人范某文暴力袭击在人民警察带领下进行执法的勤务辅警，其行为已构成妨害公务罪。公诉机关指控范某文犯袭警罪的意见不予采纳。范某文如实供述自己罪行，自愿认罪，愿意接受处罚，赔偿并获谅解。依照刑法第二百七十七条第一款、第六十七条第三款和刑事诉讼法第十五条、第二百零一条第一款第四项之规定，于2021年6月16日判决如下：

被告人范某文犯妨害公务罪，判处有期徒刑一年。

宣判后，被告人未上诉，公诉机关未抗诉，判决已发生法律效力。

二、主要问题

（1）如何把握袭警罪构成要件？

（2）暴力袭击辅警的行为如何定性？

三、裁判理由

刑法修正案（十一）将刑法第二百七十七条第五款修改为“暴力袭击正在依法执行职务的人民警察的，处三年以下有期徒刑、拘役或者管制；使用枪支、管制刀具，或者以驾驶机动车撞击等手段，严重危及其人身安全的，处三年以上七年以下有期徒刑”。《最高人民法院、最高人民检察院关于执行〈中华人民共和国刑法〉确定罪名的补充规定（七）》将本款罪名规定为袭警罪。自此，刑法理论界和司法实务界长期以来关于刑法是否单独设置袭警罪的争议终于平息。自2021年3月1日以来，各地人民法院审理的袭警罪案件数量持续增长，随之也出现了裁判尺度不统一的情况，因此，有必要厘清袭警罪的构成要件及相关行为的定性。

（一）袭警罪的构成要件

1. 行为手段：暴力袭击

（1）关于暴力。刑法理论认为，刑法中的暴力，可以分为最广义的暴力、广义的暴力、狭义的暴力和最狭义的暴力。最广义的暴力包括对物或对人的有形力，但不要求达到压制对方反抗的程度。广义的暴力包括对人或对物但间接对人产生强烈影响的有形力。狭义的暴力是指对人的有形力。最狭义的暴力是指对人并足以压制对方反抗的有形力。我们认为，袭警罪中的暴力是指狭义的暴力，即对人民警察的有形力，具体包括三层含义。第一，暴力必须是有形力，不包括威胁、胁迫，这一结论从刑法第二百七十七条第一款和第五款的不同规定即能得出。第二，暴力是指对人的有形力，必须针对人民警察，包括两种情形：一是实施撕咬、踢打、抱摔、投掷等，对人民警察进行人身攻击；二是通过打砸、毁坏、抢夺人民警察使用的警用车辆、警用装备等形式对人民警察人身进行攻击。第三，暴力不以足以压制对方反抗为要件，只要造成对人民警察执行职务的妨害即可，不要求足以威胁或限制人民警察人身权利。

（2）关于袭击。袭警罪中的袭击是指主动攻击，而不包括被动、消极的反抗行为。主要理由：第一，增设袭警罪是对不断增长的暴力袭击人民警察事件的回应，而不是为了规制单纯不配合或者反抗人民警察执法。第二，采用暴力反抗的方式阻碍人民警察依法执行职务的，可以以妨害公务罪定罪处罚，如果认为暴力袭警中的袭击包括被动反抗行为，则难以解释刑法单独设置袭警罪的意图。第三，有其他司法解释性文件规定的参照。2016 年《最高人民法院关于审理抢劫刑事案件适用法律若干问题的指导意见》（法发〔2016〕2 号）第三条规定，对于以摆脱的方式逃脱抓捕，暴力强度较小，未造成轻伤以上后果的，可不认定为“使用暴力”，不以抢劫罪论处。

2. 行为对象：正在依法执行职务的人民警察

（1）关于正在执行职务。正在执行职务是指人民警察着手开始执行职务且职务未执行完毕。人民警察法第十九条规定，人民警察在非工作时间，遇有其职责范围内的紧急情况，应当履行职责。2020年《最高人民法院、最高人民检察院、公安部关于依法惩治袭警违法犯罪行为的指导意见》第五条也规定，人民警察在非工作时间，依照人民警察法等法律履行职责的，应当视为执行职务。因此，判断人民警察是否正在执行职务应当坚持以是否履行法定职责进行实质性判断，而不能以是否处于工作时间进行的形式性判断。

（2）关于依法执行职务。职务合法性的认定条件：第一，具有一般职务权限。人民警察法第二章对人民警察依据分类分别规定了一般职务权限。第二，具有具体职务权限。人民警察的种类不同，其具体权限不同。例如，公安机关交通民警履行维护交通安全、交通秩序，处理交通事故的职责，而不能参与刑事案件侦查。第三，具有程序合法性。人民警察执行职务必须依据法定方式、遵守法定程序。需要指出的是，执法瑕疵不影响职务合法性的认定。执法瑕疵并无法定概念和判断标准，我们认为，职务行为违反任意性法定要求而符合强制性法定要求的属于执法瑕疵。

（3）关于人民警察。人民警察是一个特定的群体，具有特殊含义。何谓人民警察，刑法并未明确规定，需要从前置法寻找依据，而不能进行随意解释。人民警察法第二条第二款规定，人民警察包括公安机关、国家安全机关、监狱、劳动教养管理机关的人民警察和人民法院、人民检察院的司法警察。

关于辅警是否属于或视为人民警察。《国务院办公厅关于规范公安机关警务辅助人员管理工作的意见》第三条明确："本办法所称警务辅助人员，是指依法招聘并由公安机关管理使用，履行本办法所规定职责和劳动合同约定的不具有人民警察身份的人员，主要包括文职、辅警两类从事警务辅助工作的人员……"第四条规定："警务辅助人员不具备执法主体资格，不能直接参与公安执法工作，应当在公安民警的指挥和监督下开展辅助性工作……"据此，辅警具有明显的特性：不具有正式编制，与公安机关签订劳动合同；不具有执法权，不能单独执法，在公安民警指挥和监督下开展辅助性工作；不具有人民警察身份。因此，不论是从人民警察的法定含义还是从辅警的特殊属性方面看，辅警不是人民警察，也不能视为人民警察，不能成为袭警罪的犯罪对象。需要讨论的是，暴力袭击正在配合公安机关人民警察开展辅助性工作的辅警，是否可以以“执法共同体”的概念实质认定其属“正在执行职务的人民警察”的范畴。我们认为，答案是否定的。认定犯罪是形式评判和实质评判的统一，形式评判是规范评判，实质评判是价值评判。认定是否构成袭警罪，首先要进行法律规范评判，刑法规定袭警罪的对象是人民警察，这是认定袭警罪的前提；“执法共同体”概念虽符合价值评判标准，具有实质处罚的必要性，但不符合形式评判标准，突破了罪刑法定原则。

（二）暴力袭击辅警行为的定性

1. 暴力袭击配合公安机关人民警察执行授权性职务辅警的，构成妨害公务罪

《国务院办公厅关于规范公安机关警务辅助人员管理工作的意见》规定，辅警在公安机关及其人民警察的指挥和监督下，履行治安巡逻、维护社会秩序和交通秩序、开展治安检查、协助盘查、堵控违法犯罪嫌疑人、制止各类违法犯罪行为等十三项职责。暴力袭击正在配合公安机关人民警察开展工作的辅警构成妨害公务罪，认定的方式有两种。

（1）将配合公安机关人民警察开展工作的辅警视为国家机关工作人员。《全国人民代表大会常务委员会关于〈中华人民共和国刑法〉第九章渎职罪主体适用问题的解释》规定，在依照法律、法规规定行使国家行政管理职权的组织中从事公务的人员，或者在受国家机关委托代表国家机关行使职权的组织中从事公务的人员，或者虽未列入国家机关人员编制但在国家机关中从事公务的人员，在代表国家机关行使职权时，有渎职行为，构成犯罪的，依照刑法关于渎职罪的规定追究刑事责任。渎职罪的主体均为国家机关工作人员，故可以认为该解释实为对“国家机关

工作人员”的解释。最高人民法院在2003年11月13日印发的《全国法院审理经济犯罪案件工作座谈会纪要》中明确，刑法中所称国家机关工作人员，是指在国家机关中从事公务的人员，并明确前述立法解释规定的人员，视为国家机关工作人员。配合公安机关人民警察开展工作的辅警虽未列入公安机关编制，但在公安机关及其人民警察指挥和监督下开展工作，行为后果由公安机关承担，依据前述规定，其被视为国家机关工作人员。

该认定方式也受到质疑。一种观点认为，妨害公务罪是针对特定对象所作的规定，对于阻碍非国家机关工作人员执行职务的行为不构成本罪，对于阻碍依照法律、法规规定行使国家行政管理职权的组织中从事公务的人员，或者阻碍在受国家机关委托代表国家机关行使职权的组织中从事公务的人员，或者虽未列入国家机关人员编制但在国家机关中从事公务的人员，在代表国家机关行使职权时的行为，是否构成本罪，不能一概而论，一般情况下不能适用妨害公务罪，对于特殊情况下需要适用的，也应当从严把握。另一种观点认为，《全国法院审理经济犯罪案件工作座谈会纪要》规定，从事公务，是指代表国家机关、国有公司、企业、事业单位、人民团体等履行组织、领导、监督、管理等职责。辅警不具有执法主体资格，不能参与公安执法工作，所从事的是辅助性工作，而非组织、领导、监督、管理等工作，不能被视为国家机关工作人员。

（2）暴力袭击配合公安机关人民警察工作的辅警属于暴力阻碍公安机关人民警察执行职务的一种方式。我们认为，暴力袭击配合人民警察开展工作的辅警，本身就是以暴力方法阻碍人民警察依法执行职务，依法构成妨害公务罪。

以暴力、威胁方法阻碍国家机关工作人员依法执行职务，暴力、威胁是手段、方式，阻碍是结果、目的。暴力、威胁的对象没有限制，不仅包括直接针对国家机关工作人员人身，也包括对与国家机关工作人员依法执行职务有关的人、物实施暴力、威胁，以达到阻碍国家机关工作人员依法执行职务的目的。例如，打砸警车致使人民警察不能顺利执行职务，属于以暴力方法阻碍人民警察执行职务。又如，对正在配合人民警察开展工作的辅警实施暴力袭击的行为，必然也阻碍了人民警察依法执行职务。简言之，公安机关因警力不足，指挥和监督辅警开展工作，辅警的工作属于公安机关人民警察执行职务的一部分，行为人暴力袭击辅警的，实质上也阻碍了公安机关人民警察依法执行职务，公安机关人民警察属于国家机关工作人员，行为人的行为构成妨害公务罪。这种认定方式将辅警的工作和人民警察的职务视为一体，但落脚点在人民警察的职务行为，辅警的工作是人民警察职务行为的辅助，从而避免陷入辅警是否可以被认定为国家机关工作人员的分歧之中。

2. 暴力袭击单独执行职务或执行禁止性职务辅警的，不构成袭警罪、妨害公务罪

《国务院办公厅关于规范公安机关警务辅助人员管理工作的意见》第三条规定："本办法所称警务辅助人员，是指依法招聘并由公安机关管理使用，履行本办法所规定的职责和劳动合同约定的不具有人民警察身份的人员，主要包括文职、辅警两类从事警务辅助工作的人员……"第九条规定，辅警在公安机关及其人民警察的指挥和监督下，按照岗位要求履行开展治安巡逻和安全防范宣传教育等职责。第十条规定，公安机关及其人民警察不得安排警务辅助人员从事未经公安机关授权的涉及国家秘密、警务秘密的事项等五类行为。第十三条规定，警务辅助人员不得单独执法。因此，辅警单独执行职务或执行禁止性职务时，缺乏一般职务权限和具体职务权限，不具有合法性，属于违法执法，行为人对其暴力袭击的，不构成袭警罪，也不构成妨害公务罪。构成故意伤害罪、故意杀人罪的，依照相关罪名定罪处理。

3. 同时暴力袭击公安机关人民警察和正在配合公安机关人民警察开展工作的辅警的，按照吸收犯原理处理

吸收犯，是指数个行为之间存在吸收关系，一个行为吸收其他行为，仅按照吸收之罪处理的情形。通说认为，吸收犯包括完成罪吸收未完成罪，主行为吸收从行为，实行行为吸收教唆、帮助行为。同时暴力袭击

公安机关人民警察和正在配合公安机关人民警察开展工作的辅警，虽然分别针对公安机关人民警察和辅警实施袭击行为，但两个行为之间存在相同的故意，都是为了阻止、排除对方执行职务，可以按照吸收犯原理处理，认定袭警罪一罪，不实行数罪并罚。

综上所述，被告人范某文暴力袭击在人民警察带领下进行执法的勤务辅警，其行为构成妨害公务罪。

（撰稿：最高人民法院刑事审判第三庭　付想兵
上海市杨浦区人民法院　孙　颖
审编：最高人民法院刑事审判第三庭　鹿素勋）

[第 1620 号]

戴某隆催收非法债务案

——“软暴力”催收入刑的规范适用

一、基本案情

被告人戴某隆，男，1964 年××月××日出生，上海 Y 科技有限公司总经理。2019 年 10 月 15 日被逮捕。

上海市黄浦区人民检察院指控被告人戴某隆犯诈骗罪、寻衅滋事罪，向上海市黄浦区人民法院提起公诉。

被告人戴某隆及其辩护人认为，戴某隆未对王某某虚构事实、隐瞒真相，不构成诈骗罪；戴某隆至王某某公司讨债系事出有因、事出有据，没有实施强迫行为，后果不严重，不构成寻衅滋事罪。

上海市黄浦区人民法院经审理查明：2015 年 3 月，被告人戴某隆经人介绍，与寻求借款的王某某结识，王某某向戴某隆借款人民币 800 万元，每日利率 0.2%。之后，在王某某已归还部分本金和利息的情况下，戴某隆数次将王某某未归还的钱款按每日 0.2%的利率计算的利息转为本金，追加签订新的借条。至 2018 年 3 月，王某某已支付本息之和共计 1400 余万元。2018 年 6 月，戴某隆为避免其放贷收益今后不受法律保护，遂提议将出借人变更为金某健，双方重新签订借款 800 万元借条，约定月利率 3%。此后，王某某通过其妻谢某某银行账户，支付利息 20 万元。

2019 年 3 月，被告人戴某隆为催收债务，与他人一同前往王某某经营公司的办公场所，并在内留宿长达一周余，强占公司办公场所；后又私自更换门锁、安装地插销等，安排保安把门，致使王某某公司员工无法进入公司工作，无法及时申报工商年报等，公司被列入经营异常名录。

因在上述催讨过程中，被告人戴某隆未收回任何钱款，遂于 2019 年 4 月授意他人向法院提起民事诉讼，要求王某某归还本金 800 万元及利息 160 万元等。王某某以戴某隆涉嫌套路贷犯罪为由向公安机关报案。同年 7 月 12 日，公安机关以诈骗罪立案侦查。8 月 21 日，上海市静安区人民法院因该案涉嫌经济犯罪，裁定驳回起诉，次日移送公安机关。9 月 9 日，公安机关经侦查将戴某隆抓获。

上海市黄浦区人民法院认为，被告人戴某隆在主客观方面不符合诈骗罪的构成要件，不构成诈骗罪。戴某隆在讨要欠款过程中，任意占用王某某经营公司的营业场所、毁坏公司设施，严重影响王某某经营公司的日常经营，情节严重，其行为已构成寻衅滋事罪。依照刑法第二百九十三条第一款第三项之规定，于 2020 年 12 月 29 日判决：被告人戴某隆犯寻衅滋事罪，判处有期徒刑二年六个月。

一审判决后，被告人戴某隆不服，提出上诉。

上海市第二中级人民法院经审理认为，被告人戴某隆采用胁迫、骚扰等方式催收高利放贷等产生的非法债务，情节严重，其行为已构成催收非法债务罪。由于一审法院作出判决时，刑法修正案（十一）尚未实施，一审法院根据查明的事实，认定戴某隆构成寻衅滋事罪并无不当。鉴于本案二审审理期间，刑法修正案（十一）增设了催收非法债务罪，基于我国刑法从旧兼从轻的原则，对戴某隆的行为应以催收非法债务罪论处。故二审于 2021 年 3 月 26 日作出终审判决：撤销原判；上诉人（原审被告人）戴某隆犯催收非法债务罪，判处有期徒刑二年，并处罚金人民币二万元。

二、主要问题

（1）如何把握催收非法债务罪中的“非法债务”？

(2) 如何把握非法催收行为中的“软暴力”?

(3) 刑法修正案(十一)施行后,对于行为人之前实施的“软暴力”非法催收行为,如何论处?

三、裁判理由

(一)“软暴力”催收入刑之背景历程

自2021年3月1日起施行的刑法修正案(十一)新增了17个罪名,其中第二百九十三条之一将“软暴力”催收入刑,增设了催收非法债务罪。纵观我国以往及现有立法解释、司法解释和刑法修正案,对“软暴力”行为的概括最早出现在2000年颁布的《最高人民法院关于审理黑社会性质组织犯罪的案件具体应用法律若干问题的解释》(法释〔2000〕42号)中,其中第一条第四项将黑社会性质组织的行为特征概括为“暴力、威胁、滋扰等手段”。这是继1997年刑法以来,首次将刑法第二百九十四条第一款中黑社会性质组织的行为中的“其他手段”,以“暴力”以外的形式明确列举出来。在此之后,2009年12月9日发布的《最高人民法院、最高人民检察院、公安部办理黑社会性质组织犯罪案件座谈会纪要》(法〔2009〕382号)对“其他手段”进行了列举式规定,即采取所谓的“谈判”“协商”“调解”,滋扰、哄闹、聚众等其他干扰、破坏正常经济、社会生活秩序的非暴力手段。可以发现,在该纪要中“滋扰”连同更多的行为方式被囊括在了“其他手段”之中,但此划分并没有明确地为理论以及实践操作提供“软暴力”的区分方法。2002年通过的《全国人民代表大会常务委员会关于〈中华人民共和国刑法〉第二百九十四条第一款的解释》以及2011年通过的刑法修正案(八)虽然与此略有不同,但都具备了“滋扰”这一核心特征。2018年1月16日印发的《最高人民法院、最高人民检察院、公安部、司法部关于办理黑恶势力犯罪案件若干问题的指导意见》(法发〔2018〕1号)对“软暴力”进行了专门规定,明确指出,“软暴力”是一种不同于传统有形物理暴力的新形式暴力，包括但不限于所谓的“谈判”“协商”“调解”以及滋扰、纠缠、哄闹、聚众造势等手段。同时，该指导意见规定，为强索不受法律保护的债务或者因其他非法目的，雇佣、指使他人有组织地采用上述手段（指“软暴力”手段）寻衅滋事，构成寻衅滋事犯罪的，对雇佣者、指使者，一般应当以共同犯罪中的主犯论处。2019 年 4 月 9 日出台的《最高人民法院、最高人民检察院、公安部、司法部关于办理实施“软暴力”的刑事案件若干问题的意见》第一条、第二条、第三条分别对“软暴力”的定义、表现形式以及具体认定办法进行了详细规定；第五条规定，采用“软暴力”手段，使他人产生心理恐惧或者形成心理强制，属于刑法第二百九十三条第一款第二项规定的“恐吓”，符合其他犯罪构成要件的，应当以寻衅滋事罪定罪处罚。

2020 年是“扫黑除恶专项斗争”的收官之年，作为重点工作之一，依法惩处黑恶势力利用“软暴力”实施犯罪行为取得了经验积累。2020 年 12 月 26 日，十三届全国人大常委会第二十四次会议通过了刑法修正案（十一），在刑法第二百九十三条寻衅滋事罪后增加一条，作为第二百九十三条之一：“有下列情形之一，催收高利放贷等产生的非法债务，情节严重的，处三年以下有期徒刑、拘役或者管制，并处或者单处罚金：（一）使用暴力、胁迫方法的；（二）限制他人人身自由或者侵入他人住宅的；（三）恐吓、跟踪、骚扰他人的。”

从上文叙述可以窥见“软暴力”一词进入刑事法律规范之过程，“软暴力”催收非法债务历经了以寻衅滋事罪论处至以催收非法债务罪入刑的过程。

实践中，非法债务虽然基于双方合意形成，但债务形成时的意思自治并不能昭示后续催收手段的合法性。行为人为谋取不正当利益通过“软暴力”的方式进行催收，严重滋扰被害人的正常生活，极大地刺痛了社会公众的安全神经。例如，本案中被告人戴某隆为催收非法债务，强占被害人经营公司的办公场所，在内留宿长达一周余，后又私自更换门锁、安装地插销等，安排保安把门，致使被害人公司员工无法进入公司工作，无法及时申报工商年报等，公司被列入经营异常名录，严重影响公司经营。因此，将“软暴力”非法催收行为纳入犯罪并辅之以轻罚，既能规制非法催收债务行为，又可避免处罚过重；既能将私力救济控制在合理边界，又能对越过边界损害他人合法权益和社会公共利益的行为进行规制，具有实践理性。

（二）“软暴力”催收入刑之规范适用

根据刑法修正案（十一）对催收非法债务罪的罪状表述，对“软暴力”催收入刑需要准确把握非法债务与非法催收行为，对于行为人在刑法修正案（十一）施行前实施的“软暴力”非法催收行为，应当根据从旧兼从轻的刑法原则作出规范认定。

1. 准确把握非法债务，即该债务是否为法律所保护

催收非法债务罪法条中将非法债务规定为“催收高利放贷等产生的非法债务”。非法债务作为犯罪构成要件要素，应当结合保护法益对其进行规范诠释。2000年7月《最高人民法院关于对为索取法律不予保护的债务非法拘禁他人行为如何定罪问题的解释》表明非法债务为高利贷、赌债等法律不予保护的债务。因此，非法债务应当解释为法律不予保护的债务，包括高利放贷、赌债、毒债等违法犯罪行为产生的债务。

具体而言，高利贷产生的债务由放贷利率高低决定。我国民法典第六百八十条第一款规定：“禁止高利放贷，借款的利率不得违反国家有关规定。”因此，只有违反国家规定借贷利率的高利放贷才能评价为非法债务，当利率低于民法典中规定的标准时，该债务并不能评价为非法债务，因为此种情况并没有突破法律的禁止性规定，属于正常的财产交易。同时需要注意的是，刑法第二百九十三条之一中的“产生”既包括因高利放贷等非法行为直接产生，也包括由非法债务产生、延伸（所谓孳息、利息等）。

本案中，首先，被告人戴某隆借款给王某某主要发生于2015年3月至2018年6月，根据2015年施行的《最高人民法院关于审理民间借贷案

件适用法律若干问题的规定》（以下简称《民间借贷规定》）第二十六条之规定，借贷双方约定的利率超过年利率36%的，超过部分的利息约定无效。戴某隆于2015年3月16日出借给王某某800万元，约定每日利率0.2%，即年利率73%，该年利率远高于民间借贷中受国家保护的利率上限。虽然戴某隆为避免其放贷收益不受法律保护，于2018年6月4日提议重新签订借款800万元借条，约定月利率3%，然而戴某隆基于每日0.2%的利率已经收取王某某本息总计超1400万元，且此次双方约定的债务本金实系由之前按每日0.2%利率收取的利息转化而成。其次，《民间借贷规定》第二十八条规定："借贷双方对前期借款本息结算后将利息计入后期借款本金并重新出具债权凭证，如果前期利率没有超过年利率24%，重新出具的债权凭证载明的金额可认定为后期借款本金；超过部分的利息不能计入后期借款本金。约定的利率超过年利率24%，当事人主张超过部分的利息不能计入后期借款本金的，人民法院应予支持。按前款计算，借款人在借款期间届满后应当支付的本息之和，不能超过最初借款本金与以最初借款本金为基数，以年利率24%计算的整个借款期间的利息之和。出借人请求借款人支付超过部分的，人民法院不予支持。"本案中，在王某某已归还部分本金和利息的情况下，戴某隆于2016年12月至2018年4月三次将王某某未归还的钱款按每日0.2%利率计算的利息转为本金，追加签订新的借条。至2018年3月，王某某已支付本息之和共计1454.12万元。最后，王某某及其妻子均称所写的把上海市淮海东路××号18层全权委托戴某隆租赁，收入的租金支付戴某隆部分利息的承诺书系在戴某隆胁迫之下签订的，上述房产并未就王某某归还戴某隆借款办理抵押登记。并且，上述房产有四名产权人，王某某或其妻子作为产权人之一无权单独对上述房产作出处分。

结合上述三点，被告人戴某隆不仅向王某某收取高额利息，而且多次将高额利息计入本金，且在王某某已支付超出以年利率24%计算的利息与本金之和的情况下，授意他人起诉要求王某某再归还本金800万元及利息160万元等，应当认定戴某隆高利放贷，催收的债务及利息为非法债务。

2. 准确把握非法催收行为，即“软暴力”是否足以扰乱社会管理秩序

刑法对催收非法债务罪中的非法催收行为具体规定了三种情形，除第一种情形中的暴力之外，其他手段为“软暴力”。催收非法债务罪作为刑法第二百九十三条之一设置于第二百九十三条寻衅滋事罪之后，归类于扰乱社会管理秩序罪内。由于“软暴力”的内涵和外延并不具有确定性，故对该要素应当结合社会管理秩序这一法益维度进行规范认定，只有达到足以扰乱社会管理秩序的程度才能评价为“软暴力”。也只有如此，才能使该罪中的暴力与“软暴力”处于同一层次，统一于扰乱社会管理秩序，以实现犯罪手段的类型化评价。

具体而言，第一种情形中的“胁迫”，是指对被害人施以威胁、压迫，进行精神上的强制，迫使被害人就范，不敢抗拒。例如，威胁伤害被害人及其亲属，以披露被害人及其亲属的隐私相威胁，利用被害人危难或者孤立无援的境地迫使其服从，等等。

第二种情形，限制他人人身自由或者侵入他人住宅。此种情形应当达到“情节严重”的标准，才能构成催收非法债务罪，例如，采取拘禁方式或者多次、以恶劣手段进行限制人身自由，侵入他人住宅，具有严重危害性的。如果实施非法限制他人人身自由的行为或者实施侵入他人住宅的行为，只造成一般危害的，可以根据治安管理处罚法第四十条的规定，给予治安处罚。同时需要注意的是，应当甄别行为人行为的目的。行为人为胁迫他人履行合法债务，而严重限制他人人身自由的或者非法侵入他人住宅，具有严重危害性的，应当分别依照刑法第二百三十八条非法拘禁罪、刑法第二百四十五条非法侵入住宅罪定罪处罚。如果行为人实施相关行为的目的是催收非法债务，则按照催收非法债务罪定罪处罚。

第三种情形，恐吓、跟踪、骚扰他人。这里的“恐吓”“跟踪”“骚扰”可以有多种形式，如以邮寄恐吓物、子弹等威胁他人人身安全，对

他人及其亲属实施尾随、守候、贴靠、盯梢等行为，破坏生活设施，贴报喷字，驱赶从业人员，派驻人员控制厂房、办公区、经营场所等。上述行为如对他人造成巨大的心理负担，形成心理强制，影响他人正常生活生产，危及他人人身财产安全，则应当评价为情节严重，以催收非法债务罪定罪处罚。如果实施恐吓、跟踪、骚扰他人的行为，只造成一般危害，可以根据治安管理处罚法第四十二条的规定，给予治安处罚。

本案中，被告人戴某隆为催收非法债务，与他人一同前往王某某经营公司的办公场所，并在内留宿长达一周余，强占公司办公场所；后又私自更换门锁、安装地插销等，安排保安把门，致使王某某公司员工无法进入公司工作，无法及时申报工商年报等，公司被列入经营异常名录。戴某隆所实施的上述强占他人公司营业场所，毁坏他人公司设施行为，已对他人造成巨大的心理负担，形成心理强制，严重影响他人公司经营，明显超过合理限度，应当认定为情节严重。

3. 准确把握从旧兼从轻原则，即根据我国刑法第十二条作出认定

刑法修正案（十一）于2020年12月26日公布，自2021年3月1日起施行。正如前文所述，刑法修正案（十一）施行前，根据《最高人民法院、最高人民检察院、公安部、司法部关于办理黑恶势力犯罪案件若干问题的指导意见》《最高人民法院、最高人民检察院、公安部、司法部关于办理实施“软暴力”的刑事案件若干问题的意见》的规定，对于使用“软暴力”催收非法债务，情节严重的行为以寻衅滋事罪定罪处罚。刑法第十二条规定：“中华人民共和国成立以后本法施行以前的行为，如果当时的法律不认为是犯罪的，适用当时的法律；如果当时的法律认为是犯罪的，依照本法总则第四章第八节的规定应当追诉的，按照当时的法律追究刑事责任，但是如果本法不认为是犯罪或者处刑较轻的，适用本法。本法施行以前，依照当时的法律已经作出的生效判决，继续有效。”因此，刑法修正案（十一）施行后，对于行为人之前实施的采用“软暴力”催收非法债务，情节严重，判决尚未生效的行为，应当根据刑法第十二条的规定，按照从旧兼从轻的原则处理。另外，根据《最高人

民法院关于适用刑法第十二条几个问题的解释》的规定，刑法第十二条规定的“处刑较轻”，是指先比较具体犯罪行为应当适用的法定最高刑，如果法定最高刑相同，则比较法定最低刑。

本案中，被告人戴某隆催收非法债务的行为主要发生于2019年3月至9月，一审法院作出一审判决时间为2020年12月29日。由于一审法院作出判决时，刑法修正案（十一）尚未施行，故原判根据查明的事实，认定戴某隆构成寻衅滋事罪并无不当。二审法院审理本案时，刑法修正案（十一）已经施行，戴某隆采用胁迫、骚扰等方式催收高利放贷等产生的非法债务，情节严重的行为符合催收非法债务罪的构成要件。由于催收非法债务罪的法定最高刑为三年有期徒刑，而戴某隆的行为所应当适用的寻衅滋事罪的法定最高刑为五年有期徒刑，因此，对戴某隆适用催收非法债务罪的处刑较轻。基于刑法从旧兼从轻的原则，对戴某隆的行为应以催收非法债务罪论处。

（撰稿：上海市第二中级人民法院　沈　言
审编：最高人民法院刑事审判第三庭　鹿素勋）

[第1621号]

青海JM产业(集团)有限公司等被诉非法采矿案

——未取得采矿许可证采矿是否必然构成非法采矿罪

一、基本案情

被告单位青海JM产业(集团)有限公司(以下简称青海JM公司),住所地青海省海西蒙古族藏族自治州天峻县。

被告人郑某某,男,1961年××月××日出生,原系青海JM公司法定代表人、董事长。2020年9月8日被刑事拘留,同年9月27日被逮捕,2023年7月31日被取保候审。

(其他10名被告人系在青海JM公司担任总经理、副总经理、总工程师、矿长等职务的人员,具体情况略)

青海省西宁市城西区人民检察院指控被告单位青海JM公司、被告人郑某某等人犯非法采矿罪,向西宁市城西区人民法院提起公诉。

西宁市城西区人民法院审理查明:2004年4月9日,经青海省海西蒙古族藏族自治州人民政府(以下简称海西州政府)招商引资,上海HD电器集团有限公司(以下简称HD电器集团)和上海HZ物资有限公司(以下简称上海HZ公司)共同出资注册成立青海JM公司,由被告人郑某某担任法定代表人,公司经营范围为煤炭开发、销售(不含开采)、焦化生产、煤气、热力、余热发电、投资等。2004年7月11日,海西州政府(甲方)与HD电器集团、上海HZ公司(乙方)就共同开发海西州境内煤炭资源项目签订《煤炭项目合作协议书》，约定：乙方在海西州天峻县木里镇江仓煤田第五勘探区依法组织勘探和生产经营活动；乙方在天峻县建设年产300万吨洗煤生产线一条，建设年产200万吨原煤生产露天矿井，建设年产300万吨洗煤、环保仓储、集装站生产线一条；工程总投资为4.6亿元，资金按工程进度计划准时到位，全部工程三年内建成投产；甲方同意和支持乙方在甲方境内开发煤炭资源，并全面负责协调开发中的相关事宜，确保乙方的利益和合法权益；甲方协助乙方办理有关证照，如工商登记、采矿许可证、生产许可证、煤炭经营许可证、取水许可证、土地使用证等。2005年1月14日，青海省国土资源厅经召开会议决定将江仓矿区二井田探矿权出让给青海JM公司。同年3月25日，青海JM公司登记办理江仓矿区二井田探矿权证。

2006年3月，因木里煤田江仓矿区整合，青海省人民政府相关职能部门召开专题会议，提出江仓矿区整合后的企业必须承诺在2006年7月前开始焦化项目建设。2010年1月29日，青海省人民政府及相关职能部门召开专题会议，决定组成联动办公机构依法尽快按程序协调解决江仓矿区煤炭开发企业生产过程中所需的审批、核准手续及相关证照的办理问题，尽快协助企业完成采矿权审批、项目核准、生产许可、安全许可、环境审查等审批程序。同年8月19日，国土资源部向青海JM公司批复江仓矿区二井田矿区范围，预留期为三年，于2013年8月19日前持采矿登记申请资料到登记管理机关办理采矿登记手续。

自2006年开始，青海省人民政府及相关职能部门按照国家煤炭产业政策“一个矿区一个开发主体”的要求，决定对木里煤田矿产资源进行整合，成立联合开发企业对木里煤田进行统一规划、统一开发、统一管理和统一建设。其间，先后成立多家整合企业。后为促进木里煤田规范有序开发，按照“一个矿区一个开发主体”的要求，经青海省人民政府研究批复，组建青海省MLMY开发集团有限公司（以下简称MLMY集团）。MLMY集团于2010年11月16日成立并注册登记，由青海省国有资产投资管理有限公司持股100%，作为木里煤田矿区总体规划范围内煤炭资源的唯一开发主体，对矿区内六家开发企业进行重组。MLMY 集团的职能是：负责矿区新建和改扩建项目立项、核准的报批工作；负责采矿许可证等证照的申领、年检、续展和注销工作；负责编制上报各矿井年底生产计划并督促落实；负责煤炭的统一销售和经营管理等工作。2012 年 9 月 6 日，MLMY 集团与青海 JM 公司签订协议，约定 MLMY 集团为江仓矿区二井田采矿权证申办主体，由青海 JM 公司承担全部申办费用，并按照二井田查明资源储量支付管理费用，2012 年管理费用为 460 万元。同年 12 月 31 日，国土资源部同意江仓矿区二井田划定矿区范围，批复持有人由青海 JM 公司变更为 MLMY 集团，有效期至 2013 年 8 月 19 日。后经青海省国土资源厅批复，该矿区范围预留期延长至 2014 年 12 月。

2004 年至 2014 年，青海省经济委员会、MLMY 集团向包括青海 JM 公司在内的矿区企业下达生产任务；木里煤田管理局等相关政府职能部门向青海 JM 公司审批、核发火工品；天峻县国土资源局与青海 JM 公司签订协议，将 3038. 146 亩（后变更为 5668. 466 亩）国有土地使用权出租给青海 JM 公司作为采矿作业区、排渣场。其间，青海 JM 公司共缴纳营业税、增值税、资源税、企业所得税、城镇土地使用税等税款 8. 17 亿余元，青海省人民政府授予青海 JM 公司"2009 年度青海省上缴税收先进企业""2010 年度青海省上缴税收大户企业""2011 年度青海省上缴税收大户企业""2012 年度青海省上缴税收大户企业"荣誉称号，并予以现金奖励。青海 JM 公司缴纳矿产资源补偿费 2455 万元，欠缴 432. 51 万元；缴纳土地租赁费 1924. 1635 万元，欠缴 4411. 8918 万元。2006 年 10 月至 2014 年 7 月，青海 JM 公司因无证开采被政府相关职能部门 11 次予以责令停止开采、罚款等行政处罚。其间，青海 JM 公司共采挖煤炭 773. 294042 万吨，销售 763. 024136 万吨，销售收入 36. 448476297 亿元（不含税收入 31. 2883294723 亿元）。2014 年 7 月 31 日，MLMY 集团作为采矿权人登记取得江仓矿区二井田采矿许可证。

西宁市城西区人民法院审理认为，被告单位青海 JM 公司经海西州政府招商引资进行矿产资源开发，在政府支持下取得江仓矿区二井田资源配置并取得探矿权、矿区范围持有人批复，之后按照政府“一个矿区一个开发主体”的整合要求将探矿权变更至整合后的MLMY集团名下，并于2014年7月取得采矿许可证。青海JM公司虽然在取得采矿许可证之前存在“以探代采”行为，但作为二井田的实际矿业权利人，其采矿行为未超出划定的矿区范围。同时，青海JM公司主动申请办理采矿许可证，由于政府要求采矿许可证由整合后的公司统一申办、矿区企业不得自行申办及企业整合、政策调整等原因，未能及时取得采矿许可证，但青海JM公司未隐瞒开采煤炭的事实，企业整合、生产经营、用地审批、火工品审批、税费缴纳等均是在政府的指导和监管下进行的，并非未经允许擅自开采。政府及相关职能部门以行政合同、会议纪要等默许青海JM公司进行企业整合、煤炭资源开发，虽然多次强调不得无证开采、“以探代采”，多次作出行政处罚，但并未实质性采取关停煤矿的措施，后在2014年7月颁发采矿许可证，证实青海JM公司具备办理采矿许可证的条件，且开采行为系在政府及相关部门的默许下进行。政府及相关部门的行政行为使青海JM公司产生合理信赖，主观形成在当时的情形下“以探代采”行为是合法的认识，不具有非法采矿的故意。被告单位青海JM公司及各被告人实施开采的行为虽不构成刑事犯罪，但客观上造成了损害结果，不承担刑事责任并不必然免除其可能承担的行政责任或民事责任，退缴的相关款项及在案财物亦应用于其所应承担的生态修复责任或行政责任、民事责任。依照刑法第三百四十三条第一款、第十六条和刑事诉讼法第二百条第二项之规定，判决被告单位青海JM公司、被告人郑某某等人无罪。

宣判后，在法定期间内没有上诉、抗诉。判决已经发生法律效力。

二、主要问题

（1）被告单位青海JM公司的行为是否构成非法采矿罪？

（2）非法采矿案件中刑事责任、行政责任、民事责任如何衔接？

三、裁判理由

（一）被告单位青海JM公司的行为不构成非法采矿罪

根据刑法第三百四十三条第一款的规定，违反矿产资源法的规定，未取得采矿许可证擅自采矿，情节严重的，处三年以下有期徒刑、拘役或者管制，并处或者单处罚金。《最高人民法院、最高人民检察院关于办理非法采矿、破坏性采矿刑事案件适用法律若干问题的解释》第二条明确规定了属于“未取得采矿许可证”的五种情形：（1）无许可证的；（2）许可证被注销、吊销、撤销的；（3）超越许可证规定的矿区范围或者开采范围的；（4）超出许可证规定的矿种的（共生、伴生矿种除外）；（5）其他未取得许可证的情形。根据刑法第三百四十三条第一款规定的精神，未取得采矿许可证擅自采矿是构成非法采矿罪的典型情形之一，但该条未规定“未取得采矿许可证采矿”即构成非法采矿罪，而是采用了“未取得采矿许可证+擅自采矿”的认定标准。上述司法解释虽然规定了未取得采矿许可证的四种具体情形，并规定了“其他未取得许可证的情形”的兜底条款，但由于无证开采的情形在现实中较为复杂，造成无证开采的原因可能也是多方面的。按照主客观相一致的原则，既要审查行为人客观上是否实施了未取得采矿许可证采矿的行为，也要审查行为人主观上是否有“擅自”开采的故意。

对于“未取得采矿许可证”采矿的标准，比较容易把握，而对于认定行为人是否具有非法采矿的主观故意，是否属于“擅自”采矿，较为疑难复杂，实践中也容易被忽略或者降低证明标准，出现以客观归罪、结果归罪的情形。对此，可以从以下几个方面考量认定。

1. 行为人是否因自身原因未取得采矿许可证

实践中出现无证开采，除行为人盗采矿产资源谋取非法利益，明知不符合办理采矿许可证的条件为压缩经济成本等原因外，还可能存在企业为防止出现矿井坍塌等安全事故不得不开采，政府为推动地方经济发展允许或者默许企业“边采边办”“先采后办”，以及政府审批办证时间过长、不积极履行办证职责等原因，因而不能一概而论将责任归咎于行为人。

本案中，首先，青海 JM 公司不是积极追求无证开采的结果，没有故意拒绝或者回避办理采矿许可证，而是主动申请，并缴纳矿产资源补偿费、土地租赁费、管理费等费用，只是由于企业整合、政策调整等客观原因，未能在 2014 年 7 月之前取得采矿许可证。其次，按照矿区资源整合政策要求，采矿许可证由整合后的联合开发企业统一申请办理，青海 JM 公司没有自主申办采矿许可证的权利。最后，青海 JM 公司是经政府招商引资进行煤炭资源开发的企业，按照 2004 年《煤炭项目合作协议书》的约定，青海 JM 公司要确保总投资 4.6 亿元的洗煤生产线、原煤生产露天矿井及洗煤、环保仓储、集装站生产线在三年内建成投产，政府要保障青海 JM 公司的利益和合法权益，协助办理采矿许可证等有关证照。青海 JM 公司在长达十年时间内未取得采矿许可证，有自身原因，也与政府未按照协议约定履行相关义务有直接的关系。未取得采矿许可证的后果，不能全部归责于青海 JM 公司。

2. 行为人是否对矿区范围内的矿产资源实际享有权利

矿产资源法第六条规定，探矿权人有权优先取得勘查作业区内矿产资源的采矿权。2001 年《国务院办公厅转发国土资源部关于进一步治理整顿矿产资源管理秩序意见的通知》（已失效）第四条规定，一个矿山原则上只能审批一个采矿主体；不能违法重叠和交叉设置探矿权、采矿权。《矿产资源勘查区块登记管理办法》第九条规定，禁止任何单位和个人进入他人依法取得探矿权的勘查作业区内进行勘查或者采矿活动。《国土资源部关于探矿权排他性法律问题的复函》中，也对探矿权排他性原则作出答复。

按照上述关于探矿权优先权和排他性原则的规定，青海 JM 公司在取得探矿权后，享有“探转采”的优先权和原则上排除他人取得探矿权的权利。并且，MLMY 集团向青海 JM 公司出具了资源权属证明，明确涉案矿区资源及权益归青海JM公司享有，MLMY集团亦在2014年7月取得涉案矿区采矿许可证，说明涉案矿区不仅符合申办采矿许可证的条件，而且青海JM公司对矿区范围内的煤炭资源实际享有权利。在此情形下，认定青海JM公司"擅自"无证开采并科以刑责，有悖相关法律精神和客观实际，不符合公平正义的价值理念。

3. 行为人的采矿行为是否脱离了政府监管，导致矿产资源管理制度遭到严重破坏

青海JM公司在政府指导下参与木里煤田企业整合，按照整合要求将探矿权转至整合后的MLMY集团名下，虽然实施了"以探代采"行为，但未超出规定的矿区范围，未隐瞒开采煤炭资源的事实，企业整合、生产经营、用地审批、火工品审批、税费缴纳等均在政府的指导和监管下进行，开采的煤炭也用于保障省内用煤市场需求，其间还多次被政府表彰奖励，不存在脱离政府监管导致矿产资源管理制度遭到严重破坏的情形。

4. 无证采矿是否存在其他不可全部归责于行为人的原因

刑法第十六条规定，行为在客观上虽然造成了损害结果，但是不是出于故意或者过失，而是由于不能抗拒或者不能预见的原因所引起的，不是犯罪。《最高人民检察院关于办理涉互联网金融犯罪案件有关问题座谈会纪要》明确指出，对于犯罪嫌疑人提出因信赖主管部门出具的相关意见而陷入认识错误的辩解，如果上述辩解确有证据证明，不应作为犯罪处理，但应当对行政主管部门出具的相关意见及其出具过程进行查证。根据上述法律、司法规范性文件的精神，在行政机关实行严格监管、审批的矿产资源开采等领域，行为人因信赖相关行政主管部门对开采行为合法性所出具的意见而陷入违法性认识错误的，也应阻却行为人的责任。本案中，青海JM公司客观上实施了"以探代采"行为，但综合案件的事实经过、原因背景等因素，青海JM公司是政府招商引资引入的企业，是政府扶持和关注的对象，政府及相关部门明知青海JM公司未取得采矿许可证，但以行政合同、会议纪要等默许其进行煤炭资源开发，未积极按

照政策要求履行办理采矿证义务，并存在下达生产计划任务，要求上报开采、销售数据，收取矿产资源补偿费等费用，审批提供火工品、生产建设用地，要求企业无偿或者低价提供生活、生产用煤等情形，虽多次作出行政处罚，但未采取关停煤矿等实质性措施，并在开采期间多次予以表彰奖励，最后在 2014 年 7 月颁发采矿许可证，说明“无证开采”“边采边办”行为是得到政府及相关部门允诺或默许的。青海 JM 公司基于对政府相关行为的合理信赖，形成“以探代采”是合法行为的错误认识，并非未经允许“擅自”开采，主观上不具有非法采矿的故意。

（二）非法采矿案件中刑事责任、行政责任、民事责任的衔接

非法采矿案件往往伴随着破坏生态环境的问题，在办理此类案件时，既要审查行为人的刑事责任，还要依法审查行为人的行政责任、民事责任，贯彻落实全面追责原则，妥善协调不同责任承担方式，做好刑事责任、行政责任、民事责任的衔接。行为人非法采矿造成生态环境损害的，除承担刑事责任外，还要依法承担民事侵权责任。行为人不承担刑事责任，不意味着当然不承担行政责任、民事责任，需要追究行为人行政责任的，要支持和保障行政主管机关依法行政、严格执法。如果采矿行为客观上造成生态环境损害的后果，应根据不同环境要素的修复需求，依法适用劳务代偿、补种复绿、替代修复等多种方式承担民事责任。本案中，青海 JM 公司虽然主观上不具有“擅自”非法采矿的故意，但其采矿行为客观上造成了生态环境严重损害的后果，应依法承担相应的民事责任，相关部门亦已针对其行为提起生态环境损害赔偿诉讼。

综上所述，本案审理法院根据案件的事实、情节，没有简单将“未取得采矿许可证”作为评判构成非法采矿罪的标准，而是严格按照主客观相一致、罪刑法定的原则，依法认定青海 JM 公司不具有“擅自”非法采矿的主观故意并宣告其无罪，符合案件的历史背景和客观实际，体现了公平正义的价值理念和刑法的谦抑性。同时，法院坚持以讲政治顾大局、换位思考等现代化审判理念引领审判工作现代化，认真贯彻落实优

化法治环境促进民营经济发展的工作要求，正确处理维护社会公平正义和保障经济平稳发展的关系，找准司法办案与服务经济社会发展的结合点、切入点，准确区分经济纠纷、行政违法与刑事犯罪的界限，维护了经营主体的合法权益和投资信心，为地方经济发展营造了良好的市场环境、法治环境，取得了良好的政治效果、法律效果和社会效果，实现了案结事了、政通人和的司法审判目标。

（撰稿：青海省高级人民法院　李广海　张荣荣

审编：最高人民法院刑事审判第二庭　高洪江）

[第1622号]

张某某被诉合同诈骗案

——准确定性企业经营中的纠纷，防止利用刑事手段干预经济纠纷

一、基本案情

被告人张某某，男，19××年××月××日出生，山西搏某能源股份有限公司（以下简称搏某公司）法定代表人。2018年2月8日因涉嫌犯合同诈骗罪被刑事拘留，同年2月14日被取保候审，2021年4月22日被监视居住。

天津市滨海新区人民检察院指控被告人张某某犯合同诈骗罪，向滨海新区人民法院提起公诉。

天津市滨海新区人民法院一审宣告被告人张某某无罪。

被害单位天津盛某国际贸易有限公司（以下简称盛某公司）不服，请求滨海新区人民检察院抗诉，滨海新区人民检察院决定提出抗诉，天津市人民检察院第三分院支持抗诉。

天津市第三中级人民法院审理查明：搏某公司系股份有限公司，于2016年11月15日注册成立，被告人张某某系该公司法定代表人，实际控制该公司的经营活动。自2017年1月开始，搏某公司向山西省清徐县鸿某某公司租赁洗煤厂从事洗煤加工，后清徐县政府部门要求环保改造。经鸿某某公司法定代表人刘某某沟通，洗煤厂在整改期间仍继续生产。2017年底，搏某公司不再租赁洗煤厂，张某某继续从事农业等其他经营。

2016年11月至2017年1月，搏某公司因与左某公司业务合作，需向左某公司指定单位供应煤炭，搏某公司采购煤炭后均运至前述洗煤厂。其后，左某公司与部分指定单位产生合同纠纷，经法院判决解除合同，洗煤厂内大部分煤炭未向相关指定单位供应。在此期间，盛某公司为向指定客户供应主焦煤，派员赴洗煤厂考察，并与搏某公司洽谈业务合作。2017年4月12日，盛某公司与搏某公司签订采购主焦煤的框架合同，约定搏某公司向盛某公司指定客户供应主焦煤。后双方签订补充协议或者买卖合同时，盛某公司数次变更标的物质量标准等条款内容，并于2017年4月至5月向搏某公司付款1000万元。2017年9月底，盛某公司再次变更标的物质量标准，通知搏某公司在指定日期发货，双方未达成一致。2017年10月底，搏某公司发函与盛某公司协商解除合同事宜，盛某公司未予回函。同年11月28日，盛某公司向天津市滨海新区公安局报案。

截至案发，搏某公司向盛某公司退款10万元，剩余款项未予退还。搏某公司将收取的盛某公司款项主要用于向左某公司退款以及日常经营，部分款项转入被告人张某某名下银行卡以后，主要用于搏某公司及张某某从事农业等其他经营。

案发后，被告人张某某多次表示因没有资金而无法退赔；在原审期间，张某某为偿还所欠盛某公司购煤款，与他人达成公司并购意向，但因疫情原因及张某某本人债务影响，尚未并购完毕；在二审期间，张某某认可所欠盛某公司购煤款应当退还。

天津市第三中级人民法院认为，被告人张某某作为搏某公司的法定代表人，在以搏某公司名义签订、履行合同过程中，虽然与盛某公司产生纠纷并拖欠部分款项，但原审法院认定，在案证据存在明显矛盾，不能认定张某某对盛某公司支付的货款具有非法占有目的，不能认定搏某公司构成单位犯罪，对于起诉指控的张某某犯合同诈骗罪，依照刑事诉讼法第二百条第三项等规定，作出证据不足、指控的犯罪不能成立的无罪判决，符合法律规定与客观实际，应予维持。原审判决认定事实和适用法律正确，审判程序合法。经审判委员会讨论决定，依照刑事诉讼法

第二百三十六条第一款第一项之规定，驳回抗诉，维持原判。

二、主要问题

对于在企业经营中产生的经济纠纷，应当如何准确定性？

三、裁判理由

准确认定合同纠纷与合同诈骗，严格区分经济纠纷与刑事犯罪，是依法保护民营企业产权和企业家合法权益的重要方面。近年来，《最高人民法院关于充分发挥审判职能作用为企业家创新创业营造良好法治环境的通知》和《最高人民法院关于优化法治环境促进民营经济发展壮大的指导意见》等规范性文件均有相关要求。办理具体案件，应当在遵循证据裁判原则、客观认定案件事实的基础上，严格按照法定犯罪构成进行判断，准确把握经济纠纷与经济犯罪的界限，切实防范利用刑事手段干预经济纠纷，从而为企业生产经营营造良好法治环境。

（一）严格遵循证据裁判原则，准确认定案件事实

准确认定案件事实是正确适用法律的前提和基础。对诉讼中事实的认定，应严格遵循证据裁判原则，确保事实认定准确。实践中，企业经营产生经济纠纷以后，纠纷双方往往各执一词，给查清案件事实造成一定困难。审理由经济纠纷引发的刑事案件，应当按照刑事证明标准认定案件事实。本案中，检察机关指控被告人张某某在没有履行能力的情况下以名下公司名义对外签订合同，并将所获款项用于偿还个人债务、挥霍消费及公司日常经营，导致合同无法履行且拒不退还款项，造成巨大损失。法院审理过程中，通过对控辩双方出示的证据进行梳理和分析，分别从案件侦查及被告人主体身份、涉案公司经营情况、涉案合同签订履行情况、涉案资金去向等方面对相关证据进行审查，以查证属实的证据对指控事实作了重大调整。

一是查明被告人主体身份情况。起诉指控时仅认定被告人张某某系

涉案搏某公司的法定代表人。二审法院依照在案的工商登记等证据，对张某某担任法定代表人的八家公司予以客观认定。实践中，民营企业家名下有多家公司的情况比较普遍，在通过审查涉案资金去向进而判断被告人有无非法占有目的时，需要考虑被告人是否将所得款项用于名下其他企业经营，在无法认定被告人具有专款专用义务的情况下，将款项用于名下其他企业经营明显有别于偿还个人债务、挥霍消费等具有非法占有目的的用途，不应在法律上作出同等评价。基于上述考虑，应当准确查明涉案企业家名下公司的具体情况。

二是查明涉案企业经营情况。法院审理过程中关注到搏某公司曾与其他单位进行业务合作，该情况对于案件定性具有重要影响。二审裁定专门列举了证明搏某公司与其他单位业务情况的证据，客观认定了搏某公司在租赁洗煤厂从事洗煤加工期间，虽然被当地政府部门要求环保改造，但并未停产的事实。在与盛某公司进行业务合作前，搏某公司因与左某公司业务合作而采购煤炭，后因左某公司与左某公司的部分指定单位产生合同纠纷，大部分煤炭未向相关指定单位供应。故搏某公司是在具有相当数量的库存煤炭且具备继续生产能力的情况下与盛某公司开展业务合作，与没有实际履约能力的情况下实施合同诈骗的行为具有本质区别。

三是查明涉案合同的签订、履行情况。检察机关主要依据盛某公司人员所述情况，即张某某在库存原煤无法保证合同履行的情况下，虚构事实、隐瞒真相欺骗盛某公司一再转款，收取货款后没有用于履行合同，却在公司资金紧张时变卖库存煤炭，致使合同无法履行，指控张某某的行为导致合同无法履行。但是，本案系因盛某公司报警而案发，案件处理结果与盛某公司具有利害关系，对盛某公司人员证言进行审查时，应当着重考虑与其他证据之间的印证情况，特别是在争议双方人员所述情况存在重大差异时更应如此。经过对在案证据综合分析，法院发现盛某公司在签订合同前曾派员赴洗煤厂进行实地考察并洽谈业务合作，其间对搏某公司的库存原煤、生产能力等情况并未提出异议；盛某公司与搏某公司签订采购主焦煤的框架合同后，在后续签订补充协议或者买卖合同时数次变更标的物质量标准等条款内容，并在双方就发货日期未达成一致的情况下，对搏某公司协商解除合同事宜的信函未予回复。上述情况对于判断能否将合同无法履行的责任完全归咎于搏某公司具有重要影响，从而影响案件的定性。

四是查明涉案资金的去向和用途。考察涉案资金去向，不仅需要考察涉案资金流入哪些账户，还需要进一步考察涉案资金流入相关账户之后的实际用途。银行交易记录显示搏某公司将涉案款项转入其他公司、个人账户，检察机关据此认定张某某将涉案资金用于偿还个人债务及公司日常使用，并对搏某公司转入张某某个人账户的186万元认定为用于个人消费等。法院通过审查涉案资金流入相关账户后的支出情形，结合向相关账户所涉人员核实的情况，认定有证据可以印证张某某所述涉案款项均用于公司用途；对于直接转入张某某个人账户的款项，大部分资金使用情况亦与张某某所述的公司经营等事项相符，剩余少部分款项虽然没有证据显示具体用途，但结合搏某公司对外转账总额已超过收取的盛某公司款项数额的情况，无法认定来源于涉案资金。据此，法院对涉案资金的去向和用途予以客观认定，没有支持检察机关关于张某某将货款用于偿还个人债务、挥霍消费的指控。

（二）严格把握法定犯罪构成，准确区分罪与非罪

企业家在捕捉和实现商业机会的过程中，与其他主体产生经济纠纷的情况时有发生，现代社会也为解决经济纠纷提供了较为完善的法治保障。刑法的制裁措施最严厉，只有当其他法律手段不足以抑制违法行为、保护合法权益时，才作为最后手段适用。作为发生在合同签订、履行过程中的诈骗犯罪类型，合同诈骗罪在客观上要求具备虚构事实、隐瞒真相的诈骗行为，主观上要求具备非法占有目的，对于不完全符合上述要件的合同纠纷，依法不能以合同诈骗罪论处。对此，《最高人民法院关于充分发挥审判职能作用为企业家创新创业营造良好法治环境的通知》明

确提出，要严格合同诈骗罪的构成要件，防止随意扩大适用，“对于在合同签订、履行过程中产生的民事争议，如无确实充分的证据证明符合犯罪构成的，不得作为刑事案件处理”。

从犯罪构成的客观方面讲，刑法第二百二十四条将合同诈骗罪中虚构事实、隐瞒真相的客观行为予以类型化。具体到本案，主要涉及对于搏某公司履行能力、告知义务以及未履约原因等方面的判断。

一是从履行能力来看，搏某公司在与盛某公司开展业务合作之前，因与左某公司的业务合作未能按约履行而持有相当数量的库存煤炭，虽然库存煤炭的数量尚不足以满足与盛某公司业务合作的需要，但搏某公司具有持续购煤的客观行为，而且盛某公司派员在洗煤厂考察了一周左右，难以从库存煤炭数量不足得出搏某公司没有实际履行能力的排他性结论。对于环保改造是否对搏某公司履行合同产生重大影响的问题，根据洗煤厂负责人的证言，虽然洗煤厂曾被断电，但经其沟通，环保部门同意洗煤厂边生产边整改，所以环保整改并未影响洗煤厂继续生产经营，该证言也得到缴纳电费发票的印证。故在案证据难以认定被告人张某某在搏某公司缺乏实际履行能力的情况下，采用部分履行等方法诱骗对方当事人签订、履行合同。

二是从是否未尽告知义务来看，隐瞒真相的诈骗方法以被告人具有披露真相的义务（告知义务）为前提，[①] 而是否存在告知义务仍然需要严格依法判断，避免出现认定泛化。办理本案过程中，有观点认为，被告人张某某明知环保政策以及断电等将对履行合同产生重大影响而故意隐瞒，应认定构成隐瞒真相。但本案中，如前文所述，洗煤厂虽然被要求进行环保改造，但经过沟通后仍能继续生产，在认定环保整改对于合同履行产生重大影响的证据不充分的情况下，不宜认定张某某对环保整改事宜负有向合同相对方告知的义务，故认定张某某具有隐瞒真相诈骗行为的依据不充分。此外，还有观点认为，张某某在以公司名义与盛某公

① 参见陈兴良：《合同诈骗罪的特殊类型之“两头骗”：定性与处理》，载《政治与法律》2016 年第 4 期。

司进行业务合作时，隐瞒了自身资金链存在问题的事实，在案证据也显示张某某在与其他公司合作时，宣称搏某公司实力雄厚，与真实情况存在一定差异。但本案中，从业务合作关系来看，搏某公司对盛某公司仅有供货义务而没有付款义务，即使对于自身资金链问题有所隐瞒，也无法认定张某某有向合同相对方如实告知资金链情况的义务，故认定张某某具有隐瞒真相的诈骗行为的依据不充分。

三是从未履约的原因来看，虽然搏某公司在资金链紧张的情况下将库存煤炭降价处理，但是将未履约的原因完全归咎于搏某公司一方并不客观。从前述查明的合同签订、履行情况来看，盛某公司多次变更标的物质量标准条款内容等，对于最终未能如约履行具有重要影响，在双方产生合同纠纷的情况下，盛某公司对于搏某公司发函协商解除合同的请求置之不理，即使后来盛某公司遭受财产损失，也不宜将合同未履行完全归咎于张某某及搏某公司。

从犯罪的主观方面讲，构成合同诈骗罪要求行为人主观上具有非法占有目的。实践中一般通过查明资金流向来判断。针对当前民营企业制度不健全、财务管理不规范现象较为普遍的实际，不能简单以资金流向是否符合财务会计准则来判断是否具有非法占有目的，而应当通过对资金用途的实质性审查，确定是否可以得出具有非法占有目的的唯一结论。本案中，法院通过对证明涉案资金去向的证据进行审查，发现检察机关指控被告人张某某将涉案款项用于偿还个人债务或者个人消费的依据仅是涉案资金从盛某公司账户转入个人账户，而没有关注款项转入个人账户后的用途。对于涉案款项在流入相关个人账户以后的用途，检察机关择要向相关证人进行了核实，确定了相关款项均用于公司事务；对于部分款项用途，检察机关虽然未给出明确结果，但在辩方主张所涉款项均用于公司事务的情况下，检察机关依法负有证明张某某将相关款项用于偿还个人债务、挥霍消费等的举证责任。

综上所述，二审法院认定被告人张某某作为搏某公司的法定代表人，在以搏某公司名义签订、履行合同过程中，虽然与盛某公司产生纠纷并拖欠部分款项，但在案证据存在明显矛盾，不能认定张某某对盛某公司支付的款项具有非法占有目的，不能认定搏某公司构成单位犯罪，对原审法院作出的证据不足、指控的犯罪不能成立的无罪判决予以维持，是正确的。

2023 年 7 月，《中共中央、国务院关于促进民营经济发展壮大的意见》明确要求，“防止和纠正利用行政或刑事手段干预经济纠纷”。本案处理完全符合上述中央文件精神，同时，相关办案机关尽可能降低对企业发展的影响，例如，被告人张某某在被传唤到案后，仅被实际羁押约一周时间，检察机关未批准逮捕，在此后长达四年多的案件办理过程中，张某某未被采取羁押性强制措施，将案件办理对所涉企业的影响降低到最低限度，有效避免了“办理一个案子、搞垮一个企业”现象的发生。

（撰稿：天津市第三中级人民法院　田　虎

审编：最高人民法院刑事审判第四庭　姚龙兵）

[第 1623 号]

史某某贪污案

——村干部在协助政府部门腾退拆迁中骗取补偿款的行为定性

一、基本案情

被告人史某某，男，1964 年××月××日出生，案发前系北京市通州区某镇某村党支部书记、村委会主任。2020 年 11 月 6 日被逮捕。

北京市人民检察院第三分院指控被告人史某某犯贪污罪，向北京市第三中级人民法院提起公诉。

被告人史某某当庭对指控的事实没有异议，表示认罪认罚。

史某某的辩护人提出，史某某自愿认罪认罚，系自首，积极退赔全部赃款，且主观恶性程度不深，希望对其减轻处罚。

北京市第三中级人民法院经审理查明：2014 年至 2019 年，被告人史某某利用担任北京市通州区某镇某村党支部书记、村委会主任，在北京某高中项目外部道路施工过程中协助某镇政府从事行政管理工作的职务便利，伙同张某某、高某某（均另案处理）等人，采取隐瞒搬迁地上物系违法建筑等手段，骗取非住宅地上物搬迁补偿费共计 1301.1302 万元。其中，史某某非法获得拆迁补偿款共计 383.87 万元。2020 年 8 月 20 日，被告人史某某经北京市通州区监察委员会电话通知到案。

北京市第三中级人民法院认为，被告人史某某伙同张某某、高某某利用职务上的便利，骗取公共财物，犯罪数额特别巨大，三被告人均构成贪污罪。史某某在共同犯罪中起主要作用，系主犯。鉴于史某某当庭自愿认罪认罚，如实供述，可依法对其从轻处罚。根据史某某犯罪的事实、犯罪的性质、情节及对于社会的危害程度，依照刑法第三百八十二条第一款、第三百八十三条第一款第三项、第九十三条第二款、第二十五条、第二十六条第一款和第四款、第六十七条第三款、第六十一条、第四十五条、第四十七条、第五十二条、第五十三条、第六十四条，刑事诉讼法第十五条，监察法第四十四条第三款，《全国人民代表大会常务委员会关于〈中华人民共和国刑法〉第九十三条第二款的解释》第一条第四项、第二条及《最高人民法院、最高人民检察院关于办理贪污贿赂刑事案件适用法律若干问题的解释》第三条第一款、第十八条、第十九条之规定，于2021年8月19日判决如下：被告人史某某犯贪污罪，判处有期徒刑十一年，并处罚金人民币六十万元。

宣判后，被告人史某某提出上诉，认为其没有利用职务便利骗取公共财物。

北京市高级人民法院经二审审理认为，上诉人史某某的行为已构成贪污罪，原判事实清楚，证据确实、充分，定罪正确，量刑适当，审判程序合法，应予维持。据此，依照刑事诉讼法第二百三十六条第一款第一项之规定，于2021年12月17日裁定：驳回上诉，维持原判。

二、主要问题

村干部在协助政府相关部门进行腾退拆迁工作中，与村民共谋骗取拆迁补偿款的行为如何定性?

三、裁判理由

本案系一起村干部在协助政府部门进行腾退拆迁工作中伙同他人（普通村民），以村干部为主要行为人，通过隐瞒搬迁地上物系违法建筑等手段骗取拆迁补偿款的典型案例。经过对北京法院近三年84件村干部涉嫌骗取拆迁补偿款案件进行统计,[①] 村干部伙同普通村民通过抢栽抢种、签署虚假宅基地确认单、签订虚假合同、隐瞒违法建筑等方法骗取拆迁补偿款涉及的罪名包括贪污罪（36件）、诈骗罪（24件）、受贿罪（18件）、非国家工作人员受贿罪（12件）、玩忽职守罪（6件）、滥用职权罪（2件）。此类案件的争议焦点首先在于村干部在此类案件中主体身份的认定，进而影响到此类案件定性为贪污罪还是诈骗罪、受贿罪还是非国家工作人员受贿罪等。

（一）村干部的“双重身份”

村干部是村基层组织成员的简称，主要是指村民委员会、村党支部委员会成员，一般称村“两委”成员。根据我国村民委员会组织法的规定，村民委员会是村民自我管理、自我教育、自我服务的基层群众性自治组织。因此，村干部（村基层组织人员）从事的是管理村集体事务等相关工作的，不属于刑法第九十三条规定的“其他依照法律从事公务的人员”，此时其不具有国家工作人员的身份。

同时，村干部还具有另一种身份。依照2000年4月29日通过的《全国人民代表大会常务委员会关于〈中华人民共和国刑法〉第九十三条第二款的解释》（以下简称《解释》），村民委员会等村基层组织人员协助人民政府从事七类行政管理工作[②]，属于刑法第九十三条第二款规定的“其他依照法律从事公务的人员”，此时村基层组织人员利用职务上的便利，非法占有公共财物、挪用公款、索取他人财物或者非法收受他人财物，构成犯罪的，适用贪污罪、挪用公款罪、受贿罪的相关规定，其属于相关职务犯罪的主体。自2018年3月20日起实施的监察法将村干部纳

---

① 样本来源为中国裁判文书网。笔者以“村委会”“骗取”“拆迁补偿”为关键词，对审理法院为北京法院、时间为近三年的一审案件进行搜索，筛选出158件案件，再对其中村干部涉及的骗取拆迁补偿款案件进行筛选，筛选出84件案件，作为研究的样本。

② （1）救灾、抢险、防汛、优抚、扶贫、移民、救济款物的管理；（2）社会捐助公益事业款物的管理；（3）国有土地的经营和管理；（4）土地征收、征用补偿费用的管理；（5）代征、代缴税款；（6）有关计划生育、户籍、征兵工作；（7）协助人民政府从事的其他行政管理工作。

入监察范围。监察法第十五条在有关监察人员的范围中，正式引入了“……（五）基层群众性自治组织中从事管理的人员”，明确了监察机关有权对此类人员的职务违法和职务犯罪进行监督。自2021年9月20日开始施行的监察法实施条例第四十二条①对此作了细化规定，该条第三项明确了“协助人民政府从事行政管理工作”的内涵，其中规定的七类管理工作与上述《解释》的内容基本一致，不同之处在于监察法实施条例中“协助”的对象从“人民政府”扩大到了“人民政府等国家机关”。

综合上述相关法律规定，实践中对于村干部是否能以“国家工作人员论”，通常是根据其所从事的工作是否属于前述协助类行政管理工作进行判断。正是在此意义上，村干部具备成为职务犯罪主体的可能性，而这种角色的转换无疑增加了实践中审理此类案件的复杂性。

（二）内外勾结骗取拆迁补偿款的行为定性

本案中，被告人史某某作为村党支部书记、村民委员会主任，与张某某、高某某互相勾结、配合，以高某某的名义办理租地手续，由张某某组织实施涉案地块的违法建设，三人按照实际面积分摊租金。对于此类事前有共谋、事中共同骗取、事后分赃的行为，实践中的争议主要是对上述行为究竟是以贪污罪还是以诈骗罪予以评价。

贪污罪与诈骗罪在法条上具有“特别法”与“普通法”的关系，两罪均有“骗取”财物的行为。不同之处在于，作为“特别法”的贪污罪是指行为人假借职务上的合法形式，采用欺骗手段，使具有处分权的受骗人（公共财物的占有者）产生认识错误，进而取得公共财物。实践中，与作为“普通法”的诈骗罪比较，如果行为人具有国家工作人员的身份，且主要的“骗取”行为满足了“利用职务上的便利”这个条件，那么

---

① 监察法实施条例第四十二条规定：“监察法第十五条第五项所称基层群众性自治组织中从事管理的人员，是指该组织中的下列人员：（一）从事集体事务和公益事业管理的人员；（二）从事集体资金、资产、资源管理的人员；（三）协助人民政府从事行政管理工作的人员，包括从事救灾、防疫、抢险、防汛、优抚、帮扶、移民、救济款物的管理，社会捐助公益事业款物的管理，国有土地的经营和管理，土地征收、征用补偿费用的管理，代征、代缴税款，有关计划生育、户籍、征兵工作，协助人民政府等国家机关在基层群众性自治组织中从事的其他管理工作。”

“骗取”公共财物的行为就可以考虑构成贪污罪。

对于本案类似案件定性主要判断两个方面：一是如上文所述，判断村干部等村基层组织人员在案件中是否具有国家工作人员的身份；二是判断村干部等村基层组织人员在骗取行为中是否“利用职务上的便利”。结合本案具体案情，分析如下。

1. 被告人史某某具有国家工作人员身份

本案被告人史某某是村党支部书记、村民委员会主任。涉案的拆迁工作由北京市规划委员会通州分局批复同意，搬迁补偿方案由北京市通州区某镇人民政府制定并报区住建委同意。根据政府部门制定的搬迁补偿方案和“五方工作小组”议事规则，“五方工作小组”具体成员为搬迁人、村级工作小组、拆迁服务机构、评估机构、测绘机构。村级工作小组成员由村“两委”班子成员根据本村实际情况，从村“两委”成员和村民代表中按民主程序依法选出。同时，村“两委”成员协助拆迁服务机构工作人员进行入户调查、房屋测绘和评估，参与“五方工作小组”关于非住宅经营面积、承包合同用地范围等认定工作。因此，史某某作为被搬迁地上物所在的基层组织某村党支部书记、村民委员会主任，其协助人民政府从事的腾退拆迁相关工作属于行政管理工作，其本人在此协助工作中属于其他依照法律从事公务的人员，具有国家工作人员身份。

2. 被告人史某某利用了职务上的便利

最高人民法院 2003 年 11 月 13 日印发的《全国法院审理经济犯罪案件工作座谈会纪要》规定：“……‘利用职务上的便利’，既包括利用本人职务上的主管、负责、承办某项公共事务的职权，也包括利用职务上有隶属、制约关系的其他国家工作人员的职权。”最高人民法院 2012 年 9 月 18 日发布的指导案例 11 号（杨延虎等贪污案）进一步明确，贪污罪中的“利用职务上的便利”是指利用职务上主管、管理、经手公共财物的权力及方便条件。

对于村干部在协助政府部门腾退拆迁中是否“利用职务上的便利”，要结合全案证据，把握国家工作人员从事公务这一本质属性来认定。具体来说，是要确定该村干部对拆迁补偿款是否具有一定占有或一定意义上的支配权利，或对拆迁补偿款的发放是否起到一定的作用，可以参考以下几个标准：第一，村干部在人民政府组建的拆迁工作小组等代表人民政府履行职务的部门中是否担任一定实质性的职务；第二，人民政府有关部门以公文形式下发的文件中是否有某一行政工作需要村民委员会等基层组织予以协助的内容；第三，在决定拆迁补偿款发放的主要事项、主要材料、主要会议上，村干部的意见是否起到关键的作用。

本案中，被告人史某某不仅协助当地人民政府从事拆迁补偿款的发放对象、拆迁面积认定等工作，而且作为“五方工作小组”的一方，参与对被搬迁人、占地面积、建筑面积、经营面积认定等事项的研究确定。史某某在“五方工作小组”会议上，隐瞒了涉案地块镇政府之前明确不允许出租、地上的建筑物没有规划审批手续、没有实际经营、不应该得到地上物拆迁补偿和停产停业补偿的真实情况，向拆迁方做虚假证明，一定程度上导致了“五方工作小组”作出了错误认定，并促使“五方工作小组”签署了认定单。虽然拆迁补偿款由人民政府直接发放给被拆迁人，村基层组织人员对拆迁补偿款不可能起到完全的占有和支配作用，但“五方工作小组”的认定结果作为拆迁补偿的依据，对拆迁款的发放具有决定性的意义。因此，史某某参与的工作性质已经超出了管理集体事务的范畴，其行为属于在协助政府进行土地拆迁工作中利用了职务上的便利。

综上所述，被告人史某某在本案中协助人民政府从事腾退拆迁等行政管理工作，具有国家工作人员身份，在具体骗取拆迁补偿款的过程中利用了职务便利，其行为应当认定为贪污罪。张某某、高某某虽不具有国家工作人员身份，但伙同村干部共同利用职务便利骗取拆迁补偿款，构成贪污罪的共犯。

（撰稿：北京市朝阳区人民法院　张元元

北京市第三中级人民法院　边　辑

审编：最高人民法院刑事审判第二庭　高洪江）

【立法、司法规范】

最高人民法院　最高人民检察院　公安部
国家安全部　司法部

印发《关于依法惩治“台独”顽固分子分裂国家、煽动分裂国家犯罪的意见》的通知

2024 年 5 月 26 日

各省、自治区、直辖市高级人民法院、人民检察院、公安厅（局）、国家安全厅（局）、司法厅（局），解放军军事法院、军事检察院，新疆维吾尔自治区高级人民法院生产建设兵团分院、新疆生产建设兵团人民检察院、公安局、国家安全局、司法局：

为依法惩治“台独”顽固分子分裂国家、煽动分裂国家犯罪，切实维护国家主权、统一和领土完整，根据《反分裂国家法》和《中华人民共和国刑法》、《中华人民共和国刑事诉讼法》等法律以及相关司法解释的规定，结合工作实际，最高人民法院、最高人民检察院、公安部、国家安全部、司法部联合制定了《关于依法惩治“台独”顽固分子分裂国家、煽动分裂国家犯罪的意见》，现予以印发，请认真贯彻执行。

关于依法惩治"台独"顽固分子分裂国家、煽动分裂国家犯罪的意见

为依法惩治"台独"顽固分子分裂国家、煽动分裂国家犯罪，切实维护国家主权、统一和领土完整，根据《反分裂国家法》和《中华人民共和国刑法》、《中华人民共和国刑事诉讼法》等法律以及相关司法解释的规定，结合工作实际，制定本意见。

一、总体要求

1. 世界上只有一个中国，台湾是中国领土不可分割的一部分。极少数"台独"顽固分子大肆进行"台独"分裂活动，严重危害台湾海峡地区和平稳定，严重损害两岸同胞共同利益和中华民族根本利益。人民法院、人民检察院、公安机关、国家安全机关和司法行政机关要充分发挥职能作用，依法严惩"台独"顽固分子分裂国家、煽动分裂国家犯罪，坚决捍卫国家主权、统一和领土完整。

二、准确认定犯罪

2. 以将台湾从中国分裂出去为目的，组织、策划、实施下列行为之一的，依照刑法第一百零三条第一款的规定，以分裂国家罪定罪处罚：

（1）发起、建立"台独"分裂组织，策划、制定"台独"分裂行动纲领、计划、方案，指挥"台独"分裂组织成员或者其他人员实施分裂国家、破坏国家统一活动的；

（2）通过制定、修改、解释、废止台湾地区有关规定或者"公民投票"等方式，图谋改变台湾是中国一部分的法律地位的；

（3）通过推动台湾加入仅限主权国家参加的国际组织或者对外进行官方往来、军事联系等方式，图谋在国际社会制造"两个中国"、"一中一台"、"台湾独立"的；

（4）利用职权在教育、文化、历史、新闻传媒等领域大肆歪曲、篡改台湾是中国一部分的事实，或者打压支持两岸关系和平发展和国家统一的政党、团体、人员的；

（5）其他图谋将台湾从中国分裂出去的行为。

3. 在“台独”分裂犯罪集团中起组织、策划、指挥作用的，应当认定为刑法第一百零三条第一款规定的“首要分子”。

4. 实施本意见第二条规定的行为，具有下列情形之一的，应当认定为刑法第一百零三条第一款规定的“罪行重大”：

（1）直接参与实施“台独”分裂组织主要分裂活动的；

（2）实施“台独”分裂活动后果严重、影响恶劣的；

（3）其他在“台独”分裂活动中起重大作用的。

5. 实施本意见第二条规定的行为，具有下列情形之一的，应当认定为刑法第一百零三条第一款规定的“积极参加”：

（1）多次参与“台独”分裂组织分裂活动的；

（2）在“台独”分裂组织中起骨干作用的；

（3）在“台独”分裂组织中积极协助首要分子实施组织、领导行为的；

（4）其他积极参加的。

6. 实施本意见第二条规定行为的，对首要分子或者罪行重大的，处无期徒刑或者十年以上有期徒刑，其中对国家和人民危害特别严重、情节特别恶劣的，可以判处死刑；对积极参加的，处三年以上十年以下有期徒刑；对其他参加的，处三年以下有期徒刑、拘役、管制或者剥夺政治权利。

7. 以将台湾从中国分裂出去为目的，实施下列行为之一的，依照刑法第一百零三条第二款的规定，以煽动分裂国家罪定罪处罚：

（1）顽固宣扬“台独”分裂主张及其分裂行动纲领、计划、方案的；

（2）其他煽动将台湾从中国分裂出去的行为。

8. 实施本意见第七条规定的行为，情节严重、造成严重后果或者造成特别恶劣影响的，应当认定为刑法第一百零三条第二款规定的“罪行重大”。

9. 实施本意见第七条规定行为的，处五年以下有期徒刑、拘役、管制或者剥夺政治权利；首要分子或者罪行重大的，处五年以上有期徒刑。

10. 实施本意见第二条、第七条规定行为的，可以并处没收财产。

11. 与外国或者境外机构、组织、个人相勾结实施本意见第二条、第七条规定行为的，依照刑法第一百零六条的规定从重处罚。

12. “台独”顽固分子分裂国家、煽动分裂国家的犯罪行为有连续或者继续状态的，追诉期限从犯罪行为终了之日起计算。在公安机关、国家安全机关立案侦查或者人民法院受理案件以后，逃避侦查或者审判的，不受追诉期限的限制。

三、正确适用程序

13. 应当逮捕的犯罪嫌疑人如果在逃，公安机关、国家安全机关可以发布通缉令，采取有效措施，追捕归案。

14. 犯罪嫌疑人、被告人自愿如实供述自己的罪行，承认指控的犯罪事实，愿意接受处罚的，可以依法从宽处理。

15. “台独”顽固分子主动放弃“台独”分裂立场，不再实施“台独”分裂活动，并采取措施减轻、消除危害后果或者防止危害扩大，符合刑事诉讼法第一百八十二条第一款规定的，可以撤销案件、不起诉或者对涉嫌数罪中的一项或多项不起诉。

16. 犯罪嫌疑人、被告人依法享有辩护权利，除自己行使辩护权以外，还可以委托一至二人作为辩护人。

17. 对于需要及时进行审判，经最高人民检察院核准的“台独”顽固分子分裂国家、煽动分裂国家犯罪案件，犯罪嫌疑人、被告人在境外，公安机关、国家安全机关移送起诉，人民检察院认为犯罪事实已经查清，证据确实、充分，依法应当追究刑事责任的，可以向人民法院提起公诉。人民法院进行审查后，对于起诉书中有明确的指控犯罪事实，符合缺席审判程序适用条件的，应当决定开庭审判。

前款案件，由最高人民法院指定的中级人民法院组成合议庭进行审理。

18. 对人民检察院依照刑事诉讼法第二百九十一条第一款的规定提起公诉的“台独”顽固分子分裂国家、煽动分裂国家犯罪案件，人民法院立案后，应当将传票和起诉书副本送达被告人。传票和起诉书副本送达后，被告人未按要求到案的，人民法院应当开庭审理，依法作出判决，并对违法所得及其他涉案财产作出处理。

19. 人民法院缺席审判“台独”顽固分子分裂国家、煽动分裂国家犯罪案件，被告人有权委托或者由近亲属代为委托一至二名辩护人。在境外委托的，应当依照有关规定对授权委托进行公证、认证。

被告人及其近亲属没有委托辩护人的，人民法院应当通知法律援助机构指派律师为被告人提供辩护。被告人及其近亲属拒绝法律援助机构指派的律师辩护的，人民法院应当查明原因。理由正当的，应当准许，但被告人或者其近亲属应当在五日以内另行委托辩护人；被告人及其近亲属未另行委托辩护人的，人民法院应当在三日以内通知法律援助机构另行指派律师为其提供辩护。

20. 人民法院缺席审判“台独”顽固分子分裂国家、煽动分裂国家犯罪案件，应当将判决书送达被告人及其近亲属、辩护人。被告人或者其近亲属不服判决的，有权向上一级人民法院上诉。辩护人经被告人或者其近亲属同意，可以提出上诉。

人民检察院认为人民法院的判决确有错误的，应当向上一级人民法院提出抗诉。

四、附则

21. 对于“台独”顽固分子实施的资助危害国家安全犯罪活动罪等其他犯罪，可以参照本意见办理。

22. 本意见自发布之日起施行。

最高人民法院　最高人民检察院

印发《关于常见犯罪的量刑指导意见（二）（试行）》的通知

2024 年 6 月 25 日　　法〔2024〕132 号

各省、自治区、直辖市高级人民法院、人民检察院，解放军军事法院、军事检察院，新疆维吾尔自治区高级人民法院生产建设兵团分院，新疆生产建设兵团人民检察院：

最高人民法院、最高人民检察院于 2021 年 6 月印发了《关于常见犯罪的量刑指导意见（试行）》（以下简称《量刑指导意见》），并在全国法院、检察院全面实施。为深入推进量刑规范化工作和量刑建议工作，进一步扩大常见罪名量刑指导意见的案件范围，最高人民法院、最高人民检察院研究制定了《关于常见犯罪的量刑指导意见（二）（试行）》［以下简称《量刑指导意见（二）》］。现印发《量刑指导意见（二）》，并从 2024 年 7 月 1 日起在全国法院、检察院试行，为期一年。现将有关事项通知如下：

一、进一步推动量刑规范化和量刑建议工作。根据司法实践和工作需要，在《量刑指导意见》的基础上，《量刑指导意见（二）》进一步扩大罪名范围，明确了非法经营、猥亵儿童、侵犯公民个人信息、帮助信息网络犯罪活动、开设赌场、拒不执行判决、裁定、组织卖淫等 7 种常见犯罪的量刑。各级人民法院、人民检察院要以此为契机，进一步推动量刑规范化工作和量刑建议工作高质量发展，更好落实宽严相济刑事政策和认罪认罚从宽制度，促进量刑公开公平公正，努力让人民群众在每一个司法案件中感受到公平正义。

二、认真研究制定实施细则。各高级人民法院、省级人民检察院要加强经验总结、沟通协商，按照规范、实用、符合司法实际的原则要求，共同研究制定《量刑指导意见（二）》实施细则，确保实施细则符合相关规定，符合量刑实际，符合罪责刑相适应原则，并于今年7月底前完成实施细则制定工作。实施细则经审判委员会、检察委员会讨论通过后，分别报最高人民法院、最高人民检察院备案审查，并与《量刑指导意见（二）》共同试行。

三、精心组织开展试行工作。各高级人民法院、省级人民检察院要高度重视，加强组织领导，精心组织试行，确保试行工作取得实效。要通过具体案件的办理，全面检验《量刑指导意见（二）》及实施细则，重点检验个罪的量刑起点幅度、增加刑罚量确定基准刑的刑罚幅度、量刑情节的调节幅度以及罚金刑、缓刑的适用等，量刑时应当以定性分析为主、定量分析为辅，依法确定量刑起点、基准刑和宣告刑，确保试行案件的量刑公正。

四、切实加强调研总结和培训指导。各级人民法院、人民检察院要将《量刑指导意见》和《量刑指导意见（二）》一体实施、试行，同步推进。上级人民法院、人民检察院要切实加强调研指导，及时研究解决工作中遇到的问题和困难，确保《量刑指导意见》和《量刑指导意见（二）》正确实施、试行。各级人民法院、人民检察院要结合工作实际，认真组织学习培训，特别是加强对法官、检察官的同堂培训，切实提高规范量刑建议、规范量刑的能力水平。各高级人民法院、省级人民检察院于2025年6月底前对《量刑指导意见》《量刑指导意见（二）》实施、试行工作进行全面总结，并书面报告最高人民法院、最高人民检察院。最高人民法院、最高人民检察院将对《量刑指导意见》和《量刑指导意见（二）》一并进行修改完善。

在收到本通知后，请及时转发至辖区中级、基层人民法院、人民检察院。实施中遇到的重大问题，请及时层报最高人民法院、最高人民检察院。

最高人民法院　最高人民检察院
关于常见犯罪的量刑指导意见（二）（试行）

为深入推进量刑规范化和量刑建议工作，进一步扩大量刑规范化范围，根据刑法、刑事司法解释等相关规定，结合司法实践，制定本指导意见。

一、七种常见犯罪的量刑

（一）非法经营罪

1. 构成非法经营罪的，根据下列情形在相应的幅度内确定量刑起点：

（1）犯罪情节严重的，在二年以下有期徒刑、拘役幅度内确定量刑起点。

（2）情节特别严重的，在五年至六年有期徒刑幅度内确定量刑起点。

2. 在量刑起点的基础上，根据非法经营数额、违法所得数额等其他影响犯罪构成的犯罪事实增加刑罚量，确定基准刑。

3. 构成非法经营罪的，根据非法经营数额、违法所得数额等犯罪情节，综合考虑被告人缴纳罚金的能力，决定罚金数额。

4. 构成非法经营罪的，综合考虑非法经营数额、违法所得数额、退缴赃款等犯罪事实、量刑情节，以及被告人的主观恶性、人身危险性、认罪悔罪表现等因素，决定缓刑的适用。

（二）猥亵儿童罪

1. 构成猥亵儿童罪的，根据下列情形在相应的幅度内确定量刑起点：

（1）犯罪情节一般的，在一年至三年有期徒刑幅度内确定量刑起点。

（2）有下列情形之一的，在五年至七年有期徒刑幅度内确定量刑起点：猥亵儿童多人或者多次的；聚众猥亵儿童的，或者在公共场所当众猥亵儿童，情节恶劣的；造成儿童伤害或者其他严重后果的；猥亵手段恶劣或者有其他恶劣情节的。

2. 在量刑起点的基础上，根据猥亵儿童人数、次数、情节恶劣程度、危害后果严重程度等其他影响犯罪构成的犯罪事实增加刑罚量，确定基准刑。

3. 构成猥亵儿童罪的，综合考虑猥亵的手段、危害后果等犯罪事实、量刑情节，以及被告人的主观恶性、人身危险性、认罪悔罪表现等因素，从严把握缓刑的适用。

（三）侵犯公民个人信息罪

1. 构成侵犯公民个人信息罪的，根据下列情形在相应的幅度内确定量刑起点：

（1）犯罪情节严重的，在一年以下有期徒刑、拘役幅度内确定量刑起点。

（2）情节特别严重的，在三年至四年有期徒刑幅度内确定量刑起点。

2. 在量刑起点的基础上，根据非法获取、出售或者提供信息数量及类型、违法所得数额、危害后果等其他影响犯罪构成的犯罪事实增加刑罚量，确定基准刑。

3. 违反国家有关规定，将在履行职责或者提供服务过程中获得的公民个人信息，出售或者提供给他人的，增加基准刑的10%—30%。

4. 构成侵犯公民个人信息罪的，根据违法所得数额等犯罪情节，综合考虑被告人缴纳罚金的能力，决定罚金数额。

5. 构成侵犯公民个人信息罪的，综合考虑非法获取、出售或者提供信息数量及类型、违法所得数额、危害后果、退赃退赔等犯罪事实、量刑情节，以及被告人的主观恶性、人身危险性、认罪悔罪表现等因素，决定缓刑的适用。

（四）帮助信息网络犯罪活动罪

1. 构成帮助信息网络犯罪活动罪的，在一年以下有期徒刑、拘役幅度内确定量刑起点。

2. 在量刑起点的基础上，根据被帮助对象数量、提供资金数额、违法所得数额等其他影响犯罪构成的犯罪事实增加刑罚量，确定基准刑。

3. 构成帮助信息网络犯罪活动罪的，根据提供资金数额、违法所得数额等犯罪情节，综合考虑被告人缴纳罚金的能力，决定罚金数额。

4. 构成帮助信息网络犯罪活动罪的，综合考虑被帮助对象数量、提供资金数额、违法所得数额、退赃退赔等犯罪事实、量刑情节，以及被告人的主观恶性、人身危险性、认罪悔罪表现等因素，决定缓刑的适用。

（五）开设赌场罪

1. 构成开设赌场罪的，根据下列情形在相应的幅度内确定量刑起点：

（1）犯罪情节一般的，在二年以下有期徒刑、拘役幅度内确定量刑起点。

（2）情节严重的，在五年至六年有期徒州幅度内确定量刑起点。

2. 在量刑起点的基础上，根据赌资数额、参赌人数、违法所得数额等其他影响犯罪构成的犯罪事实增加刑罚量，确定基准刑。

3. 构成开设赌场罪的，根据赌资数额、违法所得数额等犯罪情节，综合考虑被告人缴纳罚金的能力，决定罚金数额。

4. 构成开设赌场罪的，综合考虑赌资数额、参赌人数、违法所得数额、危害后果、退缴赃款、社会影响等犯罪事实、量刑情节，以及被告人的主观恶性、人身危险性、认罪悔罪表现等因素，决定缓刑的适用。

（六）拒不执行判决、裁定罪

1. 构成拒不执行判决、裁定罪的，根据下列情形在相应的幅度内确定量刑起点：

（1）犯罪情节严重的，在一年以下有期徒刑、拘役幅度内确定量刑起点。

（2）情节特别严重的，在三年至四年有期徒刑幅度内确定量刑起点。

2. 在量刑起点的基础上，根据拒不执行判决、裁定造成的后果、犯罪情节严重程度等其他影响犯罪构成的犯罪事实增加刑罚量，确定基准刑。

3. 构成拒不执行判决、裁定罪的，根据拒不执行判决、裁定的手段、危害后果等犯罪情节，综合考虑被告人缴纳罚金的能力，决定罚金数额。

4. 构成拒不执行判决、裁定罪的，综合考虑拒不执行判决、裁定的手段、危害后果、执行情况、社会影响等犯罪事实、量刑情节，以及被告人的主观恶性、人身危险性、认罪悔罪表现等因素，决定缓刑的适用。

（七）组织卖淫罪

1. 构成组织卖淫罪的，根据下列情形在相应的幅度内确定量刑起点：

（1）犯罪情节一般的，在五年至七年有期徒刑幅度内确定量刑起点。

（2）情节严重的，在十年至十三年有期徒刑幅度内确定量刑起点。

2. 在量刑起点的基础上，根据卖淫人员数量、违法所得数额等其他影响犯罪构成的犯罪事实增加刑罚量，确定基准刑。

3. 有下列情节之一的，增加基准刑的10%—20%：

（1）组织未成年人卖淫的；

（2）旅馆业、饮食服务业、文化娱乐业、出租汽车业等单位的主要负责人，利用本单位的条件，组织他人卖淫的。

4. 构成组织卖淫罪的，根据卖淫人员数量、违法所得数额、危害后果等犯罪情节，综合考虑被告人缴纳罚金的能力，决定罚金数额。

5. 构成组织卖淫罪的，综合考虑组织卖淫次数、卖淫人员数量、违法所得数额、危害后果、退缴赃款等犯罪事实、量刑情节，以及被告人的主观恶性、人身危险性、认罪悔罪表现等因素，从严把握缓刑的适用。

二、附则

（一）本指导意见规范上列七种犯罪判处有期徒刑的案件。

（二）各高级人民法院、省级人民检察院应当结合当地实际，共同制定实施细则。

（三）本指导意见自2024年7月1日起试行。

（四）相关刑法条文：

第二百二十五条【非法经营罪】 违反国家规定，有下列非法经营行为之一，扰乱市场秩序，情节严重的，处五年以下有期徒刑或者拘役，并处或者单处违法所得一倍以上五倍以下罚金；情节特别严重的，处五年以上有期徒刑，并处违法所得一倍以上五倍以下罚金或者没收财产：

（一）未经许可经营法律、行政法规规定的专营、专卖物品或者其他限制买卖的物品的；

（二）买卖进出口许可证、进出口原产地证明以及其他法律、行政法规规定的经营许可证或者批准文件的；

（三）未经国家有关主管部门批准非法经营证券、期货、保险业务的，或者非法从事资金支付结算业务的；

（四）其他严重扰乱市场秩序的非法经营行为。

第二百三十七条【猥亵儿童罪】 猥亵儿童的，处五年以下有期徒刑；有下列情形之一的，处五年以上有期徒刑：

（一）猥亵儿童多人或者多次的；

（二）聚众猥亵儿童的，或者在公共场所当众猥亵儿童，情节恶劣的；

（三）造成儿童伤害或者其他严重后果的；

（四）猥亵手段恶劣或者有其他恶劣情节的。

第二百五十三条之一【侵犯公民个人信息罪】 违反国家有关规定，向他人出售或者提供公民个人信息，情节严重的，处三年以下有期徒刑或者拘役，并处或者单处罚金；情节特别严重的，处三年以上七年以下有期徒刑，并处罚金。

违反国家有关规定，将在履行职责或者提供服务过程中获得的公民个人信息，出售或者提供给他人的，依照前款的规定从重处罚。

窃取或者以其他方法非法获取公民个人信息的，依照第一款的规定处罚。

单位犯前三款罪的，对单位判处罚金，并对其直接负责的主管人员和其他直接责任人员，依照各该款的规定处罚。

第二百八十七条之二【帮助信息网络犯罪活动罪】明知他人利用信息网络实施犯罪，为其犯罪提供互联网接入、服务器托管、网络存储、通讯传输等技术支持，或者提供广告推广、支付结算等帮助，情节严重的，处三年以下有期徒刑或者拘役，并处或者单处罚金。

单位犯前款罪的，对单位判处罚金，并对其直接负责的主管人员和其他直接责任人员，依照第一款的规定处罚。

有前两款行为，同时构成其他犯罪的，依照处罚较重的规定定罪处罚。

第三百零三条【开设赌场罪】开设赌场的，处五年以下有期徒刑、拘役或者管制，并处罚金；情节严重的，处五年以上十年以下有期徒刑，并处罚金。

第三百一十三条【拒不执行判决、裁定罪】对人民法院的判决、裁定有能力执行而拒不执行，情节严重的，处三年以下有期徒刑、拘役或者罚金；情节特别严重的，处三年以上七年以下有期徒刑，并处罚金。

单位犯前款罪的，对单位判处罚金，并对其直接负责的主管人员和其他直接责任人员，依照前款的规定处罚。

第三百五十八条【组织卖淫罪】组织、强迫他人卖淫的，处五年以上十年以下有期徒刑，并处罚金；情节严重的，处十年以上有期徒刑或者无期徒刑，并处罚金或者没收财产。

组织、强迫未成年人卖淫的，依照前款的规定从重处罚。

犯前两款罪，并有杀害、伤害、强奸、绑架等犯罪行为的，依照数罪并罚的规定处罚。

【审判实务释疑】

《最高人民法院、最高人民检察院、公安部关于办理医保骗保刑事案件若干问题的指导意见》的理解与适用

陈鸿翔　陈学勇　付想兵*

2024年2月28日，最高人民法院、最高人民检察院、公安部联合印发《关于办理医保骗保刑事案件若干问题的指导意见》（法发〔2024〕6号，以下简称《意见》）。为便于司法实践中正确理解和适用，现就《意见》的制定背景、制定原则和重点内容介绍如下。

一、《意见》的制定背景和过程

医保基金是人民群众的“看病钱”“救命钱”，事关广大群众的切身利益，事关医疗保障制度健康持续发展，事关国家长治久安。医保骗保犯罪严重危害医疗保障基金安全，损害人民群众医疗保障合法权益。党中央高度重视医保骗保问题，中央领导同志就整治医保骗保问题作出重要指示批示，中央政法委对深化基本医保骗保问题专项整治工作作出部署。最高人民法院、最高人民检察院、公安部等部门切实贯彻党中央部署要求，深入开展医保骗保问题专项整治，取得重要阶段性成效。

为依法惩治医保骗保犯罪，维护医疗保障基金安全，最高人民法院

* 作者单位：最高人民法院。

牵头会同最高人民检察院、公安部在深入调研、充分论证的基础上，起草制定了《意见》，进一步明确医保骗保犯罪定罪处罚、法律适用、政策把握、办案要求及有关工作制度机制等相关问题。在《意见》历时两年多的起草制定过程中，最高人民法院广泛征求了全国法院、检察院意见，多次征求国家卫健委、国家医保局意见，组织召开座谈会，听取医药公司、医疗机构和药店代表意见建议，不断修改完善。《意见》经最高人民法院审判委员会刑事审判专业委员会第 473 次会议、最高人民检察院第十四届检察委员会第 26 次会议讨论通过，从印发之日起施行。

二、制定《意见》的主要考虑和原则

《意见》坚持以习近平新时代中国特色社会主义思想为指导，深入贯彻习近平法治思想，严格执行法律和司法解释的相关规定，制定《意见》的主要考虑和原则如下。

一是坚持法治思维。深入贯彻习近平法治思想，坚持以人民为中心，突出严格依法办理医保骗保刑事案件，切实贯彻落实宽严相济刑事政策和认罪认罚从宽制度，做到区别对待、区别处理，努力实现政治效果、法律效果和社会效果有机统一。

二是坚持罪刑法定原则。准确适用刑法及相关司法解释，在法律、司法解释框架内，进一步明确医保骗保犯罪的定罪处罚等法律适用问题，确保《意见》内容符合法律、司法解释的相关规定。

三是坚持问题导向。以解决司法实践中存在的问题为出发点，最高人民法院在全国法院就医保骗保犯罪审理情况进行深入调查研究和司法大数据分析，结合调研发现的法律适用、定罪处罚、政策把握等方面存在的重点难点问题，充分研究论证，明确相关规定。

四是坚持系统治理。医保骗保犯罪危害性大、涉及面广，必须综合运用行政、刑事手段，《意见》既规定了公安机关、人民检察院、人民法院的协同配合，也规定了与医疗保障行政部门联动，形成工作合力，共同预防和打击医保骗保犯罪。

三、《意见》的主要内容

《意见》共分为全面把握总体要求，准确认定医保骗保犯罪，依法惩处医保骗保犯罪，切实加强证据的收集、审查和判断，建立健全协同配合机制五部分，共26条。

（一）全面把握总体要求

本部分主要明确办理医保骗保刑事案件的总体要求，强调深刻认识依法惩治医保骗保犯罪的重大意义，持续深化医保骗保问题整治，依法严惩医保骗保犯罪，不断提升人民群众获得感、幸福感、安全感；坚持严格依法办案，坚持分工负责、互相配合、互相制约，确保严格执法、公正司法，提高司法公信力；切实贯彻宽严相济刑事政策和认罪认罚从宽制度，确保罪责刑相适应，努力实现政治效果、法律效果和社会效果有机统一。

（二）准确认定医保骗保犯罪

本部分明确医保骗保刑事案件及医疗保障基金的范围，医疗保障经办机构、定点医药机构、参保人及其他个人骗取医疗保障基金的行为方式及相关犯罪行为的定罪处罚，以及医疗保障行政部门及经办机构工作人员利用职务便利骗取医疗保障基金的定罪处罚问题，确保准确认定犯罪。

1. 关于医保骗保刑事案件及医疗保障基金的范围

关于医保骗保刑事案件的范围。医保骗保犯罪并非独立犯罪类型，没有专门的刑法罪名，而是一类犯罪行为的统称，涉及多个罪名。为统一认识，《意见》第4条第1款规定："本意见所指医保骗保刑事案件，是指采用欺骗手段，骗取医疗保障基金的犯罪案件。"需要注意的是，医保骗保犯罪既包括以非法占有为目的，虚构事实、隐瞒真相，直接骗取医疗保障基金的诈骗犯罪及国家工作人员利用职务便利，贪污医疗保障基金的犯罪，也包括非法收购、销售利用医保骗保购买的药品牟利的掩饰、隐瞒犯罪所得犯罪等。

关于医疗保障基金的范围。自2021年5月1日起施行的《医疗保障基金使用监督管理条例》第二条规定："本条例适用于中华人民共和国境内基本医疗保险（含生育保险）基金、医疗救助基金等医疗保障基金使用及其监督管理。"第四十九条规定："职工大额医疗费用补助、公务员医疗补助等医疗保障资金使用的监督管理，参照本条例执行。居民大病保险资金的使用按照国家有关规定执行，医疗保障行政部门应当加强监督。"考虑到居民大病保险资金从城镇居民医保基金、新农合基金中划出一定比例或额度，保障对象为城镇居民医保、新农合参保（合）人，为切实维护相关医疗保障基金及医疗保险资金安全，《意见》第4条第2款规定："医疗保障基金包括基本医疗保险（含生育保险）基金、医疗救助基金、职工大额医疗费用补助、公务员医疗补助、居民大病保险资金等。"需要说明的是，"等"为"等内等"，限于列举范围；如此后法律、行政法规对医疗保障基金的范围有所增加，可依法解释在"等"内。

2. 关于定点医药机构实施医保骗保犯罪行为的定性

《意见》第5条规定了定点医药机构骗取医疗保障基金及定点医药机构的国家工作人员利用职务便利骗取医疗保障基金行为的定性。关于本条规定，需要说明以下几点。

（1）定点医药机构骗取医疗保障基金的行为属于诈骗。《全国人民代表大会常务委员会关于〈中华人民共和国刑法〉第二百六十六条的解释》规定："以欺诈、伪造证明材料或者其他手段骗取养老、医疗、工伤、失业、生育等社会保险金或者其他社会保障待遇的，属于刑法第二百六十六条规定的诈骗公私财物的行为。"定点医药机构采用《意见》第5条所列行为，骗取医疗保障基金，依照刑法第二百六十六条的规定，以诈骗罪定罪处罚。

需要指出的是，《医疗保障基金使用监督管理条例》第十一条第一款规定："医疗保障经办机构应当与定点医药机构建立集体谈判协商机制，合理确定定点医药机构的医疗保障基金预算金额和拨付时限，并根据保障公众健康需求和管理服务的需要，与定点医药机构协商签订服务协议，规范医药服务行为，明确违反服务协议的行为及其责任。”第十二条第一款规定：“医疗保障经办机构应当按照服务协议的约定，及时结算和拨付医疗保障基金。”第十三条第二款规定：“医疗保障经办机构违反服务协议的，定点医药机构有权要求纠正或者提请医疗保障行政部门协调处理、督促整改，也可以依法申请行政复议或者提起行政诉讼。”因此，医保定点服务协议是医疗保障部门为了实现医疗保障行政管理职能和公共服务目标，与定点医药机构协商一致订立的具有行政诉讼法上权利义务内容的协议。合同诈骗罪中的合同是平等市场主体之间订立的，具有市场经济交易关系的合同。定点医药机构利用医保定点服务协议，骗取医疗保障基金的，不构成合同诈骗罪。

（2）定点医药机构（单位）不能构成诈骗罪，对其组织、策划、实施人员，以诈骗罪定罪处罚。定点医药机构为谋取单位利益，由单位组织实施医保骗保犯罪，利益归单位所得，虽然符合单位犯罪的形式要件，但刑法并未规定单位可以构成诈骗罪的主体。《全国人民代表大会常务委员会关于〈中华人民共和国刑法〉第三十条的解释》规定：“公司、企业、事业单位、机关、团体等单位实施刑法规定的危害社会的行为，刑法分则和其他法律未规定追究单位的刑事责任的，对组织、策划、实施该危害社会行为的人依法追究刑事责任。”因此，对涉案定点医药机构的组织、策划、实施人员，依法以诈骗罪定罪处罚。

（3）定点医药机构实施医保骗保犯罪所得，应依法予以追缴。虽不能追究定点医药机构（单位）犯罪的刑事责任，但对定点医药机构通过医保骗保犯罪获取的违法所得，应依据刑法第六十四条规定追缴。《意见》第5条第2款规定：“定点医药机构通过实施前款规定行为骗取的医疗保障基金应当予以追缴。”

（4）定点医药机构的国家工作人员利用职务便利实施医保骗保犯罪行为的，以贪污罪定罪处罚。定点医药机构的国家工作人员，利用职务便利，骗取医疗保障基金的，依照刑法第三百八十二条、第三百八十三条的规定，以贪污罪定罪处罚。定点医药机构的国家工作人员与非国家工作人员勾结，骗取医疗保障基金的，依照《最高人民法院关于审理贪污、职务侵占案件如何认定共同犯罪几个问题的解释》的规定处理。

需要说明的是，有意见建议将定点医药机构及工作人员过度诊疗纳入《意见》第5条规定的犯罪手段。经研究，如何认定过度诊疗缺乏客观标准，难以达成一致意见，故未作规定，实践中可根据《意见》第4条第1款规定的要件，结合具体行为的社会危害性，稳妥认定是否构成医保骗保犯罪。实施《意见》第5条规定的医保骗保犯罪，同时构成诈骗罪和伪造、变造、买卖国家机关公文、证件、印章罪，伪造公司、企业、事业单位印章罪，虚开发票罪等其他犯罪的，从一重罪处罚。

3. 关于行为人骗取医疗保障基金行为的定性

《意见》第6条规定，行为人以非法占有为目的，实施骗取医疗保障基金犯罪的，以诈骗罪定罪处罚；同时构成其他犯罪的，择一重罪处罚。本条规定的行为人既包括参保人，也包括非参保人、医药机构工作人员等。本条与《意见》第5条规定不同，第5条旨在规定定点医药机构（单位）实施医保骗保犯罪的处罚，第6条旨在规定自然人实施医保骗保犯罪的处罚。

需要注意的是，《国务院办公厅关于建立健全职工基本医疗保险门诊共济保障机制的指导意见》规定，个人账户主要用于支付参保人员在定点医疗机构或定点零售药店发生的政策范围内自付费用，可以用于支付参保人员本人及其配偶、父母、子女在定点医疗机构就医发生的由个人负担的医疗费用，以及在定点零售药店购买药品、医疗器械、医用耗材发生的由个人负担的费用。探索个人账户用于配偶、父母、子女参加城乡居民基本医疗保险等的个人缴费。为明确罪与非罪界限，《意见》第6条第2款规定："参保人员个人账户按照有关规定为他人支付在定点医疗机构就医发生的由个人负担的医疗费用，以及在定点零售药店购买药品、医疗器械、医用耗材发生的由个人负担的费用，不属于前款第（2）项规定的冒名就医、购药。”对职工基本医疗保险门诊共济保障机制的地方性规定，属于本款规定的“有关规定”。需要指出的是，门诊共济限于个人账户，冒用他人医疗保障凭证骗取医疗保障基金的，属于《意见》第6条第1款第2项规定的冒名就医、购药。

4. 关于盗刷他人个人医保账户资金行为的定性

根据《国务院关于建立城镇职工基本医疗保险制度的决定》，基本医疗保险基金由统筹基金和个人账户构成。职工个人缴纳的基本医疗保险费，全部计入个人账户。用人单位缴纳的基本医疗保险费分为两部分，一部分用于建立统筹基金，一部分划入个人账户。个人账户的本金和利息归个人所有，可以结转使用和继承。因此，个人医保账户的资金性质上属于专款专用的个人财产，盗窃他人个人医保账户资金的，属于盗窃行为。《意见》第8条第2款规定：“盗窃他人医疗保障凭证（社会保障卡等），并盗刷个人医保账户资金，依照刑法第二百六十四条的规定，以盗窃罪定罪处罚。”

关于拾得他人医疗保障凭证，并使用医保个人账户资金行为的定性问题。起草过程中，有意见建议，参照《最高人民检察院关于拾得他人信用卡并在自动柜员机（ATM机）上使用的行为如何定性问题的批复》，拾得他人医疗保障凭证并使用个人账户资金的，按照诈骗罪处理。经研究，医保个人账户内本金和利息归个人所有，拾得他人医疗保障凭证并使用医保个人账户资金，是在他人不知情的情况下，窃取他人医保个人账户内已有资金，构成盗窃罪。鉴于争议较大，《意见》未作规定。

5. 关于非法收购、销售医保骗保购买药品行为的定性

根据调研情况，非法收购、销售医保骗保购买药品的行为形势十分严峻，一些犯罪分子组成犯罪团伙，倒卖医保骗保药品非法牟利，甚至指使、教唆、授意参保人员利用医保待遇虚开、多开药品后收购、销售，成为治理医保骗保违法犯罪的重要环节。例如，最高人民法院、最高人民检察院公布的医保骗保犯罪典型案例三陈某美、陈某英、孙某玉诈骗、掩饰、隐瞒犯罪所得案中，陈某英、孙某玉明知系利用医保骗保购买的

药品而非法收购、销售，其行为构成掩饰、隐瞒犯罪所得罪。

由于医保骗保的药品质量本身没有问题，无法适用假药、劣药相关犯罪和妨害药品管理罪的规定。2022 年 3 月 3 日，最高人民法院、最高人民检察院联合发布修订后的《最高人民法院、最高人民检察院关于办理危害药品安全刑事案件适用法律若干问题的解释》（以下简称《办理危害药品安全案件解释》），其中第十三条对此问题作了专门规定。根据各方意见，《意见》第 9 条参照《办理危害药品安全案件解释》相关条文作了规定。关于本条，需要说明以下两点。

（1）关于定罪量刑数额标准。《办理危害药品安全案件解释》第十三条规定，明知系利用医保骗保购买的药品而非法收购、销售，金额 5 万元以上的，以掩饰、隐瞒犯罪所得罪定罪处罚。2021 年 4 月 13 日，最高人民法院公布《最高人民法院关于修改〈关于审理掩饰、隐瞒犯罪所得、犯罪所得收益刑事案件适用法律若干问题的解释〉的决定》（修改后的解释简称《审理掩隐案件解释》），明确 2015 年制定的《最高人民法院关于审理掩饰、隐瞒犯罪所得、犯罪所得收益刑事案件适用法律若干问题的解释》第一条第一款第一项、第二款和第二条第二款规定的数额标准不再适用；人民法院审理掩饰、隐瞒犯罪所得、犯罪所得收益刑事案件，应综合考虑上游犯罪的性质、掩饰、隐瞒犯罪所得及其收益的情节、后果及社会危害程度等，依法定罪处罚。鉴于《办理危害药品安全案件解释》与《审理掩隐案件解释》规定不一致，同时考虑下一步相关司法解释的修订，故《意见》第 9 条没有明确规定“金额 5 万元以上”，而表述为“依照刑法第三百一十二条和相关司法解释的规定”。《办理危害药品安全案件解释》规定“金额 5 万元以上”是基于适当控制刑事打击面的考虑，属于司法解释对掩饰、隐瞒犯罪所得罪入罪标准的特殊规定，司法实践中，在相关司法解释修订前，对非法收购、销售利用医保骗保购买药品的行为，以掩饰、隐瞒犯罪所得罪定罪时，入罪标准仍应当把握“金额 5 万元以上”。需要明确的是，非法收购、销售的金额累计在 5 万元以上（既收购又销售的，金额以高者计）即构成犯罪，不必要求行为人获利金额5万元以上。

（2）关于行为人主观明知的推定及例外。实践中，倒卖医保骗保药品犯罪链条长，呈现出行为人“一对多”向参保人收购药品的特点，行为人与参保人微信、电话等非接触式沟通，通过邮寄实现药品流转，加上行为人具有一定的反侦查能力，有意销毁、藏匿证据，造成案件取证困难，尤其是证明行为人主观明知的证据难以收集。有的案件中，已经抓获行为人，但无法查证出售药品的参保人，面临如何认定事实的难题。因此，有必要规定推定行为人明知。根据调研情况和有关部门建议，《意见》第9条第3款规定，对行为人主观明知，应当根据药品标志、收购渠道、价格、规模及药品追溯信息等综合认定；同时，列举了五种常见的推定行为人主观明知的情形及兜底规定。推定是基于司法实践的经验总结，不能等同于认定，为准确认定犯罪事实，严格区分罪与非罪，同时规定，行为人能够说明药品合法来源或作出合理解释可以除外。考虑刑事诉讼的被告人不承担证明自己无罪的责任，故《意见》规定“行为人能够说明药品合法来源”而不是规定“行为人能够证明药品合法来源”。行为人提出药品有合法来源的，应当予以说明并提供核查线索，行为人说明的来源不合法或无法查证的，且具有所列情形之一的，仍可推定其具有主观明知。

（三）依法惩处医保骗保犯罪

本部分强调依法从严惩处医保骗保犯罪，重点打击幕后组织者、职业骗保人等，明确从严从重处罚和从宽处罚的情形，强化全链条惩治医保骗保相关犯罪，加大财产刑适用力度，规范罚金刑适用，从严掌握缓刑适用，统一法律适用标准和司法裁判尺度。

1. 关于依法从严惩处

《意见》第10条规定：“依法从严惩处医保骗保犯罪，重点打击幕后组织者、职业骗保人等，对其中具有退赃退赔、认罪认罚等从宽情节的，也要从严把握从宽幅度。具有下列情形之一的，可以从重处罚：（1）组织、指挥犯罪团伙骗取医疗保障基金的；（2）曾因医保骗保犯罪受过刑事追究的；（3）拒不退赃退赔或者转移财产的；（4）造成其他严重后果或恶劣社会影响的。”《意见》第 11 条规定，办理医保骗保刑事案件，要同步审查洗钱、侵犯公民个人信息等其他犯罪线索，实现全链条依法惩治。

2. 关于区别对待、区别处理原则

《意见》第 12 条规定了区别对待、区别处理原则。要综合考虑行为人骗取医疗保障基金的数额、手段、认罪悔罪、退赃退赔等案件具体情节，依法决定是否追究刑事责任。对于涉案人员众多的，要根据犯罪的事实、犯罪的性质、情节和对于社会的危害程度，以及在共同犯罪中的地位、作用、具体实施的行为区别对待、区别处理。对涉案不深的初犯、偶犯要从轻处罚，对认罪悔罪、积极退赃退赔的医务人员及因长期治疗疾病导致经济困难，偶尔骗取医疗保障基金的患者及家属，要充分体现宽严相济刑事政策，从宽处罚；犯罪情节轻微的，依法不起诉或免除处罚；情节显著轻微、危害不大的，不作为犯罪处理。

3. 关于缓刑禁止令和从业禁止

刑法第七十二条第二款规定：“宣告缓刑，可以根据犯罪情况，同时禁止犯罪分子在缓刑考验期限内从事特定活动，进入特定区域、场所，接触特定的人。”人民法院审理医保骗保刑事案件，对宣告缓刑的犯罪分子，根据案件情况，可以同时禁止其在缓刑考验期限内从事与医疗保障基金有关的特定活动。

《意见》起草过程中，就人民法院审理医保骗保刑事案件是否适用刑法第三十七条之一规定的从业禁止，有较大争议。经研究，刑法第三十七条之一第三款规定“其他法律、行政法规对其从事相关职业另有禁止或者限制性规定的，从其规定”，从业禁止是针对利用职业便利实施犯罪的再犯特殊预防性刑事措施，具有补充性，在其他法律、行政法规对从事相关职业另有禁止或者限制性规定的，应当从其规定。不仅从业禁止的期限要依照有关法律、行政法规的规定，而且给予从业禁止的主体、条件等也应当依照有关法律、行政法规的规定。简言之，其他法律、行政法规对受到刑事处罚的人有从业禁止规定的，人民法院不再判处从业禁止；没有规定的，人民法院可判处从业禁止。值得注意的是，《最高人民法院、最高人民检察院、教育部关于落实从业禁止制度的意见》（法发〔2022〕32号）第三条第一款规定："教职员工实施性侵害、虐待、拐卖、暴力伤害等犯罪的，人民法院应当依照未成年人保护法第六十二条的规定，判决禁止其从事密切接触未成年人的工作。"该规定是基于对未成年人的优先、特殊保护需要和未成年人保护法作出的特别规定。《医疗保障基金使用监督管理条例》第四十三条规定："定点医药机构违反本条例规定，造成医疗保障基金重大损失或者其他严重不良社会影响的，其法定代表人或者主要负责人5年内禁止从事定点医药机构管理活动，由有关部门依法给予处分。"故《意见》未再规定从业禁止。

4. 关于财产刑适用

《意见》第14条强调加大对医保骗保犯罪的财产刑适用，提高医保骗保犯罪成本，从经济上严厉制裁犯罪分子，彻底剥夺其再犯罪能力。财产刑的具体适用，要综合考虑犯罪数额、退赃退赔、认罪认罚等情节决定罚金数额。

（四）切实加强证据的收集、审查和判断

本部分规定公安机关、人民检察院、人民法院应当依照各自职责，强化对医保骗保刑事案件证据的收集、审查和判断，明确医疗保障行政部门收集的证据在刑事诉讼中的证明效力，以及医保骗保犯罪涉案财物的调查取证、追赃挽损等内容，确保最大限度减少医疗保障基金损失，最大限度维护人民群众利益。

1. 关于医疗保障行政部门行政执法证据的效力

《医疗保障基金使用监督管理条例》规定了医疗保障行政部门的执法监督权和调查权。实践中，对医疗保障行政部门执法监督和调查中收集的证据能否作为刑事诉讼的证据存在争议，而相关证据对案件处理起重

要作用，有必要予以明确。《最高人民法院关于适用〈中华人民共和国刑事诉讼法〉的解释》第七十五条规定："行政机关在行政执法和查办案件过程中收集的物证、书证、视听资料、电子数据等证据材料，经法庭查证属实，且收集程序符合有关法律、行政法规规定的，可以作为定案的根据。根据法律、行政法规规定行使国家行政管理职权的组织，在行政执法和查办案件过程中收集的证据材料，视为行政机关收集的证据材料。"据此，《意见》第 18 条规定："医疗保障行政部门在监督检查和调查中收集的物证、书证、视听资料、电子数据等证据材料，经法庭查证属实，且收集程序符合有关法律、行政法规规定的，可以作为定案的根据。"需要注意的是，本条规定的证据种类原则上仅限于物证、书证、视听资料、电子数据。此外，上述证据作为定案的根据，还需要经法庭查证属实，且收集程序符合法律及《医疗保障基金使用监督管理条例》等行政法规的规定。

2. 关于抽样取证

实践中，有的医保骗保犯罪涉及大量参保人，有的犯罪通过无接触方式实施，在其他证据足以认定犯罪数额等事实情况下，要求逐一向证人调取证言既不现实也无必要。故《意见》第 19 条规定："办理医保骗保刑事案件，确因证人人数众多等客观条件限制，无法逐一收集证人证言的，可以结合已收集的证人证言，以及经查证属实的银行账户交易记录、第三方支付结算凭证、账户交易记录、审计报告、医保信息系统数据、电子数据等证据，综合认定诈骗数额等犯罪事实。"需要注意的是，只有确因客观条件限制，无法逐一收集证人证言且其他客观证据能够认定诈骗数额等相关事实的，才适用抽样取证。

3. 关于等值追缴

行为人实施医保骗保犯罪所得一切财物，属于违法所得，依法应当追缴或责令退赔。为切实有效追回医疗保障基金，《意见》第 21 条规定了等值追缴原则。适用本条需要具备三个条件：一是依法查明存在违法所得及其数额，证据要确实、充分；二是要有证据证明存在依法应当追缴的财产且无法查明去向，或者价值灭失，或者与其他合法财产混合且不可分割；三是等值财产的追缴数额严格限定于依法查明应当追缴的违法所得数额，对已经追缴或者退赔的部分应予扣除。人民法院在执行涉案财物过程中，公安机关、人民检察院及有关职能部门应当配合，切实履行协作义务，综合运用多种手段，做好涉案财物清运、财产变现、资金归集和财产返还等工作，最大限度减少医疗保障基金损失，最大限度维护人民群众利益。

（五）建立健全协同配合机制

本部分就规范健全医保骗保犯罪行刑衔接机制，强化能动履职，推进医保骗保违法犯罪系统治理、源头治理，健全完善防范医保骗保违法犯罪长效机制作出规定。

1. 关于加强协作配合

《意见》第23条规定，医疗保障行政部门在调查医保骗保行为或行政执法过程中，商请就追诉标准、证据固定等问题提出咨询或参考意见的，公安机关、人民检察院应当及时提出意见。《意见》第25条规定，公安机关、人民检察院、人民法院在办理医保骗保刑事案件时，可商请医疗保障行政部门或有关行政主管部门指派专业人员配合开展工作，协助查阅、复制有关专业资料或核算医疗保障基金损失数额，就案件涉及的专业问题出具认定意见。

2. 关于建立健全相关机制

一是完善双向移送机制。《意见》第23条规定，公安机关对医疗保障行政部门移送的犯罪线索要及时调查，涉嫌犯罪的及时立案侦查。公安机关、人民检察院、人民法院对不构成犯罪、依法不起诉或免予刑事处罚的医保骗保行为人，需要给予行政处罚、政务处分或者其他处分的，应当依法移送医疗保障行政部门等有关机关处理。《意见》第24条规定，公安机关、人民检察院、人民法院应当将医保骗保案件处理结果及生效文书及时通报医疗保障行政部门。

二是完善信息共享机制。《意见》第 24 条规定，公安机关与医疗保障行政部门要加快推动信息共享，构建实时分析预警监测模型，力争医保骗保问题“发现在早、打击在早”，最大限度减少损失。

3. 关于延伸办案职能作用

《意见》第 26 条强调，要落实“抓前端、治未病”要求，坚持治罪与治理并重，强化法治宣传教育，做好法律政策宣讲、引导，充分揭露医保骗保犯罪的手段、社会危害性，推动人民群众知法、守法、护法，共同维护医疗保障基金安全。结合办理案件发现的医疗保障基金使用、监督、管理方面存在的问题，通过“三书一函”助力有关部门堵塞漏洞，加强监管。

（六）其他需要说明的问题

《意见》规定的分解住院、挂床住院、串换药品等行为方式来源于《医疗保障基金使用监督管理条例》，司法实践中，不宜过分拘泥于相关概念的含义，是否认定为骗取医疗保障基金的行为应结合《意见》第 4 条的规定，是否采用欺骗手段，是否以骗取医疗保障基金为目的及相关行为的社会危害性，稳妥认定是否构成医保骗保犯罪。根据司法实践情况，分解住院一般是指定点医药机构短时间内为患者重复办理住院，将本应一次完成的治疗分解为二次以上住院治疗；挂床住院一般是指参保患者未实际住院或进行治疗；串换药品、医药耗材、诊疗项目和服务设施一般是指将不属于医疗保障基金支付范围的药品、耗材、项目等进行医保报销，或者将低标准收费项目以高标准收费项目进行医保结算。

医保骗保刑事案件办理专业性较强，各级人民法院、人民检察院、公安机关在执行《意见》过程中遇到的重大问题，应及时分别报告最高人民法院、最高人民检察院、公安部。

袭警罪司法适用问题研究

滕　伟　司明灯　汪　雷*

自刑法修正案（十一）增设袭警罪以来，人民法院依法打击了一批暴力袭击人民警察的犯罪分子，有力保障了人民警察依法履行保护人民群众合法权益、保障社会治安稳定的职责，维护了国家法律尊严和社会管理秩序。但同时也要看到，实践中对袭警罪的理解和适用还存在一些分歧。为统一法律适用、准确定罪量刑，本文对袭警罪中暴力行为的暴力程度、危害后果，辅警是否属于袭警罪的保护对象，人民警察执法行为的合法性、规范性对定罪量刑的影响等司法适用中的疑难问题进行了研究分析，以期有利于司法实践。

一、如何把握袭警罪中的“暴力袭击”行为

刑法修正案（十一）对袭警罪的罪状表述为暴力袭击正在依法执行职务的人民警察，但对暴力袭击的方式、程度等缺乏具体描述。2019 年出台的《最高人民法院、最高人民检察院、公安部关于依法惩治袭警违法犯罪行为的指导意见》（以下简称 2019 年《指导意见》）对暴力袭击行为作出过列举性规定：（1）实施撕咬、踢打、抱摔、投掷等，对人民警察人身进行攻击的；（2）实施打砸、毁坏、抢夺人民警察正在使用的警用车辆、警械等警用装备，对人民警察进行人身攻击的。结合袭警罪

* 作者单位：最高人民法院。

加重情节的规定，暴力袭击行为还包括使用枪支、管制刀具或者以驾驶机动车撞击等手段袭警的行为。由于上述三种行为的危害性有所不同，相应的定罪标准和量刑幅度也有一定的差别，下面逐一分析。

第一，对于危害性相对较轻的第一类攻击行为，不宜动辄入罪，原则上可确定实施此类行为造成人民警察轻微伤的，才以袭警罪定罪量刑。

比如，被告人朱某雯袭警案。派出所民警在处理一起打架斗殴警情过程中，将朱某雯依法传唤至派出所，民警顾某某在派出所门口对朱某雯进行防疫登记时，朱某雯不配合并掌掴顾某某面部，随后被派出所民警控制并传唤到案。检察机关起诉认为，朱某雯暴力袭击依法执行职务的人民警察，虽未致被害人受伤，但该行为具有侮辱性，在执法现场故意挑战法律权威，应以袭警罪定罪处罚。法院审理后认为，朱某雯在派出所门口掌掴正在依法执行职务的人民警察，属于袭警行为，应给予否定评价，但刑法设立袭警罪的目的在于强化对人民警察依法执行公务的保障，并非所有袭警行为不论轻重都必须动用刑法予以惩治，综合考量朱某雯行为时袭警暴力程度低、未造成民警人身伤害、案发后认罪悔罪等全案情节，其行为属于情节显著轻微、危害不大，可不认为是犯罪，遂依法判决朱某雯无罪。我们认为，从本案的事实、情节及后果等方面分析，法院的判决是恰当的。当然，对朱某雯不以袭警罪追究刑事责任，并不意味着其不用承担法律责任，对其违法行为应当予以相应的治安处罚。

第二，对于利用警用装备袭警的第二类攻击行为，与第一类以徒手为主的攻击相比具有更大的威胁和更重的危害，也容易造成执行职务的人民警察更为严重的伤害后果，故在针对此类行为的入罪标准设置上，只要达到足以危及人身安全的程度，即可认定为袭警罪。但要注意的是，对于行为人单纯实施打砸、毁坏、抢夺执行职务的人民警察正在使用的警用车辆、警械等警用装备的行为，但客观上没有也不能伤害到执行职务的人民警察身体的，不宜一概认定为袭警罪；构成寻衅滋事罪、故意毁坏财物罪等其他犯罪的，以相应罪名定罪处罚。例如，陈某等人酒后在饭店门口滋事，民警接到报警后驾驶警车到场，陈某等人见状持酒瓶、木棒等物冲向警车，民警下车时后撤，待民警依法处置滋事行为时，陈某等人打砸警车，后被抓获。由于陈某等人打砸警车时民警已撤离，故其行为不构成袭警罪，后被以寻衅滋事罪定罪处罚。

第三，对于使用枪支、管制刀具或者以驾驶机动车撞击等手段袭警的行为，由于此类行为危害巨大，不仅构成袭警罪，刑法修正案（十一）还将其量刑幅度由三年以下有期徒刑、拘役或者管制提高为三年以上七年以下有期徒刑。适用时要注意，袭警行为必须同时达到严重危及人民警察人身安全的程度。此外，对“等手段”的把握，不仅要作是否具有与“使用枪支、管制刀具，或者以驾驶机动车撞击”相当的杀伤力判断，也要作是否具有足以“严重危及其人身安全”的危害性衡量，不能孤立、机械地认定。

比如，被告人朱某祥袭警案。朱某祥酒后无证驾驶小型客车，行驶至交叉路口时，遇执勤民警检查酒驾。为逃避检查，朱某祥绕道逃离现场，被执勤民警使用警车、反光锥桶设置障碍截停。朱某祥在民警示意其停车接受检查时拒不下车，见民警吴某某和辅警徐某某等多人上前围堵车辆阻止其逃离，仍拒不配合接受检查，并倒车欲逃离现场。在吴某某、徐某某等人将身体探入该车驾驶室内试图对朱某祥施以控制过程中，其强行驾车从拦截的警车尾部与路牙之间的狭窄空隙处加速逃离现场，致吴某某、徐某某被该车拖拽后撞击拦截的警车尾部，遭两车挤压后倒地，吴某某多根肋骨骨折、左肘和左小腿受伤，徐某某头顶肿胀、右肘擦伤。经鉴定，朱某祥血样中乙醇含量为103.1毫克/100毫升；吴某某左侧第三至第七肋骨骨折构成轻伤二级，左肘、左小腿体表挫伤构成轻微伤。从本案案情看，朱某祥酒后无证驾驶机动车，遇检查强行闯卡，在民警将身体探入驾驶室内对其进行控制时，朱某祥加速逃跑，先将民警吴某某和辅警徐某某挂在车辆一侧拖拽，又从狭窄空间内冲撞逃离，虽然并非直接撞击民警，但必然导致民警遭受一旁障碍物的撞击、挤压，其行为明显具有与“使用枪支、管制刀具，或者以驾驶机动车撞击”相当的杀伤力，且从实际后果看，吴某某、徐某某被撞击致全身多处受伤，其中吴某某的伤情构成轻伤，足见朱某祥的行为具有“严重危及其人身安全”的危害性。法院认定朱某祥犯袭警罪，判处其有期徒刑三年六个月，定罪准确，量刑适当。

二、如何界定袭警罪的犯罪对象

袭警罪的犯罪对象特指“正在依法执行职务的人民警察”。根据人民警察法和《国务院办公厅关于规范公安机关警务辅助人员管理工作的意见》等规定，人民警察包括公安机关、国家安全机关、监狱的人民警察和人民法院、人民检察院的司法警察等，警务辅助人员不具有人民警察身份。但在实践中，公安机关的警务辅助人员经常协助人民警察一同执行职务，若其遭受暴力袭击，能否对行为人认定袭警罪，存在较大争议。影响较大的观点有两种。一种观点认为，警务辅助人员虽然是辅助支持人民警察执行职务行为，但不应一概将袭击警务辅助人员排除在袭警罪之外，尤其在警务辅助人员配合人民警察一起执法的场合，应当以“执法共同体”的概念作实质性判断，袭击警务辅助人员也构成袭警罪。另一种观点认为，人民警察的概念不应扩大解释，如果仅是暴力袭击警务辅助人员，根据罪刑法定原则不应认定为袭警罪，可认定为妨害公务罪或其他犯罪。我们认为，第一种观点虽有一定道理，但人民警察的范围由法律严格界定，不宜作出超出法律规定的扩大解释。相比之下，第二种观点更为妥当。对于只是暴力袭击配合人民警察依法执行职务的警务辅助人员的，不适用袭警罪的规定，符合妨害公务罪规定的，以妨害公务罪论处。对于同时袭击正在依法执行职务的人民警察和配合人民警察依法执行职务的警务辅助人员的，即便均构成犯罪，亦无必要以袭警罪和妨害公务罪数罪并罚，可择一重罪从重处罚，即以袭警罪酌情从重处罚。

以被告人江某祥酒后冲撞辅警案为例。民警左某、薛某等人依法设卡进行交通酒驾盘查，辅警邹某华、张某按民警要求在路上负责观察、拦截逃逸车辆。被告人江某祥酒后驾驶一辆黑色小型客车行至设卡处，发现前方有民警盘查，恐酒后驾车被查处，遂调转车头欲逃避检查。邹某华、张某发现后迅速向该车靠近，并要求江某祥停车接受检查。江某祥未按要求停车，而是继续驾车逃跑，并驾车将邹某华撞倒，致邹某华头部损伤、左锁骨骨折、右腓骨粉碎性骨折、右手挫伤，损伤程度为轻伤一级、十级伤残，各项经济损失共计 11 万余元。江某祥停车后被民警抓获。经检测，江某祥呼气中乙醇含量为 45 毫克/100 毫升，其驾驶车辆碰撞后瞬时车速为 25. 2 千米/小时。一审法院以袭警罪判处江某祥有期徒刑三年。江某祥上诉后，二审法院认为，袭警罪暴力袭击的对象必须是正在依法执行职务的人民警察，而本案被害人邹某华并不具有人民警察的主体身份，故江某祥的行为不构成袭警罪，但案发时邹某华系作为警务辅助人员协助民警依法盘查交通酒驾，可视为国家机关工作人员，江某祥以暴力方法阻碍国家机关工作人员依法执行职务，构成妨害公务罪，结合案发后江某祥积极赔偿被害人的经济损失并获得谅解等情节，以妨害公务罪改判江某祥有期徒刑一年一个月。我们认为，二审法院的改判是正确的。

实践中还存在由警务辅助人员单独完成交通文明劝导、道路治安巡逻、疫情防控任务等特殊情况，在此过程中警务辅助人员遭受暴力袭击的能否认定行为人犯袭警罪或妨害公务罪，亦存在争议。一种观点认为，袭警犯罪具有随机性、偶发性，行为人实施暴力袭击时并未理性区分，导致警务辅助人员与人民警察处于同等危险境地，袭击警务辅助人员行为情节严重的，应以袭警罪或妨害公务罪处罚。另一种观点认为，警务辅助人员的此种职务行为首先属于程序违法，因为单独执法的警务辅助人员并不具有执法权，而袭警罪、妨害公务罪分别保护的是人民警察的执法权、国家机关工作人员的执法权，故此类袭击行为不构成袭警罪，也不构成妨害公务罪。我们同意第二种观点。根据《国务院办公厅关于规范公安机关警务辅助人员管理工作的意见》规定，警务辅助人员不具备执法主体资格，不能直接参与公安执法工作，而应当在公安民警的指挥和监督下开展辅助性工作。据此可知，单独从事执法相关工作的警务辅助人员不属于依法执行职务，此种情况下袭击警务辅助人员的行为自然不构成袭警罪。而妨害公务罪也是以国家机关工作人员依法执行职务为前提，同样道理，上述行为也不构成妨害公务罪。但这并不意味着袭击单独执行一定工作任务的警务辅助人员可以不受处罚，袭击行为符合刑法第二百九十三条、第二百三十四条等规定的，依法以寻衅滋事罪、故意伤害罪等定罪处罚。

在此还要注意，除了涉及警务辅助人员的情形外，对于只是暴力袭击人民警察但造成人民警察重伤甚至死亡结果，同时构成袭警罪和故意伤害罪、故意杀人罪等其他犯罪的，要择一重罪并酌情从重处罚，即以处罚较重的故意伤害（致人重伤）罪、故意杀人罪等定罪并予以从重处罚，以彰显对严重袭警犯罪分子从严惩处的鲜明态度。

三、如何判断“正在”依法执行职务

司法实践中对如何判断“正在”依法执行职务也存在不同看法，下面分两种情况进行探讨。

（一）在工作时间履行法定职责

人民警察在正常的工作时间，依法履行法律规定的诸如治安管理、交通疏导、纠纷调解、违章处罚等工作职责，属于标准的“正在”依法执行职务。如果人民警察在标准的“正在”依法执行职务中遭受暴力袭击，符合入罪条件，自然应当对行为人的行为认定为袭警罪，对此没有争议。但实践中也存在对“正在”依法执行职务的时间节点如何审查判断的问题。

一是如何把握“正在”依法执行职务的起点。以被告人李某德袭警案为例。李某德到派出所报案称自己被骗，公安机关认为该事由属于经济纠纷，李某德不满公安机关的处理结果，将自己的微型汽车横停在派出所门口。民警刘某威、辅警王某接到 110 报警准备驾车出警时，被李某德的车辆堵住无法出门，便劝说李某德将车辆挪走，李某德不予配合，在劝阻无效的情况下，刘某威告知李某德的行为涉嫌违法，并对其口头传唤，李某德拒不配合传唤，并用拳猛击刘某威面部，致刘某威面部受伤出血，构成轻微伤。分析认为，李某德将微型汽车横停在派出所门口，导致民警刘某威、辅警王某的车辆被堵无法出警。尽管此时民警尚未赶到现场处警，但因民警接警后驾车赶往现场的行为与接下来的处警密切相关，具有紧迫性和必要性，故驾车前往现场可视为处于“正在”依法执行职务的过程中。此时民警遭李某德暴力袭击，可认定为暴力袭击“正在”依法执行职务的人民警察。因此，“正在”依法执行职务的起点不应局限于到达现场执行职务之时，而是应当向前延伸至与执行职务密切关联且具有紧迫性和必要性的出警阶段。

二是如何把握“正在”依法执行职务的终点。例如，被告人马某凯袭警案。马某凯酒后驾驶轿车行至公安机关交通违法检查点时被依法查处，因对处罚决定不满，持械追打交警，交警见状驾驶警车欲返回警队，途中马某凯驾驶轿车从后面追上并撞击警车，致警车尾部严重损毁。法院审理中对马某凯实施暴力袭击行为的事实没有争议，但对其之后袭击的是否为“正在”依法执行职务的人民警察则存在不同认识。我们认为，不应对“正在”依法执行职务机械理解为执行职务的现场或者当时，对“正在”依法执行职务的终点亦不应以离开现场作为唯一判断标准。马某凯被查后攻击未果，又驾车追逐并撞击警车，撞击警车的第二现场应被看作袭警第一现场的延伸，故马某凯的行为仍可认定为暴力袭击“正在”依法执行职务的人民警察。

总之，应将“正在”依法执行职务作为一个有始有终的完备整体来看待，涵盖从出警执法到结束执法的完整过程中的全部行为。

（二）在非工作时间履行法定职责

人民警察在下班后、休假中等非工作时间，遇到其职责范围内的突发、紧急情况，出手处理，是否属于“正在依法执行职务”，对此有不同认识。2019 年《指导意见》规定，人民警察在非工作时间，依照人民警察法等法律履行职责的，应当视为执行职务。我们认为，该条规定仍然可以参照，对于人民警察在非工作时间遇到其职责范围内的紧急情况，依法履行职责的，属于"正在依法执行职务"，对其实施暴力袭击的，构成袭警罪。

人民警察在执法过程中，不仅会当场遭到袭击，有时在事后还会受到违法犯罪分子的威胁或报复，此种情况下的报复性袭击是否应认定为袭警罪？个别观点认为，即便人民警察因为依法执行职务在执法之后遭受袭击，但因其本身就拥有依法打击违法犯罪行为的职责，故对其进行袭击的，仍属于暴力袭击正在依法执行职务的人民警察，构成袭警罪。而多数观点认为，尽管此类袭击行为源于人民警察依法执行职务，但毕竟人民警察遭到袭击的时候执行职务行为已经结束，故不构成袭警罪。我们同意第二种观点，不宜对"正在依法执行职务"作过于宽泛的解释。在人民警察非执行职务期间，因其执行职务行为对其进行袭击报复的，已不属于暴力袭击"正在依法执行职务的人民警察"范畴，不应认定为袭警罪。但报复性袭击人民警察的行为与公民间的报复性攻击行为相比具有更为严重的社会危害性，符合刑法第二百三十四条、第二百三十二条等规定的，依照故意伤害罪、故意杀人罪等定罪并酌情从重处罚。

四、如何理解正在"依法"执行职务

袭警罪成立的前提是人民警察依法执行职务。如果人民警察的执行职务行为违反法律规定，在此情况下双方发生了肢体冲突，行为人对人民警察实施了攻击行为，应如何处理？对此也要区分不同情况进行分析。

第一，对于人民警察的执行职务行为明显缺乏执法依据、超越执法权限、违反法定程序的，尤其是明显违反人民警察法、人民警察使用警械和武器条例等法律法规中的命令性、禁止性规范的，已经不属于"依法执行职务"，由此引发行为人的质疑进而发生肢体冲突乃至攻击行为的，一般不应作为袭警犯罪处理。仍以上述李某德袭警案为例。民警刘某威、辅警王某见李某德用车堵门即进行劝离，在劝离无效的情况下，刘某威告知李某德的行为涉嫌违法，后对其口头传唤，李某德拒不配合公安机关传唤并实施暴力袭击。从这一过程看，民警实施的职务行为符合实体法和程序法的规定，应当认定为正在“依法”执行职务。相反，如果民警发现李某德堵门后，在未经沟通、李某德无拒不配合或其他危险行为的情况下，即以李某德违法为由直接使用手铐欲将其铐住带走，李某德激烈抗拒致使民警受伤，此种情形违反了强制传唤及使用警械的法定条件和程序，则不能认定为“依法”执行职务，对行为人也就不宜以袭警罪定罪量刑。

第二，对于人民警察的执行职务行为未明显违法，但存在不适当、不规范、不文明等执法瑕疵的，由此引发袭警行为能否认定为袭警罪，存在一定争议。有观点认为，执法态度生硬、方式粗暴或者言语不文明，不影响职务行为合法性的认定，进而不影响袭警罪的成立。另有观点认为，人民警察执行职务应当严格依法进行，执行职务瑕疵不应被允许，更不应由民众买单，因此发生的袭警行为不宜认定为袭警罪。还有观点认为，因瑕疵或不当执法激化矛盾的，对于是否构成袭警罪需综合评估主观过错的大小作不同处理。我们认为，对瑕疵执法行为引发的袭警行为，应根据人民警察执行职务行为瑕疵的程度，结合行为人施加暴力的手段和程度、导致的后果及造成的影响等因素，全面客观地评价其社会危害性大小，依法妥善处理。暴力程度较轻、危害不大的，以及执法瑕疵程度较严重的，一般可考虑不作为犯罪处理。确需追究刑事责任的，可依法从宽处理。

五、如何评判人民警察个人谅解作为从轻处罚情节

就袭警罪侵害的法益而言，主要有单一说和复合说两种观点，而单一说又分为公务说与人身安全说。其中，公务说认为，袭警罪侵犯的法益是人民警察的公务或者说人民警察的执法权，立法设置袭警罪的目的在于保障人民警察公务的顺利执行，维护人民警察的执法权威和执法尊严。人身安全说主张人民警察的人身安全是袭警罪侵害的法益。复合说则认为袭警罪立法保护的是复合法益，既包括人民警察的公务，也包括

人民警察的人身安全。[①] 下面对三种观点及其引申出来的人民警察个人谅解侵害人行为的影响和后果作一评述。

（一）关于公务说

公务说是刑法理论界的主流观点。该观点认为，袭警罪立法保护的是人民警察的公务活动或执法权威，而非执行法律的人民警察个人的人身权利，因此，行为人向执行职务的人民警察个人赔偿道歉，并不能修复已被侵害的国家管理秩序，受害人民警察代表个人出具的谅解书不能作为从轻处罚的量刑情节。我们认为该观点失之偏颇。因为，从逻辑上讲，袭警罪的受害者首先是人民警察，不能将人民警察与人民警察执法活动完全割裂开来，这样对人民警察个人是有失公允的。从司法实践看，人民警察接受侵害人民事赔偿的情况也较为常见。有学者针对北方某省会城市2020年1月1日至2021年9月26日妨害公务、袭警案件的赔偿情况进行了调研，结果显示，全市办理的妨害公务、袭警案件中有约25.1%的案件存在赔偿情况，大部分案件的赔偿额在2000元以上3万元以下。[②] 这些数据表明，袭警案件中人民警察接受侵害人民事赔偿的做法具有一定的普遍性和可接受性。

（二）关于人身安全说

人身安全说同样存在不足。按照该观点，袭警罪侵害的法益只是人民警察的人身安全，但如此理解，一方面与该犯罪被设置在“妨害社会管理秩序罪”一章的立法编排逻辑不符，另一方面也与2019年《指导意见》的内容存在冲突。2019年《指导意见》第六条明确规定，对袭警违法犯罪行为，依法不适用刑事和解和治安调解。如果袭警罪侵害的法益只是人民警察的人身安全，那么人民警察可以完全处分自己的权利，适用刑事和解和治安调解也未尝不可。正是因为袭警罪属于妨害社会管理秩序犯罪，与民

① 参见李永升、安军宇：《袭警罪的实务检视与规范适用》，载《刑法论丛》2022年第3期。
② 参见张杰：《袭警罪限缩适用论》，载《犯罪研究》2023年第6期。

间矛盾纠纷引发的侵害个人法益的犯罪性质不同，人民警察个人接受赔偿对袭警行为人表示谅解，并不等同于国家法益的损害得以矫正和修复，更不意味着是对国家法益的处分，所以才需规定对袭警罪不能适用刑事和解程序。这也反向推导出人身安全说是经不起推敲的。

（三）关于复合说

我们基本同意复合说的观点。由于袭警罪在破坏社会管理秩序的同时，也对受害人民警察的人身造成了一定程度的侵害，因此，人民警察虽然不能代表国家与侵害人进行刑事和解，但可以适当处分其在依法执行职务时受到侵害的个人法益，包括接受袭警行为人赔礼道歉、赔偿损失等，这些行为法律并未禁止。而且，来自行为人的积极赔偿有利于弥补受害人民警察的损失，也有助于缓和警民关系，因此没有必要予以绝对禁止，法院亦可在量刑时对此酌情考虑，对侵害人适当从宽处罚。

例如，被告人王某袭警案。王某酒后乘坐李某永驾驶的出租车，因王某无法确定最终目的地且拒不下车，李某永遂将王某拉至公安局巡警大队求助。值班民警让王某下车后李某永驾车离开。王某不满民警让李某永离开，用脚踢踹巡警大队值班室门，将门锁踢至变形，又在值班室内哭闹，并对民警进行言语挑衅，民警吴某宏对其劝离未果，遂安排辅警韩某炳、李某等人将王某送往附近派出所。在控制和带王某上警车过程中，王某强烈反抗，将吴某宏颈部抓伤，用脚踢踹韩某炳、李某胸部、腹部，并试图用牙咬韩某炳等人，直至被送到派出所醒酒。经诊断，吴某宏颈部软组织损伤，韩某炳全身多处软组织损伤，李某腹部外伤。案发后王某多次赔礼道歉，得到三被害人谅解，并将巡警大队值班室门及门锁修复。法院经审理认定，被告人王某酒后脚踹、撕咬民警吴某宏和辅警韩某炳、李某三人，致三人多处损伤，构成袭警罪。鉴于王某事后主动修复被损坏的财物并积极赔礼道歉，得到被害人谅解，确有悔罪表现，法院对其从轻处罚并适用缓刑。此判罚在依法惩罚犯罪的同时，修复了警民关系，维护了社会秩序，效果良好。

法答网精选答问（二）

问题1：偷越国（边）境罪是否为选择性罪名、具体适用时应当如何准确表述？

答疑意见：偷越国（边）境罪名不是选择性罪名，具体适用时应完整表述，主要理由是：从内容上看，虽然刑法条文中未对国境、边境的含义进行具体解释，但在法律①中对边境的含义作过具体规定。为维护法律的统一性，适用刑法时亦应参照理解，即边境是指我国陆地国界内侧一定范围内的区域，而非仅指我国内地或大陆与港澳台地区的边界。从立法技术上看，刑法条文中对选择性罪名采用顿号分隔方式进行并列列举，如破坏界碑、界桩罪，走私、贩卖、运输、制造毒品罪等，而偷越国（边）境罪并未采用此种表述方式，说明该罪并非选择性罪名。

问题2：审理以压缩气体为动力的枪支犯罪案件，如何把握定罪量刑标准？

答疑意见：2010年《公安机关涉案枪支弹药性能鉴定工作规定》（公通字〔2010〕67号）明确，对不能发射制式弹药的非制式枪支，"枪口比动能大于等于1.8焦耳/平方厘米时，一律认定为枪支"。《公安机关涉案枪支弹药鉴定工作规定》（公通字〔2019〕30号）沿用上述标准。

上述枪支认定标准调整后，对于办理以压缩气体为动力的枪支犯罪案件产生较大影响。特别是一些涉以压缩气体为动力且枪口比动能较低

① 参见陆地国界法第三条第二款。——编者注

的枪支案件，涉案枪支的致伤力较低，在决定是否追究刑事责任以及裁量刑罚时唯枪支数量论，恐会有悖一般公众的认知，也会违背罪责刑相适应原则。鉴于此，《最高人民法院、最高人民检察院关于涉以压缩气体为动力的枪支、气枪铅弹刑事案件定罪量刑问题的批复》（法释〔2018〕8号）明确："对于非法制造、买卖、运输、邮寄、储存、持有、私藏、走私以压缩气体为动力且枪口比动能较低的枪支的行为，在决定是否追究刑事责任以及如何裁量刑罚时，不仅应当考虑涉案枪支的数量，而且应当充分考虑涉案枪支的外观、材质、发射物、购买场所和渠道、价格、用途、致伤力大小、是否易于通过改制提升致伤力，以及行为人的主观认知、动机目的、一贯表现、违法所得、是否规避调查等情节，综合评估社会危害性，坚持主客观相统一，确保罪责刑相适应。"据此，办理涉以压缩气体为动力且枪口比动能较低的枪支案件，可以根据上述批复的规定，不受《最高人民法院关于审理非法制造、买卖、运输枪支、弹药、爆炸物等刑事案件具体应用法律若干问题的解释》（法释〔2009〕18号，以下简称《解释》）定罪量刑标准的限制，综合考量犯罪的社会危害性，依法妥当处理。当然，对于虽属以压缩气体为动力的枪支，但枪口比动能较高的，仍然应当适用《解释》的定罪量刑标准。

问题3：刑法第二百八十条对伪造、变造、买卖国家机关公文、证件、印章罪，伪造公司、企业、事业单位、人民团体印章罪和伪造、变造、买卖身份证件罪都没有明确规定入罪门槛，在司法实践中办理此类案件应当如何具体把握入罪和升档量刑的标准？

答疑意见：刑法第二百八十条没有明确规定入罪门槛。但从实践把握来看，通常要求达到一定的情节才构成犯罪。主要考虑：（1）妥当界分刑事处罚与行政处罚。例如，护照法第十八条规定："为他人提供伪造、变造的护照，或者出售护照的，依法追究刑事责任；尚不够刑事处罚的，由公安机关没收违法所得，处十日以上十五日以下拘留，并处二千元以上五千元以下罚款……"显然，对于伪造、买卖护照的行为，应当为行政处罚留有适当空间。对此，《浙江省公安机关行政处罚裁量基准》(2021 年修订)进一步规定:“为他人提供二本以上伪造、变造的护照,或者出售二本以上护照,或者因同类违法行为被处罚后又实施的,处十五日拘留,并处三千元以上五千元以下罚款。”(2)符合司法实践的惯常做法。例如,《最高人民法院、最高人民检察院关于办理与盗窃、抢劫、诈骗、抢夺机动车相关刑事案件具体应用法律若干问题的解释》(法释〔2007〕11 号)第二条对伪造、变造、买卖机动车行驶证、登记证书构成伪造、变造、买卖国家机关证件罪设置了“三本以上”的入罪门槛。

基于此,在相关司法解释明确入罪标准之前,可以参考法释〔2007〕11 号司法解释的相关规定,以三本(张/个)作为刑法第二百八十条所涉罪名的基本入罪门槛;需要升档量刑的,可以按照入罪门槛的五倍标准把握。当然,对于所涉行为,在决定是否追究刑事责任及如何裁量刑罚时,不仅应当考虑数量,还应当综合考虑所涉公文、证件、印章的重要程度、具体用途、造成后果、违法所得及前科情况等情节,综合评估社会危害性,坚持主客观相统一,确保罪责刑相适应。例如,明知他人实施犯罪而为其伪造、变造或者向其出售身份证件,或者为了实施犯罪而购买身份证件的,即使未达到三本,亦可以定罪处罚;相反,对于未用于犯罪用途的提供身份证件行为,根据案件具体情况,适用三本入罪标准过严的,亦可以不作为犯罪处理,需要行政处罚的,依法移送相关部门处理。

问题 4:减肥产品中有禁止添加的西药成分,案件如何定性,如何量刑?

答疑意见:关于减肥产品中检出禁止添加的西药成分的案件定性,不能一概而论,需要区分销售对象是食品还是药品。减肥产品既包括减肥类保健食品,又包括减肥药品(如奥利司他)。如果涉案产品是食品(保健食品),则可以考虑适用刑法第一百四十四条生产、销售有毒、有害食品罪;如果涉案产品是药品,则可以考虑适用刑法第一百四十一条销售假药罪。

食品与药品区分的关键在于是否有“疾病预防、治疗功能”,表现为标签、说明书是否涉及疾病预防、治疗功能，是否规定有适应证或功能主治。在具体案件中，一般可以通过产品审批文号、产品说明是否规定有适应证或功能主治、用法和用量等外观标识进行判断。如果产品标识不明，则可以通过经营者以何种名义对外宣传、销售涉案减肥产品进行判断。当产品标识与对外宣传一致时，可以直接按照标识来确定产品属性。当产品标识和对外宣传不一致或者标识不明确时，应当按照行为人对外宣传的产品性能并结合购买者购买、使用产品的目的来确定其属于食品还是药品。

在办案过程中，应结合行为人销售数量、销售金额、销售时间、是否曾因同类行为受过行政处罚或者刑事处罚等主客观情况，综合认定案件是否情节轻微、情节显著轻微。

问题 5：非法狩猎罪中涉案野生动物价值如何认定？

答疑意见：关于非法狩猎罪涉案野生动物的价值认定，是司法实践中比较棘手的一个问题。《野生动物及其制品价值评估方法》《水生野生动物及其制品价值评估办法》明确了野生动物整体的价值、卵和蛋的价值、制品的价值、人工繁育野生动物的价值等价值标准和核算方法，为核算涉案动物及其制品价值提供了依据。需要注意的是，对于国家重点保护的珍贵、濒危野生动物及其制品的价值，根据国务院野生动物保护主管部门综合考虑野生动物的珍贵、濒危程度、生态价值和市场价值制定的评估标准和方法核算，并无疑义，但是对于其他野生动物及其制品的价值，如果按照上述评估办法进行认定，就可能会出现评估价值与市场价值相差悬殊的情形，例如，麻雀依评估价值为每只 300 元，实践中交易价格一般在 20 元左右，相差近 15 倍。上述现象的出现，究其原因，就在于核算国家重点保护野生动物的价值主要不是考虑市场价值，而是重在考虑物种的珍贵、濒危程度以及相关的生态功能、科研价值等。对于国家重点保护野生动物之外的动物，如一律按评估标准和方法核算，将导致价值过高，从而实际降低了相关犯罪的入罪门槛，势必扩大刑事打击范围，难以实现罪责刑相适应，亦与社会公众的朴素公平正义观念不符。

基于上述考虑，2022 年《最高人民法院、最高人民检察院关于办理破坏野生动物资源刑事案件适用法律若干问题的解释》（以下简称《办理破坏野生动物资源案件解释》）第十五条明确了野生动物及其制品的价值认定规则。具体而言，该条第一项规定，对于国家禁止进出口的珍贵动物及其制品，国家重点保护的珍贵、濒危野生动物及其制品的价值，根据国务院野生动物保护主管部门制定的评估标准和方法核算。第二项规定，对于有重要生态、科学、社会价值的陆生野生动物、地方重点保护野生动物、其他野生动物及其制品的价值，根据销赃数额认定；无销赃数额、销赃数额难以查证或者根据销赃数额认定明显偏低的，根据市场价格核算，必要时，也可以参照相关评估标准和方法核算。此外，《办理破坏野生动物资源案件解释》第十六条明确了破坏野生动物资源犯罪涉案动物及其制品价值难以确定时的处理规则，具体涉及司法鉴定机构鉴定、价格认证机构认证或者有关部门出具报告等多种选择路径。

综上所述，由于非法狩猎罪的犯罪对象，实践中一般把握为有重要生态、科学、社会价值的陆生野生动物和地方重点保护野生动物，故需依据《办理破坏野生动物资源案件解释》第十五条第二项及第十六条之规定，对涉案野生动物价值进行认定。

【实务探讨】

编者按：虚拟货币交易扰乱经济金融秩序，滋生赌博、非法集资、诈骗、传销、洗钱等违法犯罪活动，严重危害人民群众财产安全。我国相关法规明确虚拟货币不能作为货币在市场上流通使用，相关业务活动属于非法金融活动。关于虚拟货币的金融政策直接影响司法实践中虚拟货币犯罪案件财产性判项的处理，包括虚拟货币价值认定、处置变现、返还被害人等实际问题。本辑收录两篇虚拟货币犯罪案件相关问题探讨文章，供读者参考，同时欢迎法律界同仁对此问题展开讨论、交流。

虚拟货币衍生犯罪研究

江苏省高级人民法院课题组*

内容摘要：虚拟货币衍生的刑事犯罪案件在具体处理中争议较大，特别是对虚拟货币是否属于法律上的财物、对犯罪数额（情节）把握等问题，观点分歧更加明显。课题组提出对虚拟货币根据其种类不同，在法律地位上予以分类认定。对于具有刑法意义的财物，能够认定被害人受损数额，且该受损数额作为裁判依据能够达到罪责刑相一致的，可以

---

* 课题主持人：郑立新，江苏省高级人民法院党组副书记、副院长。课题组成员：叶巍，江苏省高级人民法院刑事审判第二庭庭长；陈劲草，江苏省高级人民法院刑事审判第二庭副庭长；尚召生，江苏省高级人民法院刑事审判第二庭副庭长；徐磊，江苏省高级人民法院审判员；徐凌波，南京大学副教授；周光旭，江苏省高级人民法院审判员。

被害人损失数额为犯罪金额。如达不到上述条件，建议以犯罪情节认定案件事实。对于涉及不具有刑法意义的财物的案件，建议以犯罪情节认定。对于有刑法意义财物性质的虚拟货币，应该退赔被害人损失，被害人的虚拟货币来源不合法的除外。涉案虚拟货币的变现涉及国内法律的行业监管、财政规范、外汇管理等，也涉及境外属地监管法律、政策以及反洗钱等工作要求，建议国家层面统筹构建变现路径。

前　言

自比特币诞生以来，以区块链技术为支撑的虚拟货币在世界范围内大量出现。据统计，全球虚拟货币市场共有币种1万多种，总市值超2万亿美元，[①] 对全球经济秩序产生极大影响。世界各国中央银行对虚拟货币均采取一定措施，以防范虚拟货币带来的金融风险，并保护本国公民免受虚拟货币带来的负面影响。但各国对虚拟货币的具体立场不同，大部分国家允许虚拟货币存在并对其进行监管，少部分国家则禁止虚拟货币相关业务活动。

我国对虚拟货币的立场有一个变化的过程。2013年，中国人民银行等五部委印发的《关于防范比特币风险的通知》提出，比特币应当是一种特定的虚拟商品，不具有与货币等同的法律地位，不能且不应作为货币在市场上流通使用。这与当前多数国家的立场较为相似，即否定比特币的货币属性，但肯定其财产价值。2017年和2021年中国人民银行联合相关部门先后出台文件，认为虚拟货币相关业务活动属于非法金融活动，但对我国境内个人间的虚拟货币交易活动并未完全取缔，大量人员通过境外交易平台开展虚拟货币有关投资活动，由此带来了虚拟货币有关法律争议。

江苏法院近年来审理了一批虚拟货币刑事案件，如以盗窃、诈骗、敲诈勒索、非法集资以及组织、领导传销活动等方式非法获取他人虚拟

① 参见刘磊、吴之欧：《数字货币与法》，法律出版社2022年版，第6页。

货币，通过将违法所得兑换为虚拟货币为他人洗钱，将虚拟货币作为犯罪行为支付手段等案件。这些案件在具体处理中争议较大，特别是关于虚拟货币是否属于法律上的财物、对犯罪数额（情节）如何把握、涉案虚拟货币如何处理等问题，观点分歧更加明显。对审判实践中的这些问题亟须深入研究，推动法律适用统一。

一、虚拟货币的概念及其主要类型

（一）虚拟货币的概念

理论上和实践中对虚拟货币的概念均有争议。

理论上，对于虚拟货币，我国当前还没有权威的定义。我国学者根据发行主体的不同，将虚拟货币分为法定数字（虚拟）货币与非法定数字（虚拟）货币。法定数字（虚拟）货币指的是正在试点的数字人民币，其性质是以数据为载体的现金。非法定数字（虚拟）货币欠缺法偿性与强制受领力，根据技术的不同进一步分为基于非区块链技术的传统虚拟货币（以 Q 币为代表）与基于区块链技术的新型虚拟货币（以比特币为代表）。[①] 在江苏省司法实践中，尚未出现以法定数字（虚拟）货币实施犯罪的案例，因此，本文所称的虚拟货币不包括法定数字（虚拟）货币。

反洗钱金融行动特别工作组（FATF）将虚拟货币界定为由非银行机构、非金融公司发行的，可以通过数字化形式交易，具备交易媒介、计价单位和价值存储的功能，充当一般等价物的电子货币形式的近似货币。[②] 该概念是从金融风险监管角度作出的界定，不能涵盖当前刑事司法实践中涉及的所有虚拟货币，如传销组织自己发行的传销币、被告人利用智能合约发行的空气币等。同时，对于因比特币开源带来的数量众多

① 参见冯洁语：《论私法中数字货币的规范体系》，载《政治与法律》2021 年第 7 期。

② 参见杨鹏：《虚拟货币洗钱风险探析及监管对策——基于 FATF 监管指引视角》，载《华北金融》2017 年第 6 期。

的山寨币，审判实践中对于认定其能否“充当一般等价物”缺乏有效的评判标准。

虚拟货币有关规定对虚拟货币的界定主要有以下几种情况。

（1）以比特币、以太币、泰达币等常见虚拟货币作为参照界定虚拟货币。例如，2021年9月15日中国人民银行、中央网信办、最高人民法院等十个部门发布的《关于进一步防范和处置虚拟货币交易炒作风险的通知》，对虚拟货币的特点进行了概括，即“比特币、以太币、泰达币等虚拟货币具有非货币当局发行、使用加密技术及分布式账户或类似技术、以数字化形式存在等主要特点”，但并未对虚拟货币进行完整定义。

（2）规定虚拟货币包括可以操控价格的虚拟货币。例如，《中国银行保险监督管理委员会、中央网络安全和信息化委员会办公室、公安部、中国人民银行、国家市场监督管理总局关于防范以“虚拟货币”“区块链”名义进行非法集资的风险提示》认为，“实际操作中，不法分子通过幕后操纵所谓虚拟货币价格走势、设置获利和提现门槛等手段非法牟取暴利”。

（3）规定虚拟货币包括平台币、游戏币等。2009年《文化部、商务部关于加强网络游戏虚拟货币管理工作的通知》规定，网络游戏虚拟货币只能用于兑换发行企业所提供的指定范围、指定时间内的网络游戏服务，不得用于支付、购买实物产品或兑换其他企业的任何产品和服务。

（二）江苏省审判实践中出现的虚拟货币类型

从江苏省审判实践看，有以下种类的虚拟货币值得探讨。

（1）比特币、以太币、泰达币。比特币作为初代非主权数字货币，是当前最广为人知、受到全球关注的虚拟货币，是虚拟货币中规模最大的一种。以太币较比特币用途更为广泛，其允许搭载其他去中心化应用，如智能合约，填补了一些比特币无法满足的需求，也是当前认可度较高的虚拟货币。泰达币是稳定货币①中市值最大的一类，其宣称锚定美元发行，即发行一个泰达币即在美国金融机构存款一美元。上述三种虚拟货币是当前刑事司法实践中遇到最多的虚拟货币币种，常见于盗窃罪、诈骗罪等侵犯财产犯罪以及组织、领导传销活动罪中，甚至还有少量受贿案件将比特币作为收受对象。

（2）山寨币。此处用的是“山寨”一词的本意，即模仿、复制、抄袭。山寨币是比特币的替代虚拟货币，通常使用与比特币相同的哈希算法，以此来模仿比特币。比特币开源导致比特币的抄袭成本很低，甚至只需复制比特币的代码并稍微修改一些参数便可以生成一条全新的区块链。例如，莱特币声称“比特币是金子，莱特币是银子”。由于不同的山寨币拥有不同的应用功能，一些山寨币因背后强大的实体支撑，严格遵循去中心化管理方式，在长期运营中被大众接受、得到市场广泛认可。这些被广泛认可的山寨币和比特币、以太币、泰达币一起被称为主流虚拟货币，如瑞波币、莱特币、比特币现金、柚子币等。山寨币在虚拟货币衍生犯罪案件中使用最广，几乎涉及各类相关犯罪。

（3）空气币和传销币。空气币是通俗称谓，一般指的是没有实际价值支撑、缺乏可行的商业模式、技术应用或实体项目背景的加密货币。空气币与山寨币不同的是，其往往是基于区块链项目的白皮书，以区块链网络的智能合约形式发布的虚拟货币，成本更小，发行更容易。如以太坊智能合约，任何人只需登录以太坊官网下载以太坊钱包，在以太坊钱包中复制一段代码，填写发行虚拟货币数量、名字以及代号即可进行首次代币发行。犯罪分子再将发行的相关虚拟货币作为犯罪工具，用于传销、非法集资等犯罪活动。甚至在部分案件中，被告人并未利用区块链技术或相关智能合约，而是自行创造虚拟货币，实践中一般被称为传销币。

（4）企业平台币。企业平台币由私营机构统一发行，通过平台奖励

---

① 稳定货币是一种与法定货币兑换价格相对稳定的虚拟货币，它锚定某一国家的法定货币或其他资产，每发行一个单位量，便会有相应的资产储备。

或者充值获得。企业平台币可以用于购买其平台上的各种服务和商品。如抖音短视频平台的抖币（现改为抖音钻石）、快手平台上的快币等均为企业平台币。

根据江苏省司法实践涉及的虚拟货币种类，本文探讨的对象既包括比特币、以太币、泰达币等主流虚拟货币，也包括山寨币、空气币、传销币和企业平台币。

二、江苏法院审理的虚拟货币衍生犯罪案件情况及类型

（一）案件基本情况

2020年至2023年，江苏法院共审结虚拟货币衍生犯罪案件216件，涉案金额500余亿元，对904人判处刑罚。相关案件主要有以下特点。

（1）虚拟货币种类多。江苏法院审理的虚拟货币案件，既有比特币、以太币、泰达币等常见虚拟货币，也有瑞波币、莱特币、达世币、比特币现金、狗狗币、柚子币等加密虚拟货币，还有雷达币、太希币等传销币以及抖币、Q币等企业平台发行的虚拟货币。甚至部分案件涉及数十种虚拟货币，如江苏省某法院审理的一起非法经营、开设赌场案，涉及比特币、泰达币等虚拟货币80余种。因虚拟货币种类较多，其技术基础、变现能力、认可范围等存在较大差异，审判实践中对不同种类虚拟货币的法律地位即是否具有财产属性存在不同认识。

（2）涉及罪名多。江苏法院审理的虚拟货币衍生犯罪案件涉及10余个罪名。其中，组织、领导传销活动罪案件多达93件，占江苏省虚拟货币衍生犯罪案件的43.06%；盗窃、诈骗、侵占等侵犯财产犯罪案件45件，占20.83%；掩饰、隐瞒犯罪所得、犯罪所得收益罪以及洗钱罪案件27件，占12.5%；帮助信息网络犯罪活动罪案件24件，占11.11%；非法获取计算机信息系统数据罪、非法集资罪、侵犯公民个人信息罪案件各6件，其他罪名案件9件（见图1）。部分案件中存在犯罪事实相似但被判处不同罪名的情况，因而在此罪与彼罪界分问题上需要统一思路。

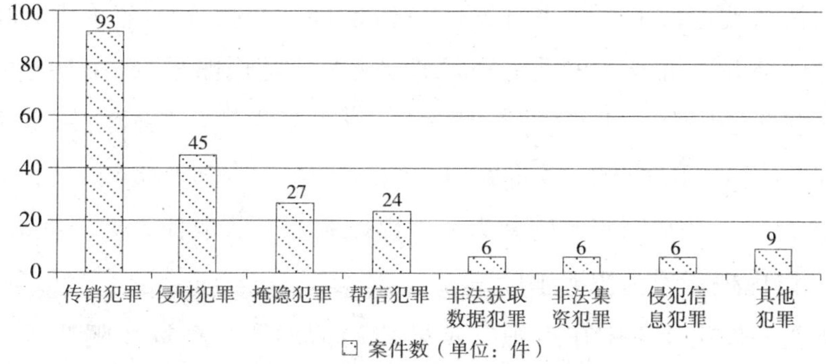

图1　虚拟货币衍生犯罪案件罪名分布情况

（3）涉案金额大。虚拟货币衍生犯罪案件涉案金额一般较大。其中，犯罪金额50万元以下的案件61件，50万元至500万元的案件48件，500万元至5000万元的案件34件，5000万元以上的案件73件。江苏省某法院审理的一起组织、领导传销活动案，涉案金额甚至超百亿元。因而，该类案件中虚拟货币的处理是审判该类案件需要特别关注的问题，特别是退赔还是追缴，以及退赔、追缴的数额计算方式，处理不当易引起涉案人员不满，甚至造成网络舆情以及社会不稳定。

（二）案件类型

1. 以虚拟货币为行为对象

一是以盗窃、诈骗等非法手段获取比特币、以太币、泰达币等市场认可度高、变现较快的虚拟货币。例如，在冯某某诈骗案中，被告人采用冒充被害人好友的手段，以要和被害人交易泰达币为幌子，骗得被害人从他人处以人民币276万余元购买的泰达币43万余个。[①] 二是以非法手段获取他人空气币、传销币、企业平台币，在相关平台及时变现，以取得非法收益。例如，2020年12月19日至22日，被告人张某为窃取被害人王某雷达币账号内的雷达币（2021年10月因涉嫌传销被关网），伙

① 参见江苏省常州市武进区人民法院（2022）苏0412刑初865号刑事判决书。

同他人伪造被害人王某丈夫孙某的身份证件，并找人冒充孙某至苏州电信营业厅补办手机卡（该手机号码绑定王某雷达币账号），用补办的手机号码接收验证码登录王某雷达币账号，将王某雷达币账号内的雷达币转入张某的雷达币账号，再将雷达币卖给他人，非法获利共计人民币 478475 元。三是利用职务便利为他人谋取利益，收取他人虚拟货币。

2. 以虚拟货币为犯罪手段

该类案件主要集中在组织、领导传销活动罪、集资诈骗罪、非法吸收公众存款罪。主要有两种情况：一是被告人向社会公众吸收比特币、以太币、泰达币等主流虚拟货币用于变现获利。例如，在刘某、李某某组织、领导传销活动案①中，被告人设立 PlusToken 平台，建立 www. plToken. io 网站，成立盛世联盟社区，虚构、夸大平台实力及盈利前景进行宣传推广。PlusToken 平台没有任何实际经营活动，以提供虚拟货币增值服务为名，对外宣称拥有“智能狗搬砖”功能。平台要求参加者缴纳价值 500 美元以上的虚拟货币作为门槛费，才能获得平台收益。会员分为普通会员、大户、大咖、大神、创世五个等级，设置智能搬砖收益、链接收益、高管收益等方式进行返利，直接或者间接以发展人员数量及缴费金额作为返利依据。二是自行创设山寨币、空气币、传销币等向社会发行，采取做市商甚至直接通过后台控制虚拟货币涨跌方式，骗取参与人员财物。例如，在被告人梁某等组织、领导传销活动案中，被告人通过以太坊智能合约发行 X 币，组织销售团队大肆虚假宣传 X 币的升值前景，利用线上宣传、线下宣讲会在全国范围内招揽会员。

3. 以虚拟货币为主要支付手段

此类案件中，基于区块链技术的加密数字货币因具有去中心化的特性而受到了犯罪分子的青睐，将虚拟货币作为支付手段，以绕开政府金融部门的监管，罪名涉及洗钱罪和掩饰、隐瞒犯罪所得、犯罪所得收益罪，币种主要集中在比特币、以太币、泰达币等主流虚拟货币。例如，

① 江苏省盐城市中级人民法院（2021）苏 09 刑终 218 号刑事裁定书。

在王某某等人掩饰、隐瞒犯罪所得案[1]中，被告人在明知其上家向其转入的资金系犯罪所得资金的情况下，单独或伙同其他被告人，使用本人及他人名下银行卡收款、取现，以泰达币交易的形式转移犯罪所得资金。

三、虚拟货币衍生犯罪案件审判中的主要问题

（一）对虚拟货币的法律地位认识不统一

有意见认可虚拟货币的财产属性，认为“虚拟货币作为一种特殊的虚拟财产，符合‘财物’特征，应当评价为刑法上的财产犯罪对象”[2]，“虚拟货币作为特定的虚拟商品，可以在市场上流通，也可以在法定范围内作为贸易投资的对象，具有财产属性”[3]。如上述冯某某诈骗案中，法院认为，虚拟货币不具有与货币等同的法律地位，不能且不应作为货币在市场上流通使用，但它能够给当事人带来现实的经济利益，应当认定其法律属性为财产。持该观点的理由主要有以下几点：一是被害人付出人民币对价后得到的虚拟货币，不仅是一种特定的虚拟商品，也代表着被害人在现实生活中实际享有的财产，其损失的财产应受刑法保护。二是根据《最高人民法院关于审理抢劫、抢夺刑事案件适用法律若干问题的意见》的规定，以毒品、假币、淫秽物品等违禁品为对象，实施抢劫的，以抢劫罪定罪。参照该规定，从刑法上对非法获取虚拟货币的行为予以否定性评价，并不等于认可虚拟货币的合法地位和交易的合法性。三是从罪状表述看，构成非法获取计算机信息系统数据罪需通过侵入计算机信息系统或者采用其他技术手段，获取计算机信息系统中存储、处理或者传输的数据，而部分案件中被告人并未采取“技术手段”，很难以非法获取计算机信息系统数据罪处罚。例如，2021 年 3 月 28 日至 4 月 2

① 参见江苏省常州市天宁区人民法院（2023）苏 0402 刑初 290 号刑事判决书。

② 陈禹橦：《法秩序统一性视域中非法获取虚拟货币的行为性质认定》，载《中国检察官》2023 年第 3 期。

③ 平书通：《盗窃虚拟货币行为的法律定性》，载《人民法院报》2022 年 6 月 23 日第 6 版。

日，被告人张某伙同张某甲、刘某某将被害人崔某强行带至北京市丰台区白盆窑附近一树林，持刀威胁、捆绑殴打强迫崔某以93.6万元购入比特币2.529个，并扫码转入张某甲安排陈某某提供的匿名虚拟钱包。之后，陈某某、王某某将上述比特币转卖变现，获利93.02472万元，张某甲、刘某某、陈某某、王某某共同分赃。法院生效判决认为，被告人张某伙同他人以暴力威胁的方法抢劫他人比特币，数额巨大，其行为已构成抢劫罪。①

但是，也有意见不认可虚拟货币的财产属性，认为“我国明确虚拟货币相关业务活动属于非法金融活动，而个人支配的比特币也不能认定为刑法意义上的财产”②，仅将虚拟货币视为一种电磁数据，适用非法获取计算机信息系统数据罪。例如，在黎某、张某非法获取计算机信息系统数据、非法控制计算机信息系统案中，2016年11月23日至12月5日，被告人黎某在被告人张某的帮助下利用黑客手段非法获取计算机信息系统数据，入侵网址为“p2pTrade.org”的“快捷币”网站，盗取该网站内比特币1478.22个，共计价值人民币7537783元；之后，黎某变卖一部分比特币后购买汽车三辆，包括深灰色兰博基尼轿车一台、红色奔驰轿车一台、蓝色保时捷轿车一台。剩余比特币350.11个、莱特币19791.7个及人民币317902.87元，被公安机关提现人民币17346718.76元后予以扣押。法院认定黎某、张某成立非法获取计算机信息系统数据罪。③ 持该观点的理由主要有以下两点：一是虚拟货币不能作为侵犯财产犯罪的对象。我国相关监管机构规定，虚拟货币不具有与法定货币等同的法律地位，相关业务活动属于非法金融活动。如将虚拟货币作为侵犯财产犯罪中的财物予以保护，则属于变相确认虚拟货币的法律地位。二是虚拟货币是依据特定的算法通过大量的计算产生的，其法律属性是计

---

① 参见最高人民法院刑事审判第一、二、三、四、五庭编：《刑事审判参考》总第138辑，人民法院出版社2024年版，第61页。

② 吴春妹、李长林、王星云：《非法窃取比特币的刑法定性》，载《中国检察官》2022年第21期。

③ 参见辽宁省阜新市中级人民法院（2020）辽09刑终23号刑事裁定书。

算机信息系统数据。最高人民法院相关人员认为，“对于盗窃虚拟财产的行为，如确需刑法规制，可以按照非法获取计算机信息系统数据等计算机犯罪定罪处罚”①。

（二）对虚拟货币衍生犯罪事实认定不统一

1. 以犯罪情节还是犯罪数额认定

一种意见认为，我国监管机关明确规定，虚拟货币相关业务活动属于非法金融活动，对相关交易活动不予保护，可以参照有关违禁品的规定，按照情节认定。另一种意见认为，应当以犯罪数额作为量刑标准。主要考虑：一是虚拟货币与违禁品存在本质差异，毒品、假币、淫秽物品等违禁品是严格禁止的，交易达到一定数量即构成刑事犯罪。而相关行政法规对于参与虚拟货币交易活动，未规定相应的行政处罚措施。二是以犯罪数额作为量刑标准符合主客观相一致原则。该类案件中，被告人的最终目的是非法获取虚拟货币用以变现，所针对的是虚拟货币的交换价值。

2. 如何确定虚拟货币价值

对于非法获取虚拟货币的行为，无论以财产犯罪还是计算机犯罪规制，都会面临如何计算数额的问题，即在适用非法获取计算机信息系统数据罪的场合，虚拟货币的数额会作为本罪的定罪量刑情节予以考虑。例如，《最高人民法院、最高人民检察院关于办理危害计算机信息系统安全刑事案件应用法律若干问题的解释》（法释〔2011〕19号）第四条规定，破坏计算机系统功能、数据或者应用程序，违法所得5000元以上或者造成经济损失1万元以上的，应当认定为刑法第二百八十六条第一款和第二款规定的“后果严重”。一直以来，虚拟财产的数额计算标准始终是困扰实践的重要难点问题。早在《最高人民法院、最高人民检察院关于办理盗窃刑事案件适用法律若干问题的解释》（法释〔2013〕8号）中

① 胡云腾、周加海、周海洋：《〈关于办理盗窃刑事案件适用法律若干问题的解释〉的理解与适用》，载《人民司法》2014年第15期。

便没有规定获取虚拟财产数额的计算方式，其中的主要考虑是虚拟财产数额的认定缺少普遍接受的计算方式。[①] 该司法解释后，实践中以非法获取计算机信息系统数据罪对非法获取虚拟财产行为进行定罪处罚的判决大幅度增加。[②] 实践中，对于虚拟货币的价值认定又是难以回避的问题，因而对于虚拟货币价值的确定存在不同的看法，主要有以下几种：（1）以犯罪时平台交易价格认定；（2）以销赃价格认定；（3）以被害人购入虚拟货币的价格认定；（4）通过鉴定机构评估价格认定。上述认定方式均有一定优势，但在当前监管政策下，实际操作中也存在一些问题。

（三）对虚拟货币衍生犯罪的涉案财物处置认识不统一

1. 关于涉案财物处理的范围

因虚拟货币在境外网站中的价格变动较大，如被告人获取虚拟货币后未及时变现，相关虚拟货币在境外网站出现较大幅度的涨跌，特别是案发时虚拟货币的境外网站价格已远超过作案时的价格，如何处理涉案财物？对于该类犯罪案件，被告人涉案财物处理范围如何把握，实践中往往存在争议。

2. 关于发还还是没收的问题

对于涉案虚拟货币的处理，存在三种观点。

第一种观点认为，应当判决对涉案虚拟货币予以没收。虚拟货币相关业务活动属于非法金融活动，且虚拟货币严重影响法定货币正常流通、扰乱金融秩序，因此，应对涉案虚拟货币予以没收。

第二种观点认为，应当判决返还原所有人。虽然我国目前对于虚拟货币的法律性质存在争议，但虚拟货币客观上具有一定价值，且目前法律未明确禁止个人持有虚拟货币，因此，从保护个人合法财产的角度看，应判决返还原所有人。

---

① 参见胡云腾、周加海、周海洋：《〈关于办理盗窃刑事案件适用法律若干问题的解释〉的理解与适用》，载《人民司法》2014 年第 15 期。

② 参见徐凌波：《虚拟财产犯罪的教义学展开》，载《法学家》2017 年第 4 期。

第三种观点认为，对于合法持有的虚拟货币应判决返还原所有人，对于非法持有或者进行非法交易的，应当判决予以没收。我国虽然不禁止个人合法持有虚拟货币，但是禁止经营性交易，同时虚拟货币被大量用于洗钱等犯罪活动。因此，如果虚拟货币被用于经营性交易、参与非法集资活动或者作为洗钱工具，则应予以没收；反之，对于合法持有的虚拟货币则应返还原所有人。

四、虚拟货币的法律地位

（一）刑法上的财产

围绕财产概念，刑法理论上存在经济财产说与法律经济财产说之争，两者的争议焦点在于刑法是否保护非法财产。经济财产说认为，只要具有经济价值，即使在其他部门法中属于非法财产，也值得刑法保护。法律经济财产说的观点则相反，认为只有受到法秩序认可的经济利益才是刑法意义上的财产。①

本课题组认为，根据刑法第九十二条的规定，只有公民个人合法所有的财产才是刑法意义上的财产，在我国的刑事立法语境中，应当提倡法律经济财产概念。因而，对于虚拟货币能否认定为我国刑法意义上的财产，还要从我国监管政策出发，探究虚拟财产的法律地位。

（二）我国对虚拟货币的监管政策

（1）我国不承认虚拟货币具有货币地位，否认虚拟货币的法偿性，禁止虚拟货币有关业务活动。2017 年 9 月 4 日中国人民银行等七部门发布的《关于防范代币发行融资风险的公告》明确，向投资者筹集比特币等虚拟货币的行为，本质上是一种未经批准的非法公开融资，涉嫌非法发售代币票券、非法发行证券以及非法集资、金融诈骗、传销等违法犯

① 参见江溯：《财产犯罪的保护法益：法律-经济财产说之提倡》，载《法学评论》2016 年第 6 期。

罪活动，禁止任何组织和个人非法从事代币发行融资活动。2021 年 9 月 15 日中国人民银行等十部门印发的《关于进一步防范和处置虚拟货币交易炒作风险的通知》（银发〔2021〕237 号），再次明确虚拟货币不具有与法定货币等同的法律地位，将虚拟货币相关业务活动归为非法金融活动。

（2）部分文件承认虚拟货币属于特定虚拟商品。2013 年 12 月 3 日中国人民银行等五部门印发的《关于防范比特币风险的通知》对比特币的法律地位进行了明确，即认为比特币属于特定的虚拟商品。此后，有关虚拟货币的文件仅就虚拟货币的交易活动作出禁止性规定，对于比特币的商品属性并未作出否认。2021 年 5 月 18 日中国互联网金融协会等三部门发布的《关于防范虚拟货币交易炒作风险的公告》，第一条即对虚拟货币及相关业务活动的本质属性作出了规定，即“虚拟货币是一种特定的虚拟商品，不由货币当局发行，不具有法偿性与强制性等货币属性，不是真正的货币，不能作为货币在市场上流通使用”。

（3）买卖虚拟货币有关收入计征个人所得税。2008 年《国家税务总局关于个人通过网络买卖虚拟货币取得收入征收个人所得税问题的批复》（国税函〔2008〕818 号）认为，个人通过网络收购玩家的虚拟货币，加价后向他人出售取得的收入，属于个人所得税应税所得，应按照“财产转让所得”项目计算缴纳个人所得税。个人销售虚拟货币的财产原值为其收购网络虚拟货币所支付的价款和相关税费。对于个人不能提供有关财产原值凭证的，由主管税务机关核定其财产原值。①

（三）虚拟货币法律地位的认定

分析认为，金融监管部门对虚拟货币所设置的禁止性规定，尚不足以将其归为非法财产。理由在于，尽管金融监管部门收紧了对以比特币为代表的虚拟货币的监管政策，将虚拟货币相关的金融业务均界定为非

① 上述规定出现在比特币等虚拟货币之前，因此该批复所指的虚拟货币应该指的是 Q 币等企业平台币。由于本课题对相关虚拟货币一并讨论，在此一并作为参考。

法金融活动，但并未禁止加密货币的持有。虚拟货币与毒品、枪支弹药、淫秽物品等典型意义上的违禁品存在根本区别。对于后者，不仅需要通过刑事或行政程序追缴，追缴之后还需要予以销毁；而对于前者，当前法律、法规并不会仅仅因为某人持有虚拟货币而予以没收，并将其销毁。此外，虽然根据前述规范性文件，当前央行等金融实务部门对虚拟货币交易采取禁止态度，且明确否认了此类虚拟货币作为货币的法律地位，但这并不意味着虚拟货币属于违禁品，相关政策仅仅是为防范金融风险而创设的预防性监管要求。现行监管规则并未禁止普通民众交易和持有虚拟货币等区块链资产，禁令指向的对象是首次代币发行活动，以及金融支付机构和网络平台提供服务。因此，基于法律经济财产说的观点，在当前监管政策下，不能完全否认虚拟货币的财产价值。但是我们同时认为，应对虚拟货币作出区分，对于部分流通性强、社会认可度高的主流虚拟货币赋予其刑法上财产的法律地位。

1. 比特币、以太币、泰达币等主流虚拟货币的法律地位

我们认为可以认定主流虚拟货币具有财产属性，可归属为刑法意义上的财物，主要理由如下。

一是比特币等主流虚拟货币与游戏币等存在较大区别。最高人民法院相关人员撰写的文章认为：“司法解释没有将网络游戏虚拟货币等虚拟财产列为盗窃罪的犯罪对象。对于盗窃虚拟财产的行为，如确需刑法规制，可以按照非法获取计算机信息系统数据等计算机犯罪定罪处罚，不应按盗窃罪处理。”[①]《最高人民法院、最高人民检察院关于办理盗窃刑事案件适用法律若干问题的解释》起草者以游戏币为背景对虚拟货币法律地位问题进行了解读，认为虚拟财产的价格是发行商自行确定的，不是根据市场交易形成的，[②] 即“虚拟财产特点是只要程序设置完毕，可以无限产出，游戏币不像真的货币那样存在发行量的限制，网络服务上的虚

---

① 胡云腾、周加海、周海洋：《〈关于办理盗窃刑事案件适用法律若干问题的解释〉的理解与适用》，载《人民司法》2014年第15期。

② 参见喻海松：《网络犯罪二十讲》，法律出版社2018年版，第254页。

拟财产的损失与现实财产的损失有明显不同”，因而虚拟货币难以纳入财产的范畴。可见，虚拟货币与《最高人民法院、最高人民检察院关于办理盗窃刑事案件适用法律若干问题的解释》中所讨论的游戏币并非属同一性质。

二是比特币等主流虚拟货币的交换价值客观存在。比特币等主流虚拟货币，通过区块链将世界上任何角落的陌生人连接起来，通过“共识机制”和“去中心化”的点对点交易来传输价值，成为世界范围内便捷的结算工具。我国虽然禁止比特币等虚拟货币的业务活动，使其在国内相关业务平台不能交易、变现，但不可否认的是，在当下的世界支付体系内，虚拟货币已经超越其计算机数据这一物理特性，作为新兴金融技术，被许多国家纳入金融体系监管。办理案件中发现，被告人骗取、盗取，通过非法集资或组织、领导传销活动等非法手段取得比特币等主流虚拟货币后，一般会在短时间内通过境外交易平台变现。

三是我国行政法律政策并未全面禁止虚拟货币交易。中国人民银行等十部门于 2021 年 9 月 15 日印发的《关于进一步防范和处置虚拟货币交易炒作风险的通知》规定，禁止开展法定货币与虚拟货币兑换业务、虚拟货币之间的兑换业务、作为中央对手方买卖虚拟货币、为虚拟货币交易提供信息中介和定价服务、代币发行融资以及虚拟货币衍生品交易等虚拟货币相关业务活动涉嫌非法发售代币票券、擅自公开发行证券、非法经营期货业务、非法集资等非法金融活动。这里明确规定了涉及虚拟货币的“业务活动”，即只有涉嫌非法发售代币票券、擅自公开发行证券、非法经营期货业务、非法集资等虚拟货币买卖行为，才是非法金融活动而被禁止。而对于偶尔一次的买卖行为，显然不能定义为“业务活动”。实际上，我国对于个人之间买卖虚拟货币的行为，没有出台相关处罚规定，监管机关也没有处罚先例。相反，部分规范性文件对于虚拟货币的财产属性作出了明确规定。

四是从我国审判实践来看，并不否认虚拟货币的财产属性。在民事案件中，对于以虚拟货币的生产、交易、投资为目的而实施的民事行为，一般以违背公序良俗为由认定无效，但对涉案的虚拟货币及交易对价，并未移送相关行政部门处理。即对于未涉及破坏金融秩序、危害金融安全的虚拟货币交易行为，民事行为人风险自担、责任自担，现行的法律政策尚未禁止，更未将虚拟货币认定为是与毒品、淫秽书刊、管制刀具等性质一样的违禁品，相关主体持有虚拟货币具有合法性。刑事司法中，部分案件对于虚拟货币的财产属性予以认可，如人民法院案例库冯某某诈骗案（入库编号2023-04-1-222-006），明确提出“虚拟货币具有刑法意义上的财产属性，可以成为财产犯罪的对象”。

五是以计算机数据对待虚拟货币，难以全面回应实践需求。一方面，非法获取他人虚拟货币的行为人所图的必然是虚拟货币背后的经济利益，而非数据本身，仅以非法获取计算机信息系统数据罪定罪处罚，无法实现对行为社会危害性的全面评价。例如，江苏法院审理的某受贿案件，被告人受贿对象为比特币，如将比特币视为数据，该受贿案件将难以准确评判。另一方面，计算机数据犯罪入罪标准与侵犯财产犯罪不同，如非法获取计算机信息系统数据罪的罪状表述为“违反国家规定，侵入计算机系统或者采用其他技术手段，获取该计算机信息系统中存储、处理或者传输的数据，或者对该计算机信息系统实施非法控制”。涉及虚拟货币的侵犯财产案件中，对于没有采用干扰、操纵计算机信息系统等技术手段，而是通过暴力、胁迫、欺骗方式转移他人持有的虚拟货币的行为，由于没有侵入计算机信息系统，并不能以非法获取计算机信息系统数据罪定罪处罚。若完全排除财产犯罪的适用，将导致大范围的处罚漏洞。①

如前文所述，除上述比特币、以太币、泰达币外，境外市场上有1万多种虚拟货币。本课题组对上述三种虚拟货币专门予以讨论，主要是基于两点考虑：一是我国现行监管政策文件中主要提及上述三种虚拟货币。对于其他虚拟货币，由于种类过于繁多、情况过于复杂，当前难以作出明确的回应。二是我国当前司法实践中，在涉及以区块链技术为基

① 参见潘文博：《数字货币的运行机制与法律治理》，载《清华法学》2023年第3期。

础的加密货币案件中，上述三种虚拟货币相关案件数量占比较大，明确上述三种虚拟货币的法律地位，可以解决审判实践中较多的问题。对于比特币、以太币、泰达币以外的山寨币的法律地位如何认定，我们认为，现阶段不应作出统一明确的回应。在具体案件办理中，要从虚拟货币的应用场景、技术基础、运营团队、变现能力等多方面进行分析，根据实际情况决定其是否可以认定为刑法意义上的财物。

2. 空气币、传销币的法律地位

空气币、传销币往往出现在组织、领导传销活动罪和非法吸收公众存款罪、集资诈骗罪等案件中，被告人通过以太坊智能合约发行虚拟货币，或者自行创设虚拟货币。该类虚拟货币往往仅是犯罪的手段，被告人以上述虚拟货币作为媒介，最终目的是获得受损群众的人民币或者比特币、以太币、泰达币等虚拟货币。因此，对于上述虚拟货币，可以直接否认其财产属性，以相应的人民币或者比特币、以太币、泰达币来认定被告人的犯罪金额。

但是，对于窃取、骗取空气币或者传销币的案件，如何认定相应虚拟货币的法律地位，仍然值得思考。以前述张某窃取雷达币案为例，被告人窃取他人雷达币予以销售。雷达币是一种自建交易所、高度中心化、幕后团队可以控盘的传销币，被称是继比特币、以太币后的第三大虚拟货币，但实质是虚假宣传包装的资金盘，用以骗取社会公众财物。因该类虚拟货币价格具有可操控性、市场认可度较低，不宜认定其属于刑法意义上的财物予以保护。因此，在张某窃取雷达币案中，对于被告人以窃取的方式获取雷达币，人民法院以非法获取计算机信息系统数据罪对被告人定罪量刑，我们认为是适当的。

3. 企业平台币的法律地位

早期刑法理论与实践关注的虚拟货币，主要是由特定的互联网平台发行，仅在该平台范围内作为一般等价物用于购买平台上虚拟商品、服务，如 Q 币、Y 币等。在早期，关于这类虚拟货币是否属于刑法意义上的财物存在较大争议，原因有两点。一是此类虚拟货币的经济价值存在疑问。例如有观点认为，网游装备等虚拟财产存在于网络空间内，不具有真实的财产价值，不属于刑法意义上的财物。[①] 二是当时刑法理论上关于我国刑法中的财物是否应当包括有体物以外的财产性利益尚存在争议。由于对虚拟货币的财产属性存在争议，加之在2009年刑法修正案（七）新增第二百八十六条第二款非法获取计算机信息系统数据罪，为司法实践处理侵害虚拟货币案件提供了另一种可能的定性思路，因此，实践中有相当数量的判决认为非法获取虚拟货币的行为应以非法获取计算机信息系统数据罪定罪处罚。[②] 上述观点建立在相关平台虚拟货币只能单向买入，而不能再次兑换为人民币的基础上。例如，2023年国家新闻出版署向社会征求意见的《网络游戏管理办法》规定，不得向用户提供网络游戏币兑换法定货币的服务，网络游戏出版经营单位终止提供网络游戏产品和服务，以法定货币方式或者用户接受的其他方式退还用户尚未使用的网络游戏币的情况除外。

但是并非所有企业平台币仅限于单向买入，抖币等平台虚拟货币也有相应的变现机制。对于这类虚拟货币案件如何处理，当前争议较大。例如，2022年10月，被告人李某与被害人丁某商谈抖音相关业务，丁某向李某提供了自己的抖音账户及登录短信验证码，被告人李某使用自己的手机登录了该抖音账户，后未退出登录状态。2022年11月，被害人丁某向该账户充值人民币18万元，获得抖币180万个。被告人李某在得知该情况后，使用自己的手机操作被害人丁某的抖音账户，以购买礼物打赏的方式盗刷抖币180万个，转至本人的抖音账户，获得180万个音浪。后李某从该抖音账户内提现人民币1万元，其余音浪仍在其抖音账户内。对涉案的抖币，能否认定为刑法意义上的财物？我们认为，本案的抖币与网络游戏虚拟货币存在不同：游戏玩家通过法定货币购买游戏币或装备，投入时间和精力进行升级等获得的虚拟财产，只能在游戏内使用，

---

① 参见侯国云、么惠君：《虚拟财产的性质与法律规制》，载《中国刑事法杂志》2012年第4期。

② 参见徐凌波：《虚拟财产犯罪的教义学展开》，载《法学家》2017年第4期。

即使通过出售转移所有，该交易仍在游戏范围内，不具有财物的流通属性。而本案中的抖币是被害人直接用人民币这一法定货币向抖音平台充值而来，抖币与人民币之间有固定的兑换比率，抖币可用于购买平台上的各项产品和服务，其中，通过购买礼物打赏主播的方式可将抖币转化为主播的音浪收入，音浪可提现为人民币，从而实现流通的闭环。可以说，抖币就是抖音平台内的货币，能够自由流通、交易，而且和法定货币人民币之间有着相对固定的兑换比率，可以被认定为刑法意义上的财物。

五、对虚拟货币衍生犯罪的事实认定

（一）以犯罪数额还是犯罪情节评价犯罪

以犯罪数额还是犯罪情节评价犯罪的问题主要出现在比特币、以太币、泰达币等虚拟货币有关案件中。由于我国禁止涉及上述虚拟货币的有关业务活动，司法实践中对于涉及上述虚拟货币的犯罪，办案法官往往不敢认定犯罪数额，提出以犯罪情节认定的思路，从而避免被认为变相支持虚拟货币与法定货币兑换。

从司法实践来看，以虚拟货币为主要支付手段的犯罪，虚拟货币仅是充当支付功能，一般不作为定罪量刑的参考标准。以犯罪数额还是犯罪情节评价犯罪的问题主要集中在以下两种情况：一种是以虚拟货币为行为对象的盗窃、诈骗等侵犯财产犯罪，以虚拟货币为犯罪手段的非法集资等犯罪。而关于该类犯罪立法中，采用的是“数额+情节”的标准，在具体法律适用上存在数额和情节的选择空间。关于具体如何选择适用，本课题组认为，对于以刑法意义上的财物为盗窃、诈骗等犯罪对象的，应该首先适用犯罪数额的规定，分别以“数额较大”“数额巨大”“数额特别巨大”作为定罪量刑依据。相关犯罪数额难以查清，或者犯罪情节较为恶劣，适用犯罪情节有关规定更能达到罪责刑相一致的，可以适用犯罪情节的规定。另一种是以虚拟货币为手段的组织、领导传销活动犯罪，传销资金数额作为“情节严重”认定的标准之一。在具体适用上，可将犯罪数额作为定罪量刑标准之一。

对于山寨币和企业平台币，经认定属于刑法意义上财物的，按照上述思路处理。空气币、传销币以及不属于刑法意义上财物的山寨币、平台币属于计算机数据，仅能以犯罪情节认定。

（二）认定犯罪数额的方式

1. 比特币、以太币、泰达币以及具有刑法意义上财物性质的山寨币的数额认定方式

一方面，对于比特币等主流虚拟货币和具有刑法意义上财物性质的山寨币，境外金融市场上已经形成了较为成熟的交易机制，但作为风险资产，其在国际市场的交易价格波动极大；另一方面，我国金融监管机构禁止了一切与虚拟货币相关的金融活动，我国境内并不存在类似的虚拟货币交易市场与价格形成机制。境外金融市场的交易定价在多大程度上可以成为我国司法实务部门定罪量刑的参照就成为问题。我们认为，当前司法实践中几种犯罪数额认定方式均有其优缺点。

（1）以犯罪时平台交易价格认定。这种方式能够较为客观地反映虚拟货币在金融市场上的价格，但这些交易平台并不符合我国的金融监管政策。

（2）以销赃价格认定。在犯罪人已经销赃的场合，这种方式较为简便，但销赃价格往往低于市场价格，甚至在一些案件之中，犯罪嫌疑人暂未销赃，难以计算犯罪嫌疑人尚在持有中的虚拟货币价格。

（3）以被害人购入虚拟货币的价格认定。这种方式较为客观地反映了被害人取得虚拟货币的成本，但由于金融市场上虚拟货币价格波动较大，与即时的虚拟货币价格存在出入。

（4）通过鉴定机构评估价格。但在我国并不存在虚拟货币交易市场的情况下，评估机构在很大程度上参照的也是境外金融市场上的价格，因此，这种方式与第一种方式本质上是相同的。

由于我国境内有关比特币等虚拟货币交易平台被关闭，因而上述第一种和第四种方式不符合我国监管政策。高哲宇与深圳市云丝路创新发展基金企业、李斌申请撤销仲裁裁决案（最高人民法院指导案例199号）的判决认为，我国行政监管文件实质上禁止了比特币的兑付、交易及流通，炒作比特币等行为涉嫌从事非法金融活动，扰乱金融秩序，影响金融稳定。涉案仲裁裁决高哲宇赔偿李斌与比特币等值的美元，再将美元折算成人民币，实质上是变相支持了比特币与法定货币之间的兑付、交易，与上述文件精神不符，违背了社会公共利益，该仲裁裁决应予撤销。该判决具有参照意义。如以上述第一种和第四种方式认定犯罪数额，存在变相支持相关虚拟货币与法定货币的兑付、交易的嫌疑，因而不宜采用。

本课题组认为，考虑当前我国司法实践中虚拟货币被禁止流通，但不被禁止持有的法律现状，以市场交易价格计算并不符合法秩序统一的基本法理。被害人购入虚拟货币的价格较为客观地反映了被害人所遭受的财产损失，可以作为计算的主要依据。如上述价格难以认定的，建议以犯罪情节认定。

2. 抖币等平台币的数额认定方式

平台币一般有被害人购入价格和销赃价格两种认定依据。一般而言，销赃价格与购入价格差别较大，如前述李某转移丁某抖币案中，抖币转化为音浪提现后，平台抽成50%，如以销赃价格认定犯罪数额，与被害人实际损失差别较大。该种情况下，一般应以被害人损失认定犯罪数额。

结　语

人工智能、区块链技术的不断发展，使人类社会生活更为信息化、智能化。但这些技术被不法分子利用，也引发了一系列从未遇到的法律难题。因新技术的未来还存在不确定性，对于相关问题的解决思路难免存在时代局限性。

本课题对虚拟货币衍生犯罪相关法律适用问题进行了探讨，希冀解决当前审判实践中出现的疑难问题。其中部分问题经实践探索和理论论证，能够形成解决当下问题的共识。但还有部分问题，如比特币、以太币、泰达币等虚拟货币衍生犯罪的涉案数额认定，涉案虚拟货币如何处理等问题，需要中国人民银行等机关研究解决。同时，我们也注意到，目前区块链技术上衍生了 NFT 数字藏品、元宇宙等新事物。这些新事物可能引发更多法律难题。囿于江苏省尚无相关刑事案件，本课题未能全面探讨。但可以预知，相关法律适用问题必然会在不久远的时间到来。

虚拟货币犯罪案件财产性判项的问题审视与规范路径

——基于对143份刑事判决的考察

徐 奕* 罗 兵** 史 晴***

引 言

过去十余年间，全球范围内掀起了以虚拟货币流通交易为典型特征的数字经济新浪潮。作为一种新生的数字经济技术，虚拟货币自其产生之始就充满争议，如对其不加规制，必然引发巨大的金融和法律风险。以比特币、以太币为代表的虚拟货币因其特性与犯罪的天然契合，虚拟货币犯罪正在迅猛增长。在这场数字时代的社会转型中，法律治理的介入不仅需要对虚拟货币发展趋势了然于胸，更需要在法律框架内对新兴领域的事物作出适当的评价。然而，与虚拟货币犯罪高发所不相匹配的是虚拟货币处置变现尚无标准与机制可以遵循。有鉴于此，本文以虚拟货币参与支付结算的刑事判决为样本，分析此类案件财产性判项混乱的原因，并以明确虚拟货币具有财产属性为前提，构建能够与刑事庭审程序相衔接的虚拟货币审前处置机制，以实现财产性判项的规范化。

---

* 江苏省苏州市相城区人民法院副院长（挂职），四级高级法官。
** 江苏省苏州市相城区人民法院刑事审判庭法官。
*** 江苏省苏州市中级人民法院刑事审判第二庭法官助理。

一、虚拟货币犯罪案件财产性判项之现状

近年来，虚拟货币犯罪发展势头迅猛，特别是以虚拟货币参与支付结算的犯罪为典型代表。从案件数量看，笔者在聚法案例网①以“虚拟货币”“刑事”“一审”为关键词搜索，共查询到刑事判决书837份，经剔除以虚拟货币为“诱饵”的犯罪以及以虚拟货币挖机为对象的犯罪等无效样本，发现虚拟货币犯罪案件主要罪名分布（见图1）如下：帮助信息网络犯罪活动罪46件，洗钱及掩饰、隐瞒犯罪所得类犯罪39件，诈骗罪29件，非法集资类犯罪18件，组织、领导传销活动罪8件，其他罪名（盗窃、抢劫等）3件。

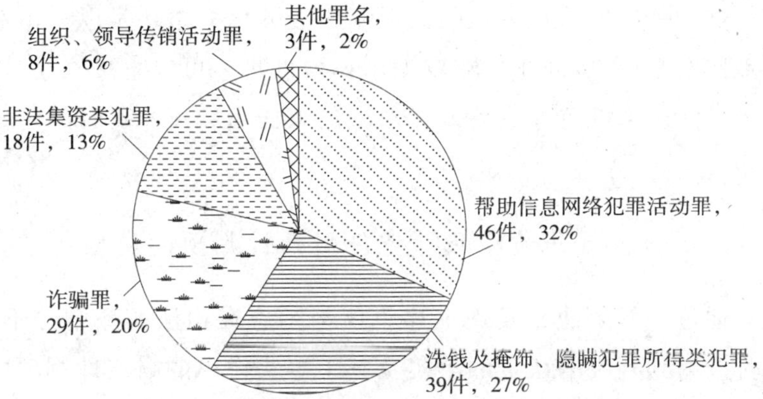

图1 虚拟货币犯罪案件罪名分布

上述罪名分布除了呈现出虚拟货币犯罪类型多样外，更引起笔者关注的是在传统罪名下，因虚拟货币加入支付结算所造成的司法实务中的争议与困惑。

① 网址为https：//www.jufaanli.com/，最后访问时间：2022年6月8日。

（一）缘起：张某某等诈骗案[①]

2018 年 4 月至 11 月，被告人张某某经预谋，纠集被告人秦某某、廖某等人，组成诈骗团伙，以购买“六合彩”特码、投资虚拟货币等方式实施诈骗，骗得人民币 79 万元以及以太币 1250 个。据此，人民法院以诈骗罪判处被告人张某某等人三年至十二年不等有期徒刑，并处相应罚金。

本案犯罪分子的行为符合诈骗罪构成要件并无争议，但办案过程中几个问题却引发了争论：（1）以太币的价值如何认定？能否参考国外交易平台上的交易价格折算，或认为目前没有权威的价值认定规则，在犯罪数额的认定上无从参照？（2）在以太币价值难以认定的情况下，判决中的财产性判项如何表述？是判决退赔相应的以太币还是以太币对应的人民币数额？（3）扣押在案的以太币如何处理？可以直接发还被害人，还是需经司法机关处置变现后发还对应的人民币数额？变现的价格又当如何确定？

（二）求证：虚拟货币犯罪案件财产性判项的类型

笔者通过查阅判决，发现上述争议与困惑在司法实务中并不鲜见，且最终都投射到判决书认定的事实及基于事实作出的财产性判项中。全国范围内，仅诈骗罪[②]一个罪名财产性判项就不统一，同一类型判项在具体表述时亦不同。经梳理，财产性判项大致类型如表 1 所示。

---

① 参见江苏省苏州市相城区人民法院（2021）苏 0507 刑初 28 号刑事判决书。

② 参见聚法案例网 https：//www. jufaanli. com/，最后访问时间：2022 年 6 月 8 日。选取关键词“比特币”“一审”“诈骗罪”共得到刑事判决 243 份，经剔除以虚拟货币为“诱饵”的犯罪等无效样本，聚焦以虚拟货币作为支付结算手段的判决后，得到文中案例。

表 1　虚拟货币犯罪财产性判项类型

笼统型	对被告人违法所得依法予以追缴，责令退赔被害人损失
	仅对已查扣或主动退赔的人民币予以发还，但漏判未追回损失部分
明确型	将被告人售出比特币得款的人民币数额认定为违法所得
	责令被告人以被害人购买泰达币所支付的人民币数额退赔
选择型	采用“有钱退钱、有币退币”的二分模式
	仅针对已归案被告人，判决根据其实际所参与犯罪的违法所得承担责任
回避型	判决前被告人已退赔双方协商一致的数额
	判决前被告人已退还所骗取的比特币

1. 笼统型判项

此类判项仅笼统表述对被告人违法所得予以追缴或者责令退赔，但未明确具体数额。此类判项常见于被告人人数众多的团伙犯罪及上下游犯罪。因涉案资金多数流向未归案主犯或者上家，又因虚拟货币流转手数较多或者终端虚拟货币没有市场交易价值，财产性判项难以对各被告人责任准确界分。

2. 明确型判项

此类判项能够以虚拟货币犯罪事实认定为基础，对犯罪分子应予被追缴或者退赔的数额明确表述。但各地对虚拟货币价值认定标准的认识不一，导致在确定数额的标准上亦出现矛盾：有的以被告人售出虚拟货币获得的人民币数额认定，有的则以被害人购买虚拟货币支付的人民币数额认定。

3. 选择型判项

此类判项因前期查封和扣押虚拟货币的情况不同、被告人归案情况不同、犯罪事实交织等因素，财产性判项的精准表述存在难度。加之同样对虚拟货币价值认定标准认识不一，财产性判项呈现出缺乏统一性的特征：有的案件在退赔清单中采用“有钱退钱、有币退币”的二分模式，有的则因对各被告人责任范围的划分没有把握，在判项中仅明确了部分被告人应被追缴或者退赔的数额。

4. 回避型判项

此类案件中，因涉案虚拟货币尚在被告人控制下，被告人与被害人在人民法院作出判决前已经达成协议，由被告人返还虚拟货币或者退赔被害人相应的人民币数额，判决中不再需要财产性判项。但值得注意的是，此种协议对应的人民币数额，可能既不是被害人购买虚拟货币支付的人民币数额，亦不是被告人售出虚拟货币获得的人民币数额，即虚拟货币价值认定出现难以归类的新标准。

虚拟货币犯罪案件财产性判项不规范、不统一问题，一方面，有损判决的权威性、统一性，降低人民群众对司法裁判的信任度；另一方面，有违刑法基本的价值理念与功能，不利于当事人合法权益的保护及被侵害法益的恢复。故这种状况不仅值得关注，也应尽快加以规范。

二、虚拟货币的价值认定和处置缺乏共识

当前刑事判决中笼统型、明确型、选择型及回避型等不同判项的出现，深层次原因是对虚拟货币的法律属性认识不一，与虚拟货币特性相匹配的法律规范缺位，导致虚拟货币的价值认定与处置变现存在争议，继而影响财产性判项的精准性与统一性。从司法实务出发，笔者分析虚拟货币犯罪案件财产性判项不规范主要是在以下方面缺乏共识所致。

（一）虚拟货币犯罪数额认定标准不一

我国刑法总则规定犯罪概念“既定性又定量”的特点决定了刑法分则犯罪构成中含有定量因素，犯罪数额则是其重要表征，是刑事司法及刑法理论研究的重要范畴。在诈骗类、非法集资类以及组织、领导传销

活动等犯罪中，犯罪数额是重要的构成要件，起着界定罪与非罪、轻罪与重罪的作用。然而，在虚拟货币犯罪案件中，犯罪数额的认定成为司法实务的一大痛点。财产性判项的规范以事实认定的统一为基础，故对于事实认定标准的分歧，势必造成判项的偏差。刑法所规定的作为定罪量刑重要指标的犯罪数额，是以人民币为基准的固定数额。如何实现人民币与虚拟货币之间的转换，质言之，如何对虚拟货币进行价值认定，是统一虚拟货币犯罪案件财产性判项的前提。然而，目前尚无专门的鉴定机构对虚拟货币价值予以鉴定，能否参考国外交易平台价格亦争论不休，导致判决认定犯罪数额时标准不一：有的以被害人投资的人民币入金、出金数额来认定，[①] 有的参考虚拟货币可折合的人民币数额来认定，[②] 而在犯罪数额无法确定的情况下，有的判决只能做模糊、笼统处理。

（二）禁止虚拟货币交易使变现合法性存疑

虚拟货币基于点对点发送的便利条件，具有高隐蔽能力、高变现能力、高流通能力等特性，为洗钱、诈骗、传销等经济犯罪提供了便利。从对虚拟货币实施的一系列措施可以看出相关部门的谨慎态度：2013 年中国人民银行等五部门印发的《关于防范比特币风险的通知》（以下简称 2013 年《通知》）开创性明确了比特币并非真正意义上的货币，而是一种特定的虚拟商品，不具有与货币等同的法律地位，不能且不应作为货币在市场流通。2017 年 9 月 4 日中国人民银行等七部门发布的《关于防范代币发行融资风险的公告》进一步明确，代币发行融资本质上是一种未经批准的非法公开融资行为，涉嫌违法犯罪活动。2021 年 9 月 15 日中国人民银行等十部门印发的《关于进一步防范和处置虚拟货币交易炒作风险的通知》（以下简称 2021 年《通知》），在虚拟货币属性方面延续 2013 年《通知》的认定，并进一步明确虚拟货币相关业务活动属于非法金融活动，涉嫌违法犯罪的，坚决予以查处。从上述内容可以看出，国

① 参见北京市朝阳区人民法院（2019）京 0105 刑初 2172 号刑事判决书。

② 参见江苏省苏州市相城区人民法院（2021）苏 0507 刑初 28 号刑事判决书。

家对虚拟货币不具有法定货币地位已经很明确，相关业务活动在国内失去存在根基，交易平台在国内停止运营。

对虚拟货币交易“一刀切”的金融监管给刑事司法带来了问题，即在相关部门明确不允许虚拟货币交易、关闭虚拟货币交易平台的情况下，司法机关是否有权对扣押、冻结在案的虚拟货币处置变现，观点并不一致。一种观点认为，虚拟货币交易在我国不合法，尤其是 2021 年《通知》发布后，虚拟货币本质上属于违禁品，不能进行处置变现。另一种观点则认为，虚拟货币可以流通、具有市场交易价格，可以与法定货币实现兑换，司法机关可以处置变现。该观点主要理由是基于司法实务中对被害人、犯罪分子的二元评价：被害人、犯罪分子使用的虚拟货币从源头看仍是以人民币购买，故追回相应的人民币数额既能挽回被害人损失，也能全面评价犯罪，不让犯罪分子因其不法行为而获利。当前司法实务中的通常做法是针对在侦查期间冻结、扣押的虚拟货币，基于犯罪分子自愿原则，由其委托第三方机构处置变现。但值得指出的是，2021 年《通知》发布后，境内虚拟货币交易行为都属于非法金融活动，很显然此种个人委托第三方机构的变现也属于非法金融活动。至此，金融监管禁止虚拟货币交易与司法实务中扣押、冻结的虚拟货币亟须处置变现之间存在矛盾。

（三）虚拟货币价格波动影响变现节点选择

虚拟货币不具有法偿性，故其市场交易价格不具有法定货币的稳定性，处置变现的节点选择就显得十分敏感。《最高人民法院关于适用〈中华人民共和国刑事诉讼法〉的解释》（以下简称《刑事诉讼法解释》）第四百三十九条、公安部印发的《公安机关涉案财物管理若干规定》第二十一条、财政部印发的《罚没财物管理办法》第十四条均规定，对市场波动大的债券、股票、基金份额等财产，经控制人申请或者同意，并经一定的批准程序，可以予以处置，所得款项存入单位合规账户。但笔者认为，虚拟货币不全然等同于债券、股票，其与法定货币之间没有天然的兑换渠道，交易价格完全取决于市场而不受监管制约，变现的过程更容易出现争议。据报道，成都某区块链公司高管高某某被爆出“挪用警方破获的非法数字货币做空比特币爆仓”，亏损多达3亿元。[①] 此事件反映出，除了监管问题外，虚拟货币变现节点的选择更是实务难题。选择不同的时间点成交，极大地影响虚拟货币的变现价格：在高位卖出，于被害人而言，其损失能得到更充分的填补；于犯罪分子而言，其需要继续退赔被害人损失的数额减少，甚至变现后的人民币完全可以填补损失。而如果低位卖出则情况完全相反，影响到案件处理的效果。基于此种困惑，司法实务中对虚拟货币处置变现多采取观望态度。

三、构建有可行性的虚拟货币审前处置机制

司法实务中对虚拟货币价值认定与处置变现缺乏共识，是虚拟货币犯罪案件财产性判项难以规范的深层次原因。因此，财产性判项的规范化应当从解决虚拟货币处置变现问题入手。司法机关对虚拟货币处置变现，前提是厘清虚拟货币的法律属性争议，即虚拟货币是否属于刑法保护的财产。在统一此认识的前提下，为贯彻恢复性司法理念，切实保障当事人合法权益，刑事司法应当在现有法律框架内寻找参照，构建全新的虚拟货币处置机制及运行规则，以实现虚拟货币的处置变现。

（一）虚拟货币是可以处置的现实财产

2013年《通知》明确比特币的性质是一种特殊的虚拟商品，2021年《通知》则认为虚拟货币不属于法定货币，也不属于合法的金融产品。但就刑法上的具体认定过程而言，若坚持这一理解，则意味着对虚拟货币的监管缺乏现行刑法意义上的强有力手段。[②]

关于虚拟货币的法律属性，有多种学说。其中，计算机信息系统数

① 参见新浪网，https://finance.sina.com.cn/tech/2021-04-08/doc-ikmyaawa8586966.shtml，最后访问时间：2022年6月8日。

② 参见谢杰、张建：《“去中心化”数字支付时代经济刑法的选择——基于比特币的法律与经济分析》，载《法学》2014年第8期。

据说将比特币等虚拟货币认定为数据，进而以非法获取计算机信息系统数据罪予以刑法评价，是以其存储和表现形式代替了实质的体现，忽略了比特币等虚拟货币的本质特征和功能。① 违禁品说基于目前监管部门对虚拟货币的态度，认为虚拟货币与毒品一样，是不允许流通的。② 财产说则认为对虚拟货币应认定为财产，是刑法保护的对象。笔者认为，虚拟货币是一种现实的财产，不能仅仅认为虚拟货币是一种计算机信息系统数据，故而应从真实存在的“物”的本身来理解。

（1）虚拟货币具有物理性。虚拟货币在软硬件一体的分布式加密系统中，实质是一种加密的数字资产，并借助硬件系统的分布式存储第一次实现了去中心化。因此，不能仅从软件层面来理解加密货币系统，而更应认识到去中心化的区块链技术具有物理性的一面，即在区块链加密货币系统的实现过程中，物理层面的去中心化与持有者对私钥的持有缺一不可。③

（2）虚拟货币具有价值存储功能。不可否认的是，虚拟货币已经成为虚拟网络空间的重要支付手段。德国、日本等国家承认比特币的合法性，甚至有的国家把比特币作为国家的法定货币。现实中以投资为代表的虚拟货币交易曾一度风行，可见持有人将虚拟货币投入市场交易流通，是基于虚拟货币具有价值存储功能。

（3）虚拟货币具有管理可能性。虽然虚拟货币是基于区块链而产生的新兴数字技术，但持有人可以基于自己的意志占有和处分虚拟货币，这与物权法上的“物”一样。持有人掌握了私钥，即是持有虚拟货币的体现，且这种持有是具有排他性的，任何不掌握私钥的他人都不可能获

---

① 参见陈菲菲、主父光熙：《涉比特币侵财类犯罪的认定路径》，载上海市法学会编：《上海法学研究》2020年第23卷，上海人民出版社2020年版，第209页。

② 该说难以成立，一方面，司法实践对于诈骗虚拟货币，以及以虚拟货币作为工具传销，认定为诈骗罪或者组织、领导传销活动罪，并明确虚拟货币的财产属性；另一方面，官方从未把虚拟货币认定为违禁品。参见周铭川：《盗窃比特币行为的定性分析》，载《南通大学学报（社会科学版）》2020年第3期。

③ 参见马永强：《论区块链加密货币的刑法定性》，载《苏州大学学报（法学版）》2022年第2期。

得该私钥对应的虚拟货币。当然，如果该私钥消失，那么相对应的虚拟货币也随之灭失。持有人基于自己的意志，自由处分所持有的虚拟货币，这与现实世界有物质载体的财物并无本质区别。

（4）虚拟货币具有可流通性。虚拟货币借助去中心化账本可转移，转移过程在链上公开可验。持有人可以使用私钥向他人进行转账，只要一方获得控制，另一方便会失去控制，这一点与实体转账并无二致。并且，借助虚拟货币交易平台，持有人可以实现虚拟货币与法定货币的转换，亦即，可以将虚拟货币转换成人民币。故虚拟货币因其可流通性而具备相应的交换价值。

综上所述，虚拟货币是一种现实的财产，具有财产属性，应当作为刑法规制的对象，这与司法务实中大量以虚拟货币作为支付结算手段的犯罪行为被纳入传统刑法罪名评价的现状是一致的。解决了虚拟货币属于刑法保护对象这一问题，虚拟货币犯罪案件中犯罪数额的认定就找到了根基：无论是侵害自然人财产权益之犯罪，还是侵害社会管理秩序等集体法益之犯罪，在犯罪数额认定上均应理解为涉案虚拟货币所对应的人民币数额。

（二）设立权责明确的审前处置机构

在厘清虚拟货币法律属性、解决犯罪数额认定问题的前提下，虚拟货币处置权限与处置必要性亦得到明确，即司法机关基于刑法的保护目的与法益修复考量，有权对虚拟货币处置变现。鉴于我国目前已经禁止了个人虚拟货币交易行为，笔者认为，在刑事诉讼程序中不应再由个人进行虚拟货币处置变现，而应设置全新的虚拟货币处置机构，主导虚拟货币处置变现工作。

1. 成立虚拟货币审前处置专项工作组

由地市级公安、检察、法院、金融监管等部门组成虚拟货币审前处置专项工作组（以下简称专项工作组），负责辖区内虚拟货币审前处置的协调、联络、监督工作。上述各部门向专项工作组报告工作，各司其职并共同协作完成虚拟货币处置变现工作。

公安机关应当进一步加大依职权追缴虚拟货币的力度。对于依托境内服务器建立的交易平台，可以参照电信诈骗案件的取证规则，对涉案虚拟货币交易平台直接采取措施；而对于利用境外服务器所建立的平台开展虚拟货币交易的，刑事诉讼法第十八条亦有刑事司法协助的原则性规定。尤其我国作为全球打击洗钱、恐怖融资、扩散融资的国际标准制定机构的金融行动特别工作组成员国之一，公安机关可以寻求国际合作和司法互助，通过委托调查取证、移交扣押品等具体手段，进一步加大对涉案虚拟货币的追缴力度。

检察机关在专项工作组中负责初步查明的被告人违法所得或者被害人损失金额的审查工作，并对相关的事实固定及证据收集、补充等事项提供意见；人民法院在专项工作组中发挥法律咨询作用，通过适度的提前介入，对涉及处置变现工作的事实、证据提供法律咨询；金融监管部门除负责对专门机构库进行管理外，应当对处置变现的发起、流转等环节作出指导，确保处置变现工作符合国家金融监管政策要求；专项工作组应当充分发挥实体化运作优势，由各部门协商解决处置变现工作中出现的问题及存在的争议，确保虚拟货币处置变现工作的有序推进。

2. 开设公权力控制下的虚拟货币电子钱包

虚拟货币本身所具有去中心化、匿名性等特点，任何掌握对应电子钱包地址的人，都可以控制该钱包，实现虚拟货币的交易。因此，如果仅对犯罪分子的电子钱包地址进行冻结，无法排除和阻止其他人转移虚拟货币，涉案财产安全无法保证。刑事诉讼法第一百四十四条规定，人民检察院、公安机关根据侦查犯罪的需要，可以依照规定查询、冻结犯罪嫌疑人的存款、汇款、债券、股票、基金份额等财产。对此，笔者认为，可以由公安机关参照财政部等四部门印发的《中央预算单位银行账户管理暂行办法》等规定，开设一个在同级金融监管部门备案的虚拟货币电子钱包，在查获虚拟货币的第一时间实现对虚拟货币的实质控制。此举可以防范涉案虚拟货币因案外人转移、第三方平台关闭、被攻击等因素所引发的灭失。值得特别提出的是，公安机关在使用现有的刑事扣押、冻结文书履行报批手续时，应当在文书上载明虚拟货币的种类、数量以及电子钱包地址。对虚拟货币的保管应当遵循办案与管理相分离原则，由公安机关内部的财物管理部门负责电子钱包中虚拟货币的保管，同时加大技术保护的人员和设备投入，避免电子钱包中的虚拟货币意外损失。查封、存入的过程应当严格参照公安部发布的《公安机关办理刑事案件电子数据取证规则》的相关规定，电子取证过程的所有材料应当附卷。

3. 建立有处置能力的第三方机构库

由中国人民银行省级中心支行根据辖区内虚拟货币的种类、处置权限等因素，建立第三方机构库，专门负责刑事案件中虚拟货币处置变现的具体操作。[①] 省级第三方机构库的确定应向中国人民银行备案，并向社会公示。省级中心支行应制定第三方机构库分级管理办法，实施分级管理。[②] 第三方机构库中的各家机构需向设立其的省级中心支行呈交年度工作报告，由省级中心支行根据单位信誉、处置能力、工作业绩等因素对各机构进行考评并以年度为单位实行晋升与淘汰机制，不合格者应从第三方机构库中删除，报中国人民银行备案并及时向社会公示。

（三）审前处置机制的具体运行

虚拟货币审前处置机构设立之后，需要匹配一套兼顾合法性与时效性的审前处置机制，最迟在案件提起公诉前，完成对涉案虚拟货币的处置变现。据此，笔者在充分借鉴现有法律规定及实践做法的基础上，设定以下虚拟货币审前处置机制的具体运行规则。

---

① 参照人民法院司法鉴定人名册制度设立，一般地区设立鉴定人名册以地市级为单位。但笔者考虑虚拟货币应由更高层级监管方能确保其处置变现对金融安全不产生负面影响，故将第三方机构库的设立与监管权限提至省级，同时增加最高的备案级别。

② 参照各地破产管理人分级管理办法设定，省级中心支行应根据地区虚拟货币处置变现的一般标的额大小，综合考虑其他因素，对各第三方机构进行分级考评。

1. 处置的流程

《公安机关办理刑事案件程序规定》第二百四十六条、《公安机关涉案财物管理若干规定》第二十一条的规定可以概括为：公安机关对冻结的债券、股票、基金份额等财产，应当告知当事人有权申请出售。市场波动较大的财产经权利人书面同意或者申请，并经县级以上公安机关负责人批准，可以依法出售、变现，所得款项存入单位合规账户。在虚拟货币处置机制中即：（1）由权利人（本文中一般为虚拟货币持有人，即犯罪分子）向已实际控制虚拟货币的公安机关提出处置申请。（2）公安机关向专项工作组报批。（3）专项工作组根据虚拟货币的种类、处置难度，综合考虑各第三方机构的信用分级及代理费用等因素后，确定一家或多家机构承担处置变现工作。（4）由公安机关与选定的第三方机构签订委托合同，发起虚拟货币处置变现工作。（5）第三方机构操作处置变现后，将变现款汇入公安机关专门账户，处置变现工作完成。专项工作组应当根据案件实际情况，逐案制订虚拟货币审前处置工作方案，并对处置变现全程进行监督（见图2）。

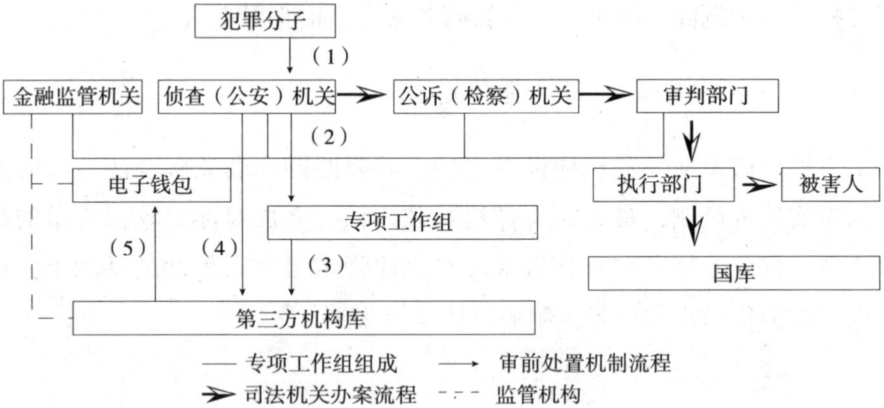

图2　虚拟货币审前处置流程

2. 处置的期限

鉴于虚拟货币与股票类似，均属于价格波动较大的财产，在处置期限的选择上，笔者认为可以借鉴《最高人民法院关于人民法院强制执行股权若干问题的规定》第十条所确定的原则，由专项工作组在审前处置工作方案中明确第三方机构完成变现的指定时限，但一般不应迟于案件提起公诉前，以确保处置变现与刑事诉讼程序有序衔接。

3. 处置的价格

虚拟货币处置价格的确定是目前司法实务中最大的难点，笔者认为，可以借鉴《最高人民法院关于人民法院确定财产处置参考价若干问题的规定》，通过议价、询价、当事人确认等多种方式，保证虚拟货币变现价格的选择相对合理。

具体而言，专项工作组在收到公安机关变现申请时，应查阅涉案虚拟货币在全球范围内最大交易平台近三月的平均成交价格，确定处置变现的价格基数。价格基数与初步查明的被告人违法所得或被害人损失数额之间偏离小于20%的，价格基数有效（见图3）。虚拟货币处置价格的确定可以遵循以下原则。

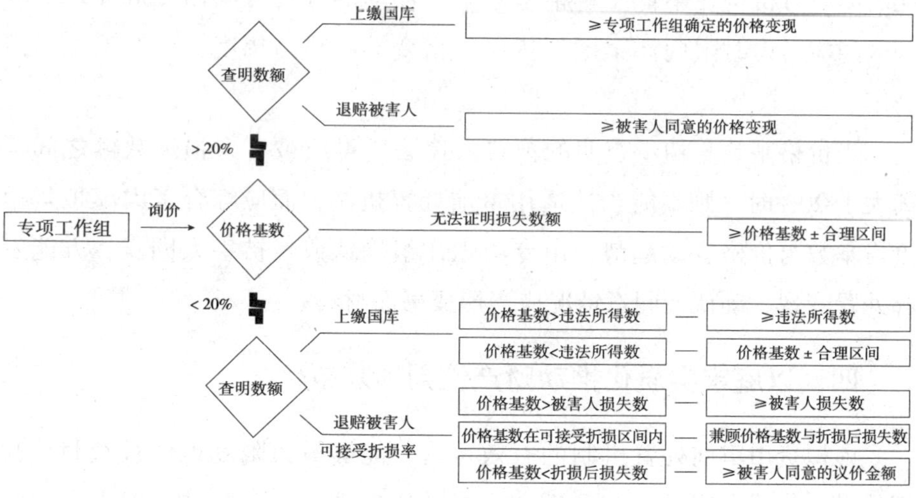

图3　虚拟货币处置价格确定流程

（1）对于虚拟货币变现后应予上缴国库的案件，专项工作组应在处置方案中载明价格基数，并根据变现的时限要求分别处理。当价格基数高于违法所得数额时，由接受委托的第三方机构以不低于违法所得数额的金额完成变现；当价格基数低于违法所得数额时，由接受委托的第三方机构在价格基数上下浮动的合理区间内完成变现。合理区间应考虑时限内涉案虚拟货币价格变动趋势与幅度，由专项工作组确定。

（2）对于虚拟货币变现后应予退赔被害人的案件，专项工作组应当在处置方案中载明价格基数并征询被害人关于可接受折损率的意见。当价格基数高于被害人损失数额时，由接受委托的第三方机构以不低于被害人损失数额的金额完成变现；当价格基数在被害人可接受折损区间内时，由接受委托的第三方机构以兼顾价格基数与折损后损失数额的特定金额完成变现；当价格基数低于被害人折损后损失数额但被害人同意以议价金额变现时，由接受委托的第三方机构以不低于议价数额的金额完成变现，被害人同意情况应当形成书面材料。

（3）对于现有证据尚无法证明被告人违法所得或被害人损失数额的案件，专项工作组应根据案件情况在处置方案中确定时限，并由接受委托的第三方机构在不低于价格基数上下浮动的合理区间内完成变现。合理区间应考虑时限内涉案虚拟货币价格变动趋势与幅度，由专项工作组确定。

当价格基数与初步查明的被告人违法所得或被害人损失数额之间偏离大于20%时，则不能当然适用审前处置机制，而应综合考虑虚拟货币价格基数与价格变动趋势，由专项工作组确认或经被害人同意，方能发起处置变现。确认或同意情况应当形成书面材料。

四、以庭审实质化推动财产性判项规范化

虚拟货币审前处置机制的有效运行，能够最大限度地使被查封、扣押的虚拟货币在案件提起公诉前完成处置变现，为后续进入刑事审判流程扫清障碍。至此，人民法院应当以虚拟货币犯罪案件财产性判项的统

一、明确为目标，将审前处置机制与刑事庭审程序有效衔接，通过庭审实质化保障审前处置结果的合法有效运用，并以此推动此类案件财产性判项的规范化。

（一）虚拟货币犯罪案件财产性判项应当统一、明确

虚拟货币犯罪案件财产性判项的规范化是司法实务中的难题。规范虚拟货币犯罪案件财产性判项，以实现涉案财产的有效执行，是法律规定的明确要求，也是保护人民群众财产权益、保护数字经济健康发展的必然要求。

1. 规范财产性判项是法律的明确规定

刑法第六十四条规定“犯罪分子违法所得的一切财物，应当予以追缴或者责令退赔”，这是刑事判决中应当作出财产性判项的法律依据。刑事诉讼法第二百四十五条第三款规定“人民法院作出的判决，应当对查封、扣押、冻结的财物及其孳息作出处理”，《刑事诉讼法解释》第四百四十五条第二款规定“对判决时尚未追缴到案或者尚未足额退赔的违法所得，应当判决继续追缴或者责令退赔”。上述规定明确了刑事判决应当对涉案财物作出处置。处置中财产性判项应当遵循以下基本原则：已查扣在案的，作出处理；未追缴到案的，继续追缴或责令退赔。《刑事诉讼法解释》第四百四十四条第二款规定“判决追缴违法所得或者责令退赔的，应当写明追缴、退赔的金额或者财物的名称、数量等情况；已经发还的，应当在判决书中写明”，《最高人民法院关于刑事裁判涉财产部分执行的若干规定》第六条规定“刑事裁判涉财产部分的裁判内容，应当明确、具体”，这都是对财产性判项的规范化要求。由此可以看出，刑事判决应当根据案件具体情况作出财产性判项。在选择追缴、责令退赔等不同的责任承担方式的前提下，判项表述应具体、明确。

2. 规范财产性判项是法益保护的必要前提

司法实务中对虚拟货币价格认定及处置变现存在诸多认识上的不统一，导致相应的财产性判项出现矛盾、空判、漏判等问题。该问题有损

裁判的严肃性与权威性，影响司法公信力。对于打击犯罪而言，仅仅对犯罪分子处以刑罚，但违法所得无法追缴，不仅没有打击到虚拟货币犯罪最大的痛点，亦有违“任何人不因不法行为获利”的价值理念。对于被害人而言，比起犯罪分子的刑事责任，其更关注的是自身损失的挽回，亦即，刑法所保护的法益应当修复。因此，刑事判决在判处被告人刑罚以达到惩罚犯罪之目的外，弥补人民群众所遭受的财产损失更是犯罪分子应当承担的责任。该责任承担的首要前提是在刑事判决中有明确的、可执行的财产性判项。在虚拟货币犯罪案件中需要消除财产性判项模糊不清所导致的执行实现上的落空，以切实保障人民群众财产权益。

3. 规范财产性判项是保护数字经济的必然要求

数字时代势不可挡，关于数字经济的法律政策也应当顺应时代和数字经济技术的发展。虚拟货币犯罪是数字经济在犯罪领域无法忽视的问题。尽管我国金融监管采取了最严格的态度，但在刑事司法领域，与虚拟货币特性相匹配的法律规范缺位，导致对虚拟货币犯罪打击乏力。虚拟货币犯罪的危害性不言而喻，犯罪分子违法所得可以通过虚拟货币成功“洗白”，未来犯罪存在以虚拟货币支付结算的趋势。同时，大量违法所得在非法交易场所流动甚至流向境外无法追缴，对我国金融监管秩序造成实质性侵害，也影响数字经济的健康发展。因此，虚拟货币犯罪案件财产性判项的统一明确是刑事审判回应数字经济发展新需求的应有作为。

（二）以庭审实质化保障审前处置结果的合法有效运用

刑事诉讼法第五十条、《刑事诉讼法解释》第七十一条均规定，证据须经庭审查证属实方能作为定案根据作出明确规定。推进庭审实质化改革是党的十八届四中全会部署的以审判为中心的刑事诉讼改革中重要的一环，核心是要求审判案件以庭审为中心，事实证据调查在法庭，定罪量刑辩论在法庭，裁判结果形成于法庭。落实在涉案财物的处置方面，2021 年《刑事诉讼法解释》第二百七十九条关于涉案财物处置方面推进庭审实质化的规定，在体例上从 2012 年《刑事诉讼法解释》中的“查封、扣押、冻结财物及其处理”章调整到了“公诉案件第一审普通程序”章，旨在提醒审判人员和诉讼参与人在庭审程序中高度重视涉案财物的处理问题。需要注意的是，在庭审中由公诉机关对涉案财物的权属情况提供证据材料，作出财产权属的说明并提出处理意见，既符合刑事诉讼规则，也是目前司法实务的惯常做法。

审前处置机制一旦有效运行，虚拟货币犯罪案件进入庭审程序前的涉案财产要么是已经变现的人民币，要么是尚未变现但扣押在案的虚拟货币。对于虚拟货币已经变现为人民币的案件，公诉机关应当提供公安机关冻结、扣押手续及电子取证材料、虚拟货币的原权属证明、公安机关虚拟货币变现申请书、委托变现协议、变现报告等；对于尚未变现的虚拟货币，公诉机关也应当提供虚拟货币的权属证明以及冻结、扣押手续等材料。对上述材料，公诉机关应当制作财产移送清单，注明涉案虚拟货币的名称、数量、存放地址、处理方式及变现金额等项目，并随卷移送人民法院。人民法院在立案时应当审查上述财物是否随案移送、是否有证明涉案财物权属的证据材料。

为实现虚拟货币审前处置机制在刑事诉讼程序中的嵌入，虚拟货币犯罪案件庭审时，应当设立专门的庭审调查程序。《刑事诉讼法解释》第二百七十九条规定，法庭审理过程中应当对查封、扣押、冻结的财物及其孳息的权属、来源等情况，是否属于违法所得或者依法应当追缴的其他涉案财物进行调查，由公诉人说明情况、出示证据、提出处理建议，并听取被告人、辩护人等诉讼参与人的意见。因此，在庭审时由公诉人宣读、出示上述证据材料并对涉案虚拟货币性质、权属、变现情况等要素着重进行说明。法庭应当听取辩方意见，引导辩方充分发表质证意见。当事人、辩护人或诉讼代理人认为公安机关对与案件无关的财物采取查封、冻结措施，或者存在明显超出涉案范围查封、冻结财物等违规查封、冻结行为的，有权在庭审中提出异议或者直接提出申诉、控告。

审判过程中发现虚拟货币涉及案外人权利，案外人对查封、扣押、冻结的财物及其孳息提出权属异议的，根据中共中央办公厅、国务院办公厅印发的《关于进一步规范刑事诉讼涉案财物处置工作的意见》第十二条以及《刑事诉讼法解释》第二百七十九条规定，人民法院应当听取案外人意见，必要时，可以通知案外人出庭。如经庭审调查后人民法院认为涉案虚拟货币权属仍存疑的，应当建议公诉机关进一步补充证据并重新发表处理意见，将虚拟货币权属的争议解决于作出判决前。

（三）虚拟货币犯罪案件财产性判项规范化的实现

前文提出的在公诉之前完成虚拟货币处置变现，并将虚拟货币处置过程嵌入刑事庭审程序的最终目标，是为了实现虚拟货币犯罪案件财产性判项规范化，达成让法院判得下去、受害人得以受偿、公众能够认可的多重效果的有机统一。诚然，本文所构建的审前处置机制，均基于犯罪分子同意变现的前提。但在消解分歧、构建路径之后，虚拟货币犯罪案件财产性判项的规范化目标已经初步达成。

1. 适用虚拟货币审前处置机制的财产性判项

对于公安机关能够扣押到虚拟货币，且犯罪分子同意处置变现的，适用虚拟货币审前处置机制与庭审调查程序。虚拟货币在判决前已经变现为人民币，则财产性判项中以查明的被告人违法所得数额或者被害人损失的人民币数额表述，分别予以没收、上缴国库或者发还被害人；对处置后有不足部分的，应当根据上述两类案件不同的责任承担路径，在判项中写明继续追缴并予以没收、上缴国库或者责令退赔；对处置后有余款的，无论何种案件类型，均应当写明作为违法所得予以没收、上缴国库。

2. 未适用虚拟货币审前处置机制的财产性判项

对于公安机关能够扣押到虚拟货币，但犯罪分子不同意处置变现，或因变现价格难以确定等原因未能启动审前处置机制的，则应适用传统强制执行程序。虽然虚拟货币在判决前尚未变现为人民币，但财产性判项中仍以查明的被告人违法所得数额或者被害人损失的人民币数额表述。

同时根据案件情况，在判项中还要明确表述以下内容：扣押在案的虚拟货币由人民法院执行部门依法处置，变现款予以没收、上缴国库或者优先发还被害人；不足部分继续追缴或者责令退赔；对处置后有余款的，无论何种案件类型，均作为违法所得予以没收、上缴国库。

最后需要指出的是，规范虚拟货币财产性判项的最终目的是财产性判项能够得以执行，犯罪分子应承担的责任得以落地。因此，虚拟货币审前处置机制与强制执行程序在处置结果上应当尽量保持一致。人民法院作为专项工作组成员单位，其内部执行部门在强制执行生效判决对涉案虚拟货币处置变现时，亦可以参照前述审前处置机制：进入强制执行程序后，可以不再经由犯罪分子申请，而由人民法院执行部门直接向专项工作组报告。专项工作组根据案件情况制作处置方案，并适用审前处置机制中的价格确定方法与处置变现程序，对虚拟货币处置变现。变现款进入人民法院执行部门实行一案一账户并与一般执行分配程序并轨。此举可以最大限度确保在刑事诉讼流程中虚拟货币处置变现结果的统一性，继而实现此类案件财产性判项从形式规范走向实质公平。

结　语

数字经济是中国经济未来发展的路径之一，虚拟货币交易被禁止，但虚拟货币犯罪始终难以消亡。在虚拟货币犯罪案件财产性判项中发现的问题，是数字经济发展进程中刑法实务不可回避的。对于刑事审判而言，犯罪分子受到依法惩治、财产性判项得到有效执行、被侵害的法益获得全面修复，也是人民法院强化刑事司法保护、护航数字经济健康发展的题中应有之义和必要探索。

【大案传真】

编者按：本案被告人一审被判处死刑，经最高人民法院指令再审，后改判无罪。案例入选最高人民法院 2023 年 10 月 10 日发布的涉民营企业产权和企业家合法权益保护再审典型案例，裁判文书入选全国法院第六届百篇优秀裁判文书。案件意义深远，特将再审文书全文收录。

段某桂职务侵占再审改判无罪案

广东省高级人民法院
刑事判决书

(2021) 粤刑再 1 号

原公诉机关广东省中山市人民检察院。

原审被告人段某桂，女，汉族，1948 年××月××日出生，湖北省武汉市人，初中文化，原系上海泰某房地产有限公司（下称上海泰某公司）董事长、总经理，户籍所在地广东省中山市石岐区湖东街×号××房。1999 年 7 月 29 日被刑事拘留，同年 8 月 10 日被逮捕。2005 年 5 月 27 日因本案被判处有期徒刑十四年，同年 7 月 22 日因患有严重疾病被暂予监外执行。2013 年 7 月 28 日刑期届满。

辩护人黎某某、龚某，广东某律师事务所律师。

广东省中山市中级人民法院审理中山市人民检察院指控被告人段某桂犯贪污罪、挪用公款罪一案，于 2001 年 3 月 5 日作出（2000）中中刑初字第 47 号刑事判决，认定被告人段某桂犯贪污罪，判处死刑，剥夺政治权利终身，并处没收个人全部财产；犯挪用资金罪，判处有期徒刑十年，决定执行死刑，剥夺政治权利终身，并处没收个人全部财产；追缴段某桂尚未退还的贪污款项及其所挪用的款项归还澳门某华投资发展有限公司（下称某华公司）。宣判后，段某桂不服，提出上诉。本院于2002年8月28日以（2001）粤高法刑经终字第175号刑事裁定，撤销原判，发回中山市中级人民法院重新审判。中山市中级人民法院经重新审理，于2003年7月10日作出（2002）中中刑初字第135号刑事判决，认定被告人段某桂犯贪污罪，判处死刑，缓期二年执行，剥夺政治权利终身，并处没收个人全部财产；继续追缴段某桂尚未退出的贪污款项人民币4403.068869万元归还某华公司。宣判后，中山市人民检察院提出抗诉，段某桂提出上诉。广东省人民检察院于2004年7月5日决定撤回抗诉。本院于2005年5月27日作出（2003）粤高法刑二终字第385号刑事判决：准许广东省人民检察院撤回抗诉；维持原判追缴判项，撤销原判对段某桂的定罪量刑，认定段某桂犯职务侵占罪，判处有期徒刑十四年。

上述判决发生法律效力后，原审被告人段某桂向本院提出申诉，本院于2010年12月10日予以驳回。之后，段某桂向最高人民法院提出申诉。最高人民法院于2020年10月12日作出再审决定，指令本院对本案进行再审。本院依法另行组成合议庭，于2023年1月18日以视频连线方式公开开庭审理了本案。广东省人民检察院检察员李丹、成妍妍出庭履行职务，段某桂在湖北省武汉市第五医院病房通过远程视频终端参加庭审，广东某律师事务所律师黎某某、龚某到庭为段某桂提供辩护。本案现已审理终结。

中山市中级人民法院（2002）中中刑初字第135号刑事判决认定：1997年8月8日，被告人段某桂利用其受委托担任中山某旅（集团）公司（国有公司，下称某旅集团）全资下属的某华公司投资的上海泰某公司董事长、总经理的职务便利，私自以上海泰某公司的名义，与广东发展银行下属的香港某礼国际投资有限公司（下称某礼公司）签订协议，以人民币3.281亿元将上海泰某公司开发的“TQF”项目（下称涉案项目）转让给某礼公司。同年8月27日，段某桂在香港注册成立了其个人的泰某国际投资发展有限公司（下称香港泰某公司）。接着又假冒某华公司董事长刘某稀的签名，伪造了内容为1997年9月29日某华公司将其在上海泰某公司的95%股份转让给香港泰某公司的协议书及相关的董事会决议，向上海市外国投资工作委员会、上海市工商行政管理局等有关部门申请办理股权变更手续。同年12月11日，段某桂又以香港泰某公司的名义与某礼公司签订补充置换协议，将某华公司在上海泰某公司的应有权益占为己有。经审计，至1998年6月30日某礼公司正式接收上海泰某公司时止，某华公司在上海泰某公司的应有权益为人民币4403.068869万元（其中应有利润为3200.641869万元，实收资本为1202.427万元）。某礼公司先后支付了人民币7510万元给上海泰某公司，并支付了人民币2687.5万元给段某桂。在上述款项中，段某桂除将其中的人民币8002.382853万元用于上海泰某公司外，尚有人民币2195.117147万元据为己有未退还。

中山市中级人民法院认定上述事实的证据有上海泰某公司设立、变更登记的审批和工商资料，刘某稀签署的委任书，项目转让协议书，银行账单、收款凭证等书证；审计报告、鉴定书；刘某稀、李某毅等人的证言；被告人段某桂的供述与辩解；等等。

中山市中级人民法院认为，被告人段某桂身为受国有公司委托管理、经营国有财产的人员，利用职务之便侵吞国有财产，数额特别巨大，其行为已构成贪污罪，依法应予惩处。公诉机关指控段某桂犯贪污罪事实清楚，证据充分，罪名成立，但指控的其他犯罪证据不足，不予支持。故作出前述判决。

宣判后，段某桂提出上诉，认为其行为不构成犯罪。

本院二审认定的事实、证据与前述判决基本一致。

本院二审认为，上诉人段某桂利用其经营、管理上海泰某公司的职务便利，假冒刘某稀的签名伪造了股权转让协议，将上海泰某公司的股权非法转让给自己开办的香港泰某公司，将本公司资产占为己有，数额特别巨大，其行为已构成职务侵占罪。原判认定事实清楚，审判程序合法，唯对段某桂的定罪及量刑不当，予以改正。段某桂及其辩护人所提不构成犯罪的理由据理不足，不予采纳。故作出前述终审判决。

本院再审中，原审被告人段某桂及其辩护人提出，原判认定段某桂犯职务侵占罪错误，应当依法宣告无罪。主要理由是：1. 原一、二审对主要证据没有组织质证，导致案件基本事实认定错误。本案重审和二审期间段某桂的辩护人委托公安部物证鉴定中心、最高人民法院司法鉴定中心分别对 1997 年 8 月 21 日《授权书》中的“刘某稀”签名、1997 年 9 月 29 日某华公司与香港泰某公司的合同书中的“某华公司”印文进行鉴定，结论足以证实原判认定段某桂伪造股权转让协议事实错误。2. 段某桂申诉提交并经公安部物证鉴定中心鉴定和刘某稀确认为真实的某华公司董事长刘某稀与段某桂开办的澳门泰某国际投资发展有限公司（下称澳门泰某公司）于 1995 年 1 月 6 日签订的股权转让协议书，进一步证明原判认定段某桂利用职务便利将某华公司在上海泰某公司的股权非法转让给自己开办的公司事实错误。3. 段某桂与某华公司属股权转让交易关系，原判将本案定性为犯罪，适用法律错误。4. 原判认定段某桂侵占公司财物依据不足。认定段某桂侵占的注册资本金人民币 1202.427 万元尚存于上海泰某公司；认定段某桂侵占某华公司人民币 3200.641869 万元的应有权益处于未确定状态。在案证据证实，段某桂收到某礼公司给付的人民币 2687.5 万元已全部用于上海泰某公司。

广东省人民检察院出庭检察员提出：原判认定段某桂构成职务侵占罪事实不清、证据不足，建议依法改判段某桂无罪。主要理由为：1. 段某桂申诉提交的某华公司与澳门泰某公司于 1995 年 1 月 6 日签订的协议书原件、公安部物证鉴定中心出具的公物证鉴字（2018）3228 号鉴定书、刘某稀自书《证明》等新的证据，与段某桂称刘某稀在 1995 年已将涉案项目转让给其的供述、刘某稀在再审庭外调查所作的证言相互印证，可以证明某华公司与段某桂之间存在股权转让的交易事实。2. 原判认定段某桂利用职务便利将某华公司在上海泰某公司的股权非法转让给自己注册的香港泰某公司错误。在案证据证实，某华公司已将上海泰某公司的股权实际转让给段某桂所开办的公司，段某桂受委托代为签署股权转让文件不具有侵占某华公司财产的主观目的。段某桂始终承认并表示愿意偿还尚欠某华公司的股权转让款，未能支付不排除有资金周转困难和利息争议较大的原因，不足以证实其有侵吞、窃取、骗取某华公司在上海泰某公司投资款的主观故意。3. 段某桂与某华公司属股权转让交易产生的民事纠纷，原判将本案定性为职务侵占犯罪，属适用法律错误。双方在股权转让过程中虽然存在一些不规范的行为，但不影响股权转让的实质有效性。段某桂在融资开发完成涉案项目后将股权转让给某礼公司，是股东行使权利的行为，不符合职务侵占罪的构成要件。

本院经再审查明：1992年7月14日，某华公司与澳门某兴建筑工程有限公司（下称某兴公司）共同出资95%，上海市卢湾区某建公司（下称卢湾某建）出资5%作为乙方，与甲方上海市土地管理局签订《土地使用权出让合同》，以美元221.85万元购入上海市卢湾区徐家汇路××号街坊（毛地）的土地使用权。约定乙方需完成可建总面积60%以上工程量方可将土地使用权转让。同年12月13日，卢湾某建出资5%，某华公司与某兴公司出资95%，在上海注册成立上海华某房地产投资发展有限公司（下称华某公司）作为开发上述地块的项目公司，时任某兴公司总经理叶某正任华某公司董事长，但某兴公司并未实际出资。1992年5月至1993年7月，某华公司为开发该地块，先后投入资金人民币2000万元、美元221.85万元、港币43万元。

某华公司为保障其投资权益，于1993年5月21日与卢湾某建、某兴公司经开会协商，对华某公司董事会人事作出调整，由时任某旅集团总经理兼某华公司董事长刘某稀出任华某公司董事长、总经理。为推动上述地块开发和项目公司运作，刘某稀于同日签署委任书，授权原审被告人段某桂（1993年前曾任某旅集团下属公司副经理，后离职在澳门、中山等地设立“TQ”系列公司，从事房地产投资开发）代理其主持华某公司一切工作。同年8月14日，某华公司收回投资款人民币500万元。同年9月1日，华某公司对某华公司与某兴公司共占95%的出资比例作出划分，明确某华公司占90%、某兴公司占5%。

1994年5月23日，刘某稀签署委托书，委托段某桂为某华公司全权代表，与上海市土地管理局签订国有土地使用权出让合同，代表其处理华某公司一切业务，并出任华某公司董事长、总经理。同年7月30日，刘某稀代表某华公司与上海万某房地产开发总公司（下称万某公司）签订协议，将上述地块的土地使用权转让给万某公司，但万某公司向华某公司支付履行款人民币2000万元后没有继续履行。华某公司收到上述款项后将其中1100万元付给某华公司。同年9月22日，某华公司向上海市土地管理局提交报告，表示要退出华某公司，要求该局将某华公司已支付的前期费用悉数连本带息予以退还。上海市土地管理局没有答复。

1994年12月24日，卢湾某建将在华某公司5%的股权转入上海市卢湾区某总公司（下称卢湾某总）名下。同年12月26日，某华公司、卢湾某总、某兴公司签订协议，约定某兴公司退出华某公司，某华公司给某兴公司一定的补偿。同日，刘某稀代表某华公司再次签署委任书，授权段某桂代表其全权处理华某公司一切业务，并出任该公司董事长、总经理。

1995年1月5日，华某公司召开董事会议，决定将华某公司更名为上海泰某公司，由段某桂任董事长、总经理，报有关部门批准。同日，段某桂受刘某稀的委托，代表某华公司与卢湾某总签订了上海泰某公司的合同和章程。

1995年1月6日，刘某稀代表某华公司与段某桂签订《协议书》，约定某华公司将其在华某公司的全部股份转让给段某桂开办的澳门泰某公司，澳门泰某公司全额支付某华公司已支付的土地费及股权转让金美元600万元。某华公司同意将华某公司更名为上海泰某公司，并同意澳门泰某公司人士代替某华公司出任上海泰某公司董事长，有关更名手续由某华公司负责向上海市人民政府申请办理。同年8月11日，上海市外国投资工作委员会批复同意华某公司更名为上海泰某公司。同年10月27日，某华公司向上海市卢湾区对外经济委员会出具书面文件，授权段某桂代表某华公司根据某华公司与澳门泰某公司的转股协议办理上海泰某公司的转股申请手续。因项目开发未达到《土地使用权出让合同》约定的完成工程量，某华公司的转股申请未获批准。

1994 年 11 月至 1995 年，段某桂作为主要投资人或者法定代表人在上海先后设立上海泰某汽车贸易公司（下称泰某汽贸）、上海泰某置业发展有限公司（下称泰某置业）、上海泰某高强水泥制品厂（下称泰某水泥）等企业，参与涉案项目融资。

1995 年 9 月 26 日，涉案项目奠基，取名为“TQF”。1996 年全年及 1997 年上半年，经段某桂以上海泰某公司名义进行融资建设，主体工程基本完成。

1997 年 8 月 8 日，段某桂以上海泰某公司的名义与某礼公司签订协议，约定以人民币 2.7 亿元将涉案项目与某礼公司位于青岛的价值人民币 1.38 亿元的“富某城”“金某大厦”项目进行置换，项目差价人民币 1.32 亿元由某礼公司以现金补足。

1997 年 8 月 21 日，刘某稀签署《授权书》，授权段某桂代其签署某华公司关于上海泰某公司股权转让的合同书和董事会决议（向上海外国投资工作委员会报批所需文件）。

1997 年 8 月 27 日，段某桂注册成立香港泰某公司。

1997 年 9 月 29 日，某华公司与香港泰某公司、卢湾某总与广东发展银行下属的广发某业投资公司（下称广发某业）分别签订合同书，将在上海泰某公司的股权转让给对方。段某桂代刘某稀在上述合同签署了名字并加盖了某华公司公章。

1997 年 12 月 11 日，段某桂又以香港泰某公司的名义与某礼公司签订补充置换协议，约定以人民币 3.29975 亿元将涉案项目与某礼公司的上述项目进行股权置换，差价由某礼公司以现金补足。双方约定此协议为 1997 年 8 月 8 日协议书之延展。

1997 年 12 月 18 日，某华公司与卢湾某总签订协议书，一致同意对方向第三者转让本方在上海泰某公司的全部股权，双方均放弃优先购买权。

1997年11月21日和1998年2月13日，上海市房屋土地管理局和上海市外国投资工作委员会先后批复同意上述转股协议。

另查明：至1999年底，某礼公司先后支付人民币7510万元给上海泰某公司，代上海泰某公司偿还债务人民币1.16682亿元，并支付人民币2687.5万元给段某桂，段某桂将该款兑换为港币后，除将其中1200万元用于支付项目交易中介费和见证费外，余款全部汇入上海泰某公司。

还查明：1997年3月1日，刘某稀被通知退休，李某毅接任某旅集团总经理兼某华公司董事长，但至同年9月底前仍参与涉案项目投资的后续处置工作。

1997年9月17日，刘某稀、李某毅与段某桂协商还款计划，并签署会议纪要，要求段某桂于1998年2月底前偿还人民币2200万元；1998年6月底前偿还补偿费美元61.9875万元以及全部利息（金额另附计算资料）。

1997年9月29日，某华公司与香港泰某公司还签有另一份同名协议，约定股权转让价为某华公司实际出资额并加利息，利息标准另行商定。之后，应某华公司的要求，段某桂以香港泰某公司名义与某华公司倒签了一份股权转让协议，内容为：某华公司将其在上海泰某公司的全部股份转让给香港泰某公司，香港泰某公司支付土地出让金美元221.85万元、定金43万港元，美元年息10%，某华公司未出资到位的资金美元1242.6万元由香港泰某公司投入，项目所有债务与某华公司无关。项目开发达60%且注册资金到位后，某华公司就协助办理股权转让手续。落款时间为1995年10月25日。

1998年2月至1999年5月间，某华公司多次致函段某桂，要求段某桂以1997年9月17日会议纪要的还款方式为计算方式，核对欠款金额，并提出还款计划。段某桂复函承诺还款，但对补偿费及利息计算方式提出异议。

1999 年 5 月 4 日，某旅集团举报段某桂涉嫌贪污、挪用公款，中山市人民检察院于同年 6 月 10 日立案侦查，同年 7 月 29 日将段某桂羁押。

上述事实，有原一审及再审开庭审理中经质证确认的相关单位间签订的合同（协议）、授权文件、政府部门审批文件、工商登记资料、款项收付凭据、往来信函、会议纪要、情况说明等书证；某会计师事务所出具的审计报告、验资报告，某某会计师事务所出具的审计报告，上海市公安局出具的鉴定书，公安部物证鉴定中心出具的（2000）公物证鉴字第 2301 号物证鉴定书，最高人民法院司法鉴定中心出具的司鉴文字（2003）第 606 号检验意见书，公安部物证鉴定中心出具的公物证鉴字（2018）3228 号鉴定书，广州市人民检察院出具的穗检技鉴字（2022）34 号文件检验鉴定书等鉴定意见；证人刘某稀 1999 年 5 月 24 日的侦查询问笔录、2017 年 7 月 13 日自书《证明》、2022 年 3 月 11 日和 7 月 26 日本院的调查笔录，证人李某毅 1999 年 6 月 8 日的侦查询问笔录、2022 年 7 月 26 日本院的调查笔录，证人吴某亮（某旅集团）、王某康（万某公司）、潘某枫（卢湾某建）、肖某（某礼公司）、梁某添（某华公司）、樊某辉（上海泰某公司）的侦查询问笔录；原审被告人段某桂的供述与辩解等证实。

根据再审查明的上述事实及证据，针对原审被告人段某桂及其辩护人提出的辩解、辩护意见和广东省人民检察院出庭检察员所提意见，本院综合查证、评判如下：

1. 原判认定案发时某华公司仍享有上海泰某公司 95%的股权理据不足。经查，原审被告人段某桂先后以上海泰某公司和香港泰某公司名义与某礼公司签订项目（股权）置换协议时，上海泰某公司 95%的股权虽然还登记在某华公司的名下，但从在案证据、协议履行情况和前因后果等方面进行综合判断，应当认定某华公司在案发前已经将股权实际转让给段某桂所控制的公司。

（1）在案证据证实，段某桂申诉提交的 1995 年 1 月 6 日协议书和原在案的 1997 年 9 月 29 日协议书均明确表明某华公司有将其在涉案项目的全部股权转让给段某桂的澳门泰某公司、香港泰某公司的意思表示。某华公司1995年10月27日致上海市卢湾区对外经济委员会信函，经鉴定该函中某华公司的印文与某旅集团在本案再审期间提供的8份样本印文一致，其内容证明某华公司与澳门泰某公司之间存在转股协议。某华公司董事长刘某稀虽然在侦查阶段否认某华公司向段某桂所控制的公司转让股权的事实，但在判决生效后以及本案再审期间，又承认某华公司已经将涉案项目股权转让给段某桂，并确认1997年8月21日授权段某桂代其签署股权转让合同书及董事会决议等文件的《授权书》系其本人签名，还亲自书写《证明》自认1994年7月30日某华公司与万某公司签订的土地使用权转让协议书和段某桂申诉提交的1995年1月6日股权转让协议书均系其本人签名并加盖某华公司的公章。刘某稀原在案否认已转让股权和授权段某桂代签股权转让文件的证言与在案其他证据矛盾，且无法作出合理解释，根据证据印证规则，应不予采信；而其在原判生效后所作证言与本院查证属实的书证、鉴定意见等其他证据相互印证，具有真实性，应予采信。

（2）在案证据证实，某华公司投入涉案项目资金人民币2000万元、港币43万元、美元221.85万元后，至案发时没有再投入新的资金，相反还收回部分投资；在涉案项目建设过程中，某华公司既不派员参与管理，也不承担融资建设风险；段某桂在股权转让协议签订前后，在上海先后设立泰某汽贸、泰某置业、泰某水泥等多家个人控制的公司参与对涉案项目的融资过程，至上海泰某公司与某礼公司签订置换协议时，双方确认涉案项目已实际投资人民币2.7亿余元；卢湾某建总经理潘某枫证实，段某桂接手涉案项目后才有资金启动。上述事实表明，段某桂已实际接手某华公司转让的涉案项目股权，并以股东身份行使权利和履行义务。

（3）某华公司与万某公司签订的协议、某华公司致上海市土地管理局关于退出斜鲁基地及华某公司的报告等书证，以及刘某稀、李某毅的证言证实，某华公司在与某兴公司、卢湾某建合作购买涉案地块后面临公司股权未被确认、无力继续投资的困境，存在退出涉案项目挽回投资损失的心理动机。根据某旅集团出具的会议纪要、某华公司与段某桂的往来信函，以及刘某稀、李某毅、吴某亮等人的证言，某华公司自将项目交给段某桂后所关心的是其已投入资金及利息能否收回，并无要求行使股东权参与涉案项目管理之意。上述事实表明，某华公司对股权已经转让的事实是明知的，并不违背其意志。

2. 原判认定段某桂假冒刘某稀签名和伪造股权转让文件依据不足。经查，段某桂到案后辩称，某华公司已于1995年将涉案项目股权转让给其所开办的公司，故1997年9月29日某华公司与香港泰某公司的股权转让协议及相关报批文件上的“刘某稀”签名是其根据刘某稀于1997年8月21日出具的《授权书》代为签署的，某华公司的公章也是刘某稀给其使用的。刘某稀对段某桂的辩解表示认可。公安部物证鉴定中心（2000）公物证鉴字第2301号物证鉴定书证实，上述《授权书》系刘某稀本人签署；最高人民法院司法鉴定中心出具的司鉴文字（2003）第606号检验意见书证实，1997年9月29日某华公司与香港泰某公司签订的合同书上某华公司的印文与某华公司认可的样本，即1994年7月30日与万某公司签订协议上的印文是同一枚印章所盖印。上述证据相互印证，足以证实涉案股权转让协议及相关文件并非段某桂伪造。

关于刘某稀签署的1997年8月21日《授权书》的证明力问题。经查，证人李某毅、刘某稀均证称，刘某稀虽然已于1997年3月1日被批准退休，但由于上海项目投资尚未全部收回，刘某稀继续参与相关工作；某旅集团出具的会议纪要显示，刘某稀在1997年9月17日仍以总经理的身份与段某桂商讨还款计划。上述证据证实，刘某稀虽然在向段某桂签署《授权书》时已被通知退休，但依然参与公司事务，原判以刘某稀已被通知退休为由未予采信《授权书》欠妥。段某桂基于对刘某稀的身份及其所签署《授权书》的信赖，代刘某稀在股权转让文件上签署名字是为了补办股权转让手续以解决股权登记名实不符问题，不应认定为假冒和伪造。

关于上海市公安局鉴定书认定1997年9月29日股权转让协议某华公

司的印文与1997年某旅集团提供的某华公司的印文样本不一致的问题。经查，证人梁某添的证言只能证明其没有将其管理的某华公司公章留在上海给段某桂使用，不能证明某华公司只有其管理的一枚印章；段某桂辩称，刘某稀在1994年已将某华公司的公章给了其使用，后又给了其另一枚某华公司公章，某华公司有多枚公章同时使用；刘某稀在本院调查时亦承认，为工作方便曾同意段某桂刻制一枚某华公司的公章；广州市人民检察院穗检技鉴字（2022）34号文件鉴定书证实，某华公司在1990年至1998年，至少有两枚不同的公章在交叉使用；最高人民法院司法鉴定中心司鉴文字（2003）第606号检验意见书证实，1997年9月29日某华公司与香港泰某公司所签股权转让合同书中的某华公司印文与某华公司认可的1994年7月30日与万某公司所签协议中的印文一致。上述情况证明，上海市公安局出具的鉴定意见不足以得出1997年9月29日某华公司与香港泰某公司的股权转让合同书系段某桂伪造的结论。

3. 原判认定段某桂利用职务便利非法占有上海泰某公司或某华公司的财物依据不足。经查，原判认定段某桂犯职务侵占罪的事实包括两方面：一是利用职务便利将上海泰某公司的股权非法转让给自己开办的香港泰某公司，将上海泰某公司的资产占为己有；二是利用职务便利将某华公司在上海泰某公司的权益占有己有。但从涉案项目的转让程序、资金流向与归属、段某桂未能偿还某华公司投资款原因等方面进行综合判断，在案证据并不能支持上述结论。

（1）在案证据证实，段某桂将涉案项目转让给某礼公司履行了相关法定程序。卢湾某总与广发某业、某华公司与香港泰某公司签订的合同书，上海泰某公司董事会决议，某华公司与卢湾某总签订的协议书，政府相关部门的批复文件等证实，某华公司将上海泰某公司的股权转给段某桂开办的香港泰某公司已经过董事会的决议程序，并最终获得批准。上海泰某公司、香港泰某公司与某礼公司签订的置换协议等证实，段某桂在1997年8月8日以上海泰某公司名义与某礼公司签订项目置换协议时虽然存在程序瑕疵，但该协议后被1997年12月11日段某桂以香港泰某公司名义与某礼公司签订的项目股权置换协议所覆盖，该协议的相对方某礼公司与上海泰某公司的另一股东广发某业同属广东发展银行，在置换协议签订前，上海泰某公司已委托专业机构对公司资产负债情况作了全面审计，广发某业对香港泰某公司处置涉案项目及审计结论未提出异议。上述事实证明，段某桂处分涉案项目是依法公开进行的，并受到政府有关部门及其他股东的监督，虽有不规范之处，但不属于私自处分。

（2）在案证据证实，段某桂已将涉案项目转让款全部用于上海泰某公司事务。审计报告等证实，原判认定被段某桂侵占的注册资本金和应有权益在案发时仍归属于上海泰某公司，段某桂将上海泰某公司的股东由某华公司变更为香港泰某公司只能导致股东变动，并不会造成上海泰某公司的财产减损。没有证据证实段某桂已将上述权益占为己有。

（3）在案证据证实，段某桂没有企图侵吞某华公司投资款的主观故意。经查，段某桂始终承认对某华公司的债务，表示愿意偿还。某旅集团提供的会议纪要以及往来信函证实，某旅集团确认与段某桂之间存在债权债务关系，段某桂只是对利息过高提出异议，并未否认债务。根据某会计师事务所和某某会计师事务所出具的审计报告、某礼公司和上海泰某公司出具的情况说明、对账单等在案证据，段某桂融资建设涉案项目欠下大量债务，与某礼公司进行项目置换是为了回笼资金，所收差价款主要用于项目建设，对某礼公司的剩余应收款在案发时尚未达到给付条件，没有证据证实段某桂故意赖账不还。

本院认为，社会主义市场经济是法治经济。对于发生在经济领域的案件必须坚持罪刑法定和证据裁判原则，依法准确认定案件事实和性质，正确划分刑事犯罪和经济纠纷的界限，依法平等保护各类市场主体的合法权益。本案中，原判关于段某桂利用其经营、管理上海泰某公司的职务便利，假冒刘某稀的签名伪造股权转让协议，将某华公司在上海泰某公司的股权非法转让给自己开办的香港泰某公司，将上海泰某公司的资产占为己有，构成职务犯罪的事实认定和法律评价依据不足。在案证据证实，某华公司已将涉案项目股权实际转让给段某桂所开办的公司，某华公司与段某桂之间已由最初基于职务委任形成的管理与被管理关系转化为基于股权转让而形成的平等主体关系，段某桂处分涉案项目是行使股东权的行为，属于民商事法律的调整范围，不具有刑事违法性。原审判决认定段某桂犯职务侵占罪确有错误，本院予以纠正。段某桂及其辩护人、广东省人民检察院出庭检察员提出原判确有错误，应当宣告段某桂无罪的意见成立，本院予以采纳。依据《中华人民共和国刑事诉讼法》第二百五十六条、《最高人民法院关于适用〈中华人民共和国刑事诉讼法〉的解释》第四百七十二条第二款的规定，本院经审判委员会刑事审判专业委员会会议讨论决定，判决如下：

一、撤销广东省高级人民法院（2003）粤高法刑二终字第385号刑事判决和广东省中山市中级人民法院（2002）中中刑初字第135号刑事判决。

二、原审被告人段某桂无罪。

本判决为终审判决。

审判长　魏　海

审判员　潘惠莉

审判员　池蕊洁

二〇二三年三月二十三日

本件与原本核对无异

法官助理　罗嘉亮

书记员　许　冕

【我与《刑事审判参考》】

《刑事审判参考》激励我前行

王永兴*

某天睡前，像往常一样在书房翻看书籍，突然收到来自一位江苏同行的信息，内容大致是他在《刑事审判参考》看到我写的一篇关于盗窃罪的案例分析，对他的办案很有帮助，而且坚定了他判决的信心。看到这样的信息，心里是极为欣喜的，因为自己办结的案件和撰写的分析文章给同行产生了“先例”作用，于我而言，这是最大也是最好的激励。转过身，看着书架上这些年收藏的《刑事审判参考》，拿出其中一本打开，我的思绪也被随之打开……

缘　起

我与《刑事审判参考》的缘分，始于一次邂逅。

2011年，我从学校毕业考入法院，后来被分配到刑庭。我虽是刑法专业毕业，但对《刑事审判参考》这本连续出版物知之甚少。当时的我虽然充满热情，但对很多工作都还“摸着石头过河”，尤其是书本上的知识与实践中的问题缺乏有效衔接，棘手的问题总是百思不得其解。正当我束手无策之时，庭长拿过一本《刑事审判参考》给我，让我多翻阅学习，或许能得到启发。这便是我第一次接触《刑事审判参考》。

---

* 作者单位：浙江省台州市中级人民法院。

《刑事审判参考》历经多次改版，我第一次接触到的是一本深蓝封面、不是很厚的图书，里面有“指导案例”“大案传真”“刑事政策”“审判实务释疑”等栏目。让我觉得最受益匪浅的是“指导案例”栏目，里面有一些在认定事实、采信证据、适用法律和刑罚裁量等方面具有研究价值和指导意义的典型案例，详细阐明裁判理由，全面记载裁判思维，为刑事审判过程中处理类似案件提供具体的指导和参考。可以说，《刑事审判参考》不仅是指导刑事审判业务的连续出版社物，也是可模仿可借鉴的专业教材，对一线法官专业素养的提升有很好的帮助作用。

自那以后，我就开始订阅《刑事审判参考》。这一订，就再也没有停过。这本连续出版物始终引领着我紧紧跟随全国刑事审判最前沿的理念和审判规则，让我在司法理念、审判业务、案例写作等方面都有了长足的进步。

笔　耕

工作中，我们每天能够接触到第一手鲜活的司法案例，成为天然、海量、便捷的调研资料，而案例分析写作相对于学术论文等其他调研方式，不用投入太多时间和精力，因此，我逐渐开始关注案例分析写作。

在办案过程中，我们遇到一起被告人进入卖淫女出租房嫖宿后实施抢劫的案件，大家对是否构成“入户抢劫”存在较大争议，后经过多次查阅、反复论证，在讨论过程中碰撞出很多火花，逐渐形成了很多观点，于是我和经办法官决定将这些思考痕迹用文字方式记录下来，最后完成了一篇案例分析。十分有幸的是，该文章后来被《刑事审判参考》采用了，这是我工作以来第一篇在《刑事审判参考》发表的案例分析。这件事情大大激发了我的写作兴趣，我发现除了审判和思考，写作也是一个很好的提升自我的途径。

“案例是法治的细胞”，而案例分析则是在显微镜下观察法治细胞。通过案例分析，不仅可以提炼出裁判规则，而且还可以记录裁判思维，更大的作用在于能够清楚明了地帮助其他法官解决类似的疑难问题。自从文章发表以后，我的笔就没有停下。我相信，只要我一直写下去，文章一定会越来越好，思考也一定会越来越有深度，看问题的角度也会越来越全面。

感　悟

在案例写作的过程中，也有一些心得体会。什么是好的案例？我觉得好的案例从形式上看是裁判说理充分，政治效果、法律效果和社会效果良好，从实质上看是对审判执行工作具有指导和参考作用的案例。具体而言，好的案例包括但不限于：影响重大、社会广泛关注、对统一法律适用和引导行为有示范意义的案例；涉案问题在现行法律法规、司法解释中没有规定或者法律规定比较原则的案例；适用法律存在疑难或争议，对填补法律漏洞有指导意义的案例；对可能多发的新类型案件或者适用新颁布、新修改的法律法规和司法解释作出裁判的案例；与社会公众的日常生活密切相关，能够直接反映法律价值判断，具有较强指引示范意义的案例。

最高人民法院院长张军曾经指出，埋头办案只能解决案件涉及的具体问题、表面的问题，要有案例意识，通过典型案例解决“抓前端、治未病”的国家和社会治理问题。这充分阐述了“一个案例胜过一打文件”的重要性。我们可以在办案中发现好的案例，而案例分析写作是办案的延续。因此，我们平时要以精益求精的高质量办案工作为基础，在案件办理一开始就具备案例意识、精品意识，将案件动态演化为优秀的案例产品，及时关注案件中涉及的法律关系，重视办案中如何实现法理情相统一和“三个效果”最优化等问题。

回首来时路，我在摸索过程中渐渐找到努力方向，找到奋斗目标，找到执着追求。感谢《刑事审判参考》一直陪伴着我，也见证了我的成长过程。我想，它是我的引路人，遇到它，我是幸运的，也是幸福的。未来，它也还会继续陪伴我、带领我、帮助我走向更高更远的地方。

祝愿《刑事审判参考》越办越好！

征稿启事

《刑事审判参考》是最高人民法院刑事审判第一庭、第二庭、第三庭、第四庭、第五庭共同主办的重要刑事司法业务指导丛书。自2021年起，丛书由人民法院出版社出版发行，作为《中国审判指导丛书》的重要组成部分。丛书1999年4月创办以来，秉承立足实践、突出实用、重在指导、体现权威的编辑宗旨，在编辑委员会成员、作者和读者的共同努力下，密切联系刑事司法实践，为刑事司法人员提供了有针对性和权威性的业务指导和参考，受到刑事司法工作人员和刑事法律教学、研究人员的广泛欢迎。丛书主要收录案例、刑事司法规范及其理解与适用、刑事政策及其解读、理论前沿、实务探讨、编辑部答疑、经验交流、疑案争鸣等内容。

为以最前沿的视野、最权威的高度和最贴近刑事司法实践的方式编辑丛书，欢迎各位同仁向以下栏目提供稿件：

【案例】在认定事实、采信证据和适用法律、司法解释定罪量刑方面具有研究价值和指导意义的典型、疑难案件，并附一审、二审裁判文书。

【理论前沿】对刑事司法的前沿理论问题进行深入研讨的论文。

【域外司法】评介域外刑事立法及司法制度、实务问题和典型案件的文章。

【经验交流】地方司法机关制定的刑事司法规范性文件及其背景说明，地方人民法院院领导在刑事审判工作会议上的讲话，等等。

【实务探讨】对某一类刑事实务问题提出的解决方案。

【裁判文书选登】具有较强说理性、充分体现法官裁判思维和判案智慧的优秀裁判文书。

【编辑部答疑】 读者在刑事司法实践中遇到的法律适用方面的疑难、复杂问题。

【疑案争鸣】 针对刊登的疑难案例争议问题进行分析、发表观点，等等。

稿件应有问题意识，观点明确，语言平实，不晦涩。

来稿请注明作者的联系方式（包括地址、邮编和电话）。来稿一经采用，将按著作权的规定支付报酬。

来稿可向以下任何一位执行编辑投递：

北京市东城区北花市大街9号最高人民法院刑事审判第一庭

钟彦君　zgfyxyt2022@ court. gov. cn

北京市东城区北花市大街9号最高人民法院刑事审判第二庭

段凰　cankaodh@ 163. com

北京市东城区北花市大街9号最高人民法院刑事审判第三庭

鹿素勋　lusuxun2004@ 163. com

北京市东城区北花市大街9号最高人民法院刑事审判第四庭

曹东方　xingst@ 126. com

北京市东城区北花市大街9号最高人民法院刑事审判第五庭

侯宏林　xingwuting@ 126. com

邮编：100062

特别提示：为避免各庭之间采稿重复，来稿不可同时投递。